中国创意产业集群与区域经济发展研究

华正伟 著

Zhongguo Chuangyichanye Jiqun Yu
Quyu Jingji Fazhan Yanjiu

中国社会科学出版社

图书在版编目（CIP）数据

中国创意产业集群与区域经济发展研究/华正伟著.—北京：中国社会科学出版社，2015.4
ISBN 978-7-5161-5833-3

Ⅰ.①中… Ⅱ.①华… Ⅲ.①文化产业—产业发展—研究—中国 ②区域经济发展—研究—中国　Ⅳ.①G124 ②F127

中国版本图书馆 CIP 数据核字（2015）第 063828 号

出 版 人	赵剑英
责任编辑	卢小生
责任校对	周晓东
责任印制	王　超
出　版	中国社会科学出版社
社　址	北京鼓楼西大街甲 158 号
邮　编	100720
网　址	http://www.csspw.cn
发 行 部	010-84083685
门 市 部	010-84029450
经　销	新华书店及其他书店
印　装	北京君升印刷有限公司
版　次	2015 年 4 月第 1 版
印　次	2015 年 4 月第 1 次印刷
开　本	710×1000　1/16
印　张	17
插　页	2
字　数	286 千字
定　价	65.00 元

凡购买中国社会科学出版社图书，如有质量问题请与本社发行部联系调换
电话：010-84083683
版权所有　侵权必究

序

　　创意产业是知识经济时代发展起来的一种新兴产业形态。相对于传统产业而言，创意产业所倚重的不是物质和资本，而是产品的科技含量和文化价值。创意产业的发展意义已超越一般性的新兴产业，表现在对传统经济发展模式的颠覆、对经济运行系统的创新、对产业结构的优化和对区域经济发展的推动。这种用文化软实力助推经济硬实力的特殊功能，正是创意产业在知识经济时代的最本质特征和魅力所在。

　　创意产业的兴起与发展，已不再仅仅是一个理念，而是有着巨大经济效益的直接现实。英国著名经济学家约翰·霍金斯在《创意经济：如何点石成金》一书中明确指出，全世界创意经济每天创造 220 亿美元的高附加值，而且以 5% 的速度递增。美国微软总裁比尔·盖茨曾说："创意具有裂变效应，一盎司创意能够带来无以计数的商业利益、商业奇迹"。这种强大的经济增长力量促使世界许多国家和地区政府接受"创意产业"的理念，并纳入国家的相关政策和发展战略。在当今国际市场竞争日趋激烈的背景下，一个国家或地区从来没有像今天这样将社会经济的命运与文化生产力如此紧密地联系在一起，并以创意产业的规模和程度作为衡量一个国家综合竞争力的重要标志。

　　值得关注的是，随着文化创意逐渐取代物质资源和社会资本成为社会经济发展的核心和动力，创意产业正日益成为驱动社会经济全面发展的新引擎。因此，在新一轮国际产业分工中，可以说谁拥有文化和创意，谁就占据了产业链的高端。如美国、英国、法国、德国、澳大利亚等一批欧美国家都是通过创意产业完成从工业国家到创意之国的转化与重构，成为当今世界的文化帝国，而日本、韩国在亚洲金融危机之后的再度崛起，靠的也是创意产业的极度扩张。

　　当然，创意产业引发的经济浪潮正以前所未有的传播速度影响着中国的经济发展方式，改变着人们的消费观念和思维方式。目前，中国正处于经济发展方式转变的关键时刻，创意产业将在中国现代化发展进程中承担更大的历史责任。今后中国经济发展若延续生产要素大量投入和生产规模外延扩张的发展方式，所受到的资源和环境制约将越来越严峻，甚至可能超越资源和环境的承载能力使发展步伐受阻。这正是中国大力发展创意产业的重要意义。发展创意产业，就是发展低碳经济和创新经济，是有效推动中国从"制造大国"向"创造大国"转型的必由之路。应该看到，随着中国《文化振兴规划》的出台，标志着创意产业发展已上升到国家战略层面。与之相呼应，国内各个省份，特别是一些相对发达城市纷纷推出文化立省、文化立市的发展战略，大力发展创意产业，有的已成为当地经济的支柱产业。以北京、上海、广东和浙江等地区为代表的中国东部地区，是创意产业发展较早的地区，成功的实践成为牵引中国创意产业发展的发动机。受经济社会发展整体水平限制的中西部地区，虽然总体与发达地区的差距较大，但在发展创意产业方面具有一定的资源优势，且发展快速。目前，中国创意产业显现出以下特点：（1）创意产业与高新技术产业以及城市创新结合起来，以此获得先动优势；（2）依托区域专业化分工，形成了特色和功能突出的创意产业园区，区域一体化和产业集群化的发展趋势明显；（3）创意产业集群布局多极化，城市梯度发展差异明显；（4）创意产业集群作为创意产业发展的重要载体，逐渐成为推动区域经济发展的核心竞争力；（5）以文化资源为依托，打造了一批创意产业品牌等。

　　作为一个人口大国、人文大国、制造大国，中国如何利用现有的工业体系和商业模式，培育创意产业这一新产业形态；如何打造文化航母，创造出大批大型文化集团和创意产业集群；如何以文化创意提高传统农业、制造业和服务业的创新能力，从而打破工业时代依靠能源消耗而增长的"庞大的商品堆积物"的霍夫曼定律，破解"中国人为什么勤劳而不富有"的斯密难题；这些是现实摆在我们面前又亟须破解的重要课题。

　　华正伟教授近年来以敏锐的视角对创意产业集群问题进行了深入的思考，在《中国创意产业集群与区域经济发展研究》一书中对创意产业集群和区域经济发展的关系研究进行了探索性工作。从经济学意义上说，一个国家或地区的经济活动总是在多维空间结构上进行的。经济发展过程不仅伴随着产业结构的变化，而且也必然伴随着空间结构的变化。随着创意产业不断向纵深方向发展，创意产业已不再是单个企业的成长，而是在一定的环境和空间范围内的众多企业集聚,并逐渐呈现出一种区域品牌符号。中国创意产业既需要扩大产业规模,组建大集团,显示大船出海、集团化作战的突出优势,也要关注和扶植小型文化企业和经营实体,扶大带小,汇溪成河。目前,中国各类创意产业集聚区的迅速发展,已引发社会各界的广泛关注和对创意产业的持续研究。《中国创意产业集群与区域经济发展研究》的出版,对中国创意产业集群理论和实践的探索具有重要的现实意义。

  本书作为创意产业理论体系的研究成果之一,从创意产业集群这种经济空间活动现象入手,深入分析了创意产业集群的形成机理、经济空间结构,以及区域发展格局,揭示了创意产业集群的演变规律和结构优化的方向,提出了中国创意产业集群的区域布局和发展思路,特别是借鉴了国际创意产业发展的成功经验,描述并预测了中国创意产业发展现状及未来趋势。本书所呈现出的是一幅关于中国创意产业集群发展最完整的画卷。从画卷的另一侧面可反映出作者严谨的学术态度和学术研究的创新精神,这是最难能可贵的。我相信,有了这样的画卷不仅让广大读者能够对中国创意产业集群现状有了全面的认识,更重要的是能为从事创意产业及产业集群研究的理论界同仁提供研究参考,为各级地方政府和相关企业寻找适合本地创意产业集群发展途径提供一个新的思路。

  是为序。

王大超于沈阳师范大学

2014 年 9 月 7 日

目　录

前　言 …………………………………………………………………… 1

第一章　创意产业集群概述 …………………………………………… 1

　第一节　创意产业概述 ………………………………………………… 1
　　一　创意产业的发展轨迹 …………………………………………… 1
　　二　创意产业的定义与产业范畴 …………………………………… 5
　　三　创意产业的特征与产业属性 …………………………………… 11
　　四　创意产业与相关概念辨析 ……………………………………… 15
　第二节　创意产业集群概述 …………………………………………… 19
　　一　产业集群的概念与特征 ………………………………………… 19
　　二　创意产业集群的概念与特征 …………………………………… 21
　　三　创意产业集群与传统产业集群的区别 ………………………… 25
　第三节　创意产业集群形成的理论基础 ……………………………… 26
　　一　马克思主义精神生产理论与劳动分工理论 …………………… 27
　　二　国外经典产业集群理论 ………………………………………… 29

第二章　创意产业集群的形成机制与主体模式 ……………………… 32

　第一节　创意产业集群的形成条件与构成主体 ……………………… 32
　　一　创意产业集群的形成条件 ……………………………………… 32
　　二　创意产业集群的构成主体 ……………………………………… 35
　第二节　创意产业集群的形成机制 …………………………………… 37
　　一　创意产业集群的形成动力 ……………………………………… 37
　　二　创意产业集群的时空演变规律 ………………………………… 41
　第三节　创意产业集群的发展模式 …………………………………… 46

一　根据推动主体与机制划分创意产业集群 …………… 46
　　二　根据形成要素与功能特征划分创意产业集群 …………… 48
　　三　根据区域空间结构划分创意产业集群 …………………… 49
　　四　根据依托区域空间功能划分创意产业集群 ……………… 50

第三章　创意产业集群的区域空间效应 ……………………… 52

第一节　创意产业集群区域空间效应的一般分析 …………… 52
　　一　创意产业集群的"经济马赛克"现象 …………………… 52
　　二　创意产业集群的空间结构模式与经济特征 ……………… 54
　　三　创意产业集群的区域空间效应体现 ……………………… 55

第二节　创意产业集群对区域经济发展的影响 ……………… 57
　　一　创意产业集群对区域经济增长方式的影响 ……………… 57
　　二　创意产业集群对区域经济竞争力的影响 ………………… 59
　　三　创意产业集群对区域经济协调发展的影响 ……………… 60
　　四　创意产业集群对城市功能转换的影响 …………………… 61
　　五　创意产业集群对区域就业能力的影响 …………………… 62

第四章　创意产业集群模式的国际比较 ……………………… 64

第一节　欧美发达国家的创意产业集群模式与经验借鉴 …… 64
　　一　美国创意产业集群的发展模式 …………………………… 65
　　二　英国创意产业集群的发展模式 …………………………… 73
　　三　澳大利亚创意产业集群的发展模式 ……………………… 80

第二节　亚洲国家和地区的创意产业集群模式与经验借鉴 … 87
　　一　日本创意产业集群的发展模式 …………………………… 87
　　二　韩国创意产业集群的发展模式 …………………………… 93

第三节　中国香港和中国台湾的创意产业集群模式与
　　　　　经验借鉴 ……………………………………………… 99
　　一　中国香港创意产业集群的发展模式 ……………………… 99
　　二　中国台湾创意产业集群的发展模式 ……………………… 105

第五章　中国创意产业集群的区域发展 ……………………… 112

第一节　中国创意产业的总体发展概况 ……………………… 112

一　中国创意产业的发展基础 …………………………… 112
　　二　中国创意产业集群的基本格局 ……………………… 115
　　三　中国创意产业集群的发展特征与基本态势 ………… 119
第二节　中国创意产业集群的区域比较 ……………………… 122
　　一　中国东部、西部地区创意产业集群的发展状况 …… 122
　　二　中国东部、西部地区创意产业发展的综合实力比较 …… 127
　　三　中国东部、西部地区创意产业集群的发展模式与
　　　　发展格局比较 …………………………………………… 132
　　四　中国东部、西部地区创意产业集群非均衡发展的
　　　　区域差异性分析 ………………………………………… 136
第三节　中国主要城市创意产业集群的区域差异性 ………… 140
　　一　中国主要城市创意产业集群的总体状况 …………… 140
　　二　东部主要城市创意产业集群发展 …………………… 145
　　三　中部、西部主要城市创意产业集群发展 …………… 149
　　四　中国主要城市创意产业集群的区域发展综述 ……… 156

第六章　中国创意产业集群的区域经济空间 ………………… 158

第一节　环渤海地区创意产业集群的区域性分析 …………… 158
　　一　环渤海地区创意产业集群的发展状况 ……………… 158
　　二　环渤海地区创意产业集群的特点与布局 …………… 163
第二节　长三角地区创意产业集群模式的区域性分析 ……… 168
　　一　长三角地区创意产业集群的发展状况 ……………… 168
　　二　长三角地区创意产业集群的发展优势和布局特征 …… 171
第三节　珠三角地区创意产业集群的区域性分析 …………… 176
　　一　珠三角地区创意产业集群的发展状况 ……………… 177
　　二　珠三角地区创意产业集群的布局特点和发展优势 …… 182
第四节　"中三角"地区创意产业集群的区域性分析 ……… 188
　　一　"中三角"地区创意产业集群的发展格局 ………… 188
　　二　"中三角"地区创意产业集群发展特点与态势 …… 197
第五节　"西三角"地区创意产业集群的区域性分析 ……… 204
　　一　"西三角"地区创意产业集群的基本情况 ………… 205
　　二　"西三角"地区创意产业集群的形成特点和

　　　　　　发展态势……………………………………………………… 210

　　第六节　滇海地区创意产业集群的区域性分析……………… 217
　　　　一　滇海地区创意产业集群的基本情况………………… 217
　　　　二　滇海地区创意产业集群的基本特征和发展态势…… 222

第七章　中国创意产业集群的区域发展战略……………………… 227

　　第一节　中国创意产业集群的发展形势……………………… 227
　　　　一　国内外创意产业集群发展的总体趋势……………… 227
　　　　二　中国创意产业集群的发展机遇……………………… 233
　　第二节　中国创意产业集群区域发展的实施战略…………… 236
　　　　一　实施创意人才开发战略，激发创意产业区域活力… 237
　　　　二　实施科技创新战略，抢占创意产业发展高地……… 239
　　　　三　实施多元化投资战略，发挥民间资本市场作用…… 240
　　　　四　实施集团化战略，实现创意产业规模化经营……… 241
　　　　五　实施品牌化战略，形成区域经济差异化发展……… 242
　　　　六　实施国际化战略，提升创意产业的国际化水平…… 242
　　　　七　实施法制化战略，健全知识产权保护体系………… 243
　　　　八　实施可持续发展战略，提高创意产业集群的贡献度… 244

结语………………………………………………………………… 247

参考文献…………………………………………………………… 249

后记………………………………………………………………… 257

前　言

　　近十几年来，中国创意产业发展出现了一种空间集聚的现象。在很多地方，它是以兴建创意产业园为标志的，政府也通过各种政策上的优惠来加速创意产业的空间集聚。创意产业集群作为产业集聚的特殊形态，已经成为经济地理学、产业经济学、信息经济学、制度经济学、社会经济学等学科交叉研究的热点。传统经济学对区域竞争力的解释，是从资源禀赋角度研究一个区域比较优势的。而随着传播技术的发展和麦克卢汉所谓"地球村"时代的来临，国家和地区开始把创意产业作为战略产业和支柱产业，并采取相应的政策措施和手段来积极推动其发展，形成与传统产业分庭抗礼的创意产业集聚区域。创意产业集群的发展规模和程度已经成为衡量一个国家或城市综合竞争力水平高低的重要标志。

　　区域的核心竞争力往往聚集在地方特色产业集群上，这就是大量相关企业空间集聚所形成的本地化的产业氛围，它使其他区域难以模仿。一个国家内的生产活动的区位本身就是一个重要的课题，特别是对中国这样一个地广人多的大国来说，在发展经济时，还应兼顾东西部地区的均衡发展。近十年来，创意产业集群在沿海地区快速发展，而中西部地区，特别是西部地区则很少有这种集群现象。探讨创意产业集群的形成条件、形成机理及其集聚效应、知识溢出效应，可以为中国区域经济的均衡发展提供理论指导。

　　目前，中国沿海发达地区的创意产业发展快速，形成了众多的产业集群，有力地推动了这些地区的经济持续高速增长，因此，研究创意产业集群的演变机理和区域经济的增长趋势，直接关系到今后中国产业结构调整和经济可持续发展，关系到中国创新型国家以及资源节约型和环境友好型社会的建设进程，现实意义十分明显。

　　一方面，创意产业集群是提高区域产业竞争优势的重要途径。一个国家或地区在国际上具有竞争力的关键是产业的竞争优势，而产业竞争优势来自彼此相关的产业集群。产业集群的核心是产业之间、企业之间及企业与其他机构之间的关联性及互补性。一个区域内各产业、各企业，通过合作与交流，寻求规模经济，上、中、下游产业及其外围支持的产业一旦形成相互联系的完整的产业链，就会在空间分布上不断地趋向集中。正是产业集群所发挥出的规模经济、范围经济和强大的溢出效应，带动所在区域乃至整个国家经济的发展。创意产业集群以及由此而形成的区域经济效应带动以城市为中心的区域经济发展。

另一方面，创意产业集群是推动区域经济增长的重要方式。创意产业集群的发展带来了城区规模的扩大，有利于调整区域产业布局，促进区域产业结构升级，提高第二、第三产业的比重，促进农村劳动力向城市转移。创意产业集群的地方性与集中化表明，创意产业集群的集聚效应提升了区域的经济总量，拉动了就业，增加了税收，推动了服务产业的发展。创意产业集群的集聚效应与溢出效应促进了区域经济的扩散、渗透，促进了区域经济的增长。

从长远发展来看，由于创意产业涵盖高新技术产业和服务业发展的高端领域，发展创意产业可以全面提高农业、工业、服务业的水平和效益。创意产业在发展过程中，可以通过产业链整合，实现合理调整生产力布局，促进地区经济协调发展。创意产业带来的成果不是单方面的，而是包括科技、文化、商业等社会系统的全面自我进化。发展创意产业集群是经济增长方式从资源、投资驱动的增长方式向内生性的效益、创新型的增长方式的转变，是发展模式的转变，有利于提高区域经济的发展质量，把经济社会发展切实转入全面协调可持续发展的轨道上来。

从研究现状来看，国内创意产业集聚研究已逐步迈向较为系统和深入的阶段，并已取得了令人注目的成就。现阶段，中国大多数学者的研究视角主要集中在创意产业集群概念的阐述，对某一城市或地区创意产业集群的案例分析和比较研究。值得关注的是学者对创意产业集群的动因与模式的研究相对比较系统，但研究机制运行的很少；对创意产业集群进行静态分析研究的多，研究创意产业集群的生成、发展过程和对其进行动态演化分析以揭示其深层演化机理和衍生现象的极少；更主要的是目前理论研究仍滞后于实践发展，缺少对创意产业集群培育方面的研究，尤其是对处于衰退阶段的城市及欠发达地区如何通过创意产业集群的培育和发展带动区域经济发展的研究成果比较少。总之，国内对于创意产业集群与区域经济发展关系的系统理论与实证研究尚未全面展开，国内现有学术成果还是表现出相对零散的、概念性的、表征性的探索研究，没能很好地体现理论对实践的指导作用，甚至滞后于实践的发展。

由此可见，加强创意产业集群与区域经济发展的研究是当前相当迫切的理论需求，也是一个富有实践指导意义的课题。本书将运用产业集群理论、制度经济学以及区域经济学理论，全面系统地分析创意产业集群的形成和发展规律，进一步深化创意产业集群与区域经济发展的研究，为中国区域经济可持续发展提供理论支持和政策参考。

本书从创意产业兴起的背景着手，以马克思主义关于创意产业的基本理论和西方几个代表性的产业集群理论为理论依据，以创意产业集群的形成机理为逻辑起点，深入剖析创意产业集群的基本功能、主要模式及所产生的规模效应，并通过中国六大创意产业区域板块和主要城市的创意产业集群发展状况，对比东部与中西部地区创意产业发展差异性，阐述创意产业集群在区域经济发展中的重要作用。同时，在借鉴西方发达国家的创意产业集群发展经验的基础上，提出中国创意产业集群区域发展的基本思路。

从本书的结构上看，除前言和结语外，全书分为四个部分，第一部分包括第一、第二、第三章，主要是对创意产业的内涵与外延、产业属性与特征进行界定，以马克思主义基本理论为基点，以产业集群理论为支撑，剖析创意产业集群的形成机理与主要模式、空间功能与经济效应。第二部分为第四章，这部分主要是通过对美国、英国、澳大利亚、日本、韩国等西方发达国家以及中国香港、中国台湾创意产业集群的发展情况进行比较，以期得到有益的经验借鉴。第三部分包括第五、第六章，是本书的主体部分，主要以环渤海地区、珠江三角洲、长江三角洲、西部黄金三角区、中部三角区和滇海地区六大创意产业区域板块为创意产业集群的重点区域，以六大区域板块中的中心城市为典型，详细分析中国东部地区、中部地区与西部地区创意产业发展的差异性及不平衡发展的趋势，集中阐述中国创意产业集群的空间布局对区域经济发展的重要贡献，特别是对城市功能转换、产业升级及城市形象具有极大的促进作用。第四部分为第七章，面临区域经济一体化和文化市场扩展的大趋势，中国已把发展创意产业上升到国家战略高度，出台了一系列扶持政策。为此，本书分析了各地区所面临的发展机遇，并规划出创意产业集群区域性发展路线图，提出八大发展战略。

第一章 创意产业集群概述

创意产业是一个新兴的产业形态，但随着知识经济的发展，自 20 世纪 90 年代起，创意产业开始席卷全球，并全面影响了世界各国的社会经济。本章从创意产业兴起的背景着手，对创意产业、创意产业集群等概念进行界定，并通过对创意产业集群理论的剖析，阐述创意产业集群的功能与作用。

第一节 创意产业概述

创意产业是一个多维度、多层次且富于包含力的综合概念，是一个在历史中不断拓展变异的且引起广泛争议的概念。[①] 追根溯源，创意产业的产生是经济社会发展到一定程度的产物，是人类科技发展和人类需求变化所引发的一场产业革命。

一 创意产业的发展轨迹

创意产业的发展是在经济、社会和技术发展到一定阶段的产物，因而其发展具有一定的经济和社会背景。实践发展表明，经济高度发展和物质相对过剩的后工业社会是创意产业发展的时代背景，同时，经济全球化为创意产业的外向性发展提供了契机和基础。

（一）创意产业的兴起

自人类开始从事社会经济文化活动开始，就有文化创意活动，但文化创意产业化是 20 世纪末才兴起的。"创意产业"（Creative Industry）最早是作为英国政府的政策概念，而不是学术概念提出的。进入 20 世纪 90 年代，受新兴产业影响，英国的传统制造业逐渐萎缩，经济发展十分缓慢，

---

① 金元浦：《文化创意产业概论》，高等教育出版社 2010 年版，第 3 页。

加上英国人长期生活在富足、安逸的社会里，缺乏创新精神和创造动力，导致英国经济增长的乏力，出现了世界经济中的"英国病"现象。为了改变英国经济的萎靡状况，布莱尔当选英国首相以后，工党政府于1998年制定的《创意产业路径文件》提出，把"创意产业"作为振兴英国经济的支柱产业和新的增长点。自此，创意产业这一新理念成为英国新文化政策的核心，并迅速形成了新的产业形态。实践表明，英国发展创意产业的战略是适应时代发展的要求和经济发展水平的。创意产业的发展也使得英国成功地实现了经济转型，并获得了巨大发展。1997—2001年，英国的创意产业年增长率达到8%，创意产业产值总和达到1125亿英镑，产业增加值占GDP的比例超过5%，实现就业130万人。[1] 创意产业巨大的经济增长潜力促使世界许多国家和地区政府接受"创意产业"的理念，并纳入相关政策和发展战略，从而在世界范围内掀起了创意产业发展的浪潮。如美国从硅谷到华尔街的流行语是"资本和技术主宰的时代已经过去，创意的时代已经来临"；韩国打出了"资源有限，创意无限"的标语；日本提出了"独创力关系到国家兴亡"的宣言；新加坡则把"文艺复兴城市"作为战略目标，力争成为"新亚洲的创意中心"；中国台湾已将创意产业列为《挑战2008：国家重点发展计划》的重点，并首次将"文化软件"纳入"国家建设的重要工程"。[2] 中国以北京、上海、广州和深圳等地区为代表，在国家发展战略指导下，也纷纷制定创意产业发展战略和激励措施，在短时间内创意产业增长迅速，集群化趋势明显。

在当今世界，创意产业已不再仅仅是一个理念，而是有着巨大经济效益的直接现实。创意产业之父、英国著名经济学家约翰·霍金斯在《创意经济：如何点石成金》一书中明确指出，全世界创意经济每天创造220亿美元的高附加值，而且以5%的速度递增。[3] 在一些国家，增长速度更快，如美国为14%，英国为12%，超出总体经济增长速度的3—5倍。[4] 按此计算，到2020年，全球创意产业创造的产值将达到8000亿美元。创

---

[1] 周玉红：《从〈英国创意产业专题报告〉看当前英国创意产业》，上海情报服务平台网（http：//www.istis.sh.cn/list/list.aspx？id=1809），2005年6月9日。

[2] 厉无畏：《创意产业导论》，学林出版社2006年版，第37页。

[3] [英]约翰·霍金斯：《创意经济：如何点石成金》，洪庆福等译，上海三联书店2006年版，第32页。

[4] 王俊、汤茂林、黄飞飞：《创意产业的兴起及其理论研究探析》，《地理与地理信息科学》2007年第5期。

意产业的发展意义已远远超出其作为新兴产业的层面,表现在其对传统经济发展模式的颠覆、对经济运行系统的创新、对产业结构的优化和对区域综合竞争力的提升。

依据配第—克拉克定理,在区域经济发展过程中,第一产业的就业比重不断降低,第二、第三产业的就业比重将逐步增加,即劳动力会由第一产业向第二产业与第三产业转移。随着经济的发展,区域经济会逐渐向高端产业递进,高附加值产业替代低附加值产业是经济发展的必然趋势。在知识经济时代的当下,随着科学技术的不断进步和社会分工的进一步发展,创意活动开始从传统产业的经济活动中独立出来,形成完整的产业形态。创意产业独立发展加快"知识资本"不断地扩张,信息、技术、文化、创意等要素参与经济的循环周转,在经济增长中所发挥的作用不断加强,使经济增长方式从依靠自然资源转变为依靠文化资源和科技信息。创意产业的兴起适应了知识经济时代要求,并显示出了强大的经济潜力。

(二)创意产业兴起的原因

在知识经济时代,应运而生的创意产业是在经济增长方式转变和经济结构调整背景下,以日新月异的科技发展和消费社会带来的个性化需求为原动力,逐渐发展起来的新兴业态,并以其增值的经济势能,成为助推经济增长的重要力量。

1. 人类需求升级为创意产业的发展奠定基础

创意产业的兴起是以社会经济的高度发展作为前提的。根据马斯洛需求层次理论和恩格尔系数所揭示的规律,只有当人们的物质需求被满足之后,才会提出更高的精神文化层面的需求。随着社会经济的发展和生活水平的提高,人们对精神生活和文化产品的需求日益强烈,因而对文化类产品的种类和质量也提出了更高的要求。人们在解决温饱以后不再一味地追求商品的实用性,更看重的是商品的文化含量。另外,人们闲暇时间增多,文化消费的市场需求不断增长,文化消费呈现出多元化。人们不但消费物质产品,更多的是消费广告、消费品牌,甚至消费符号,消费模糊了物质与精神的界限,经济转而生产那种由文化所展示的生活方式。[①] 需求是发展的动力。人的精神文化需求越是多样、丰富,创意产业的发展就越

---

① [美]丹尼尔·贝尔:《后工业社会的来临》,高铦等译,新华出版社1997年版,第67页。

具有广阔的市场空间和深厚的社会基础。实践表明，经济越发达的国家，对创意产品的消费需求也越高，消费量也越大。

2. 科技进步为创意产业的发展注入催化剂

当代科学技术日新月异地迅猛发展，极大地影响了人们的生产、生活和消费，也为文化创意的开发、传播、消费提供了广阔的发展空间。具体而言，科学技术的迅速发展对创意产业的渗透与影响是：一方面，科学技术的迅速发展，特别是数字技术和信息技术的出现使得创意产业获得了强大的、多方位的技术支持，不仅促进传统文化艺术生产方式不断更新和升级换代，促进了产业融合，延长了产业链。更重要的是创造出大量崭新的产品和服务，催生了新兴产业。另一方面，随着电子信息技术的快速发展，以创意为内容的数字产品具有天生的虚拟性，从而改变了人们的交往方式、活动方式和消费方式。同时，高新科技为人们享受精神生活带来了充裕时间。

3. 城市产业空心化成为创意产业发展的直接诱因

从20世纪60年代起，发达国家的传统工业发展迟缓，制造业集中的城市普遍出现衰退现象。进入80年代后，世界主要经济中心城市都先后伴随着传统制造业的衰落，以及总部经济外迁而引发的城市衰退，表现为工厂大量搬迁、失业人口剧增、就业机会减少和人口的大量外迁，城市产业的空心化现象，导致城市缺乏支柱产业而发展疲软。这也迫使世界大城市思考如何解决中心城区衰落的问题。凡遭遇衰退的城市都提出了城市复兴计划，其中突出的内容是进行产业结构调整。这是当前解决城市衰退的唯一出路。从世界经济运动的规律看，城市产业结构演变总是呈现出由低到高的持续发展过程。当进入后工业社会时代，制造业等低附加值的产业发展空间日益局限，城市产业结构需要升级换代，即由以第二产业为主向以第三产业为主转变，重点发展以创新应用为核心的产业，使城市发展从"效率城市"迈向"创意城市"。

4. 知识经济的兴起成为创意产业的理念引导

在知识经济时代，知识和信息成为经济发展的核心要素，信息、智力、知识对经济增长和经济结构调整发挥着极其重要的作用，包含各种创意的信息文化、科技文化以及文化艺术正在不断扩张，强力渗透到经济之中，并参与经济循环。创意产业的提出源于人们对知识和技术在经济增长中所发挥作用的充分认识，肯定了文化创意和科技创新作为经济核心要素的地位。相对于传统产业而言，创意产业在生产中所倚重的不是物质和资本，而是产品的科技含量和文化价值。从一定意义上说，只有进入知识经济时代，创意产业才能从传统产业中分离出来，才会由经济边缘进入经济核心，成为发展国民经济的增长极。由此可见，实现文化生产与科技创新相融合的创意产业，是知识经济的高级阶段和标志性产业形态。知识经济的兴起，丰富了创意产业发展的理论内容，为创意产业作为独立产业形态的兴起与发展提供了思想引领，描绘出广阔的前景。

二 创意产业的定义与产业范畴

创意产业在不同的国家和地区，根据国情的不同以及经济发展水平的差异性，有不同的称谓和分类标准。创意产业，也有很多学者或国家政府部门称之为"文化产业"、"文化创意产业"、"版权产业"、"内容产业"等，这些不同的称谓是基于各国发展创意产业的战略以及实际研究需要做出的，有不同的产业侧重点。

（一）创意产业的概念及其内涵

"创意产业"的概念是由英国政府提出的。进入 20 世纪 90 年代，英国政府强调创造力在经济发展中的作用，最早将"创造性"的概念写进政府的文化产业规划报告中。1998 年，英国政府在《英国创意产业路径文件》中明确提出了"创意产业"概念，并把它定义为："起源于个体创意、技巧及才能，透过智慧财产权的生成与利用，而有潜力创造财富和就业机会的产业。"[1] 但创意产业理念可以追溯到熊彼特（Schumpeter），他早在 1912 年就明确指出，现代经济发展的根本动力不是资本和劳动力，而是知识和信息的生产、传播和使用等形成的创新。[2] 接着，罗默（Romer，1986）提出："新创意会衍生出无穷的新产品、新市场和财富创造的新机会，所以新创意也是推动一国经济成长的原动力。"[3] 上述两位学者虽未明确对其做出定义，但强调了创意的重要性，并明确提出创意产业的思想理念。

目前，关于创意产业的定义很多，最具典型性的有四种：一是联合国教科文组织（2006）定义创意产业为"结合创意生产和商品化等方式，运用无形的文化内涵，创造出内容密集型的产业活动，且这些内容

---

[1] Richard Caves, *The Rise of the Creativ Celass*. New York: Basie Book, 2002, p. 35.
[2] [美] 约瑟夫·熊彼特：《经济发展理论》，何畏等译，商务印书馆2000年版，第67页。
[3] 杜德斌、盛垒：《创意产业：现代服务业新的增长点》，《经济导刊》2005 年第 8 期。

基本上受著作权保护,形式是物质的商品或非物质的服务"。① 二是英国创意产业工作组 1998 年提出的《英国创意产业路径文件》将创意产业定义为:"指那些源自个人的创造力、技能和天分,通过知识产权的开发和运用,具有创造财富和就业潜力的行业。"② 这一定义主要强调人的创造力,产业重心偏重于文化产业,较多地涵盖精神产品,因而也有国家称之为"文化创意产业"。三是素有创意产业之父的约翰·霍金斯(John Howkins, 2001)主张:"知识产权有四大类:版权、专利、商标和设计;每一种形式都有庞大的工业与之相应,加在一起就构成了创意产业和创意经济。"③ 按照霍金斯的理解,对创意产业做出了更为宽泛的定义:把自然科学中的专利设计和创新研发活动纳入创意产业的范畴,从而有效地解决了科学技术与文化艺术在创意活动中相分离的问题。四是理查德·凯夫斯(Richard Caves, 2004)在《创意产业:艺术与商业之间的合同》中,从文化经济学的角度把创意产业定义为:"提供具有广义文化、艺术或仅仅是娱乐价值的产品和服务的产业。"④ 这一定义的范围狭窄,产业界定的具体可操作标准模糊,鲜少有国家和地区采用。

实际上,由于世界各国和地区文化传统和产业发展路径的不同,各个国家和地区对创意产业的概念的理解和认识也会有所不同,而且创意产业本身作为一种新兴事物,它仍在不断发展和变化。有的强调创意产业以文化为主体,较多地涵盖精神产品层面;有的强调创意产业以产业服务为主体,更突出地强调物质产品层面;也有的兼顾精神产品和物质产品两个层面,强调两者的统一性。基于以上对创意产业的基本认识,世界各国在创意产业的理论探索和实践活动中,衍生了很多不同的提法:第一种是以英国、澳大利亚、新西兰、新加坡及中国香港等国家和地区为主要代表,使用"创意产业"的概念。第二种是以美国、加拿大、墨西哥等北美国家为代表,使用"版权产业"(Copyright-based Indus-try)的概念。第三种是以德国、法国、芬兰和西班牙等国家为主要代表,使用"文化产业"

---

① 厉无畏:《创意产业导论》,学林出版社 2006 年版,第 6 页。
② 同上。
③ [英]约翰·霍金斯:《创意经济:如何点石成金》,洪庆福等译,上海三联书店 2006 年版,第 25 页。
④ [美]理查德·E. 凯夫斯:《创意产业——艺术与商业之间的合同》,孙绯等译,新华出版社 2004 年版,第 8 页。

(Cultural Industry)的概念。第四种以丹麦、瑞典及中国台湾等国家和地区为主要代表，使用"文化创意产业"（Cultural Creative Industries）的概念。第五种以日本、韩国为代表的少数国家，使用"内容产业"（Content Industry）的概念。

（二）创意产业的分类

创意产业是以文化知识和科技信息为核心要素的新兴产业，其本身内涵十分丰富，外延也相当广泛，历史演变时间短。因此，到目前为止，国内外创意产业所采用的行业分类没有统一的体系。各国基于自身独特的文化背景、经济环境和发展战略，对创意产业的实践内容和范围划分还有一定的差别（见表1-1）。

表1-1　　　　　部分国家和地区创意产业的分类

国家、地区（国际组织）	产业名称	产业分类
联合国教科文组织	文化产业	10类：文化遗产、出版印刷业的著作文献、音乐、表演艺术、视觉艺术、音频媒体、视听媒体、社会文化活动、体育和游戏、环境和自然
芬兰	文化产业	9类：文学、塑像、建筑、戏剧、舞蹈、音像、电影、工业设计、媒体
新加坡	文化产业	3类：文化艺术、设计、媒体
英国	创意产业	13类：广告、建筑、艺术及古董市场、工艺、设计、流行设计与时尚、电影与录像、休闲软件与游戏、音乐、表演艺术、出版、电脑软件、电视广播
澳大利亚	创意产业	7类：制造（出版、印刷等）、批发与销售（音乐或书籍销售）、财务资产与商务（建筑、广告及其他商务）、公共管理与国防、社区服务、休闲服务、其他产业
新西兰	创意产业	10类：广告、软件与资讯服务业、出版、广播电视、建筑、设计、时尚设计、音乐与表演艺术、视觉艺术、电影与录像制作
美国	版权产业	4类：核心版权产业、交叉产业、部分版权产业、边缘支撑产业
日本	内容产业	3类：内容产业、休闲产业、时尚产业
韩国	内容产业	17类：影视、广播、音像、游戏、动画、卡通形象、演出、文物市场、美术、广告、出版印刷、创意性设计、传统工艺品、传统服装、传统食品、多媒体影像软件、网络

续表

国家、地区（国际组织）	产业名称	产业分类
中国台湾	文化创意产业	13类：视觉艺术、音乐与表演艺术、文化展演设施、工艺、电影、广播电视、出版、广告、设计、品牌时尚设计、建筑设计、创意生活、数字休闲娱乐
中国香港	创意产业	11类：广告、建筑、设计、出版、数码娱乐、电影、古董与工艺品、音乐、表演艺术、软件与资讯服务业、电视与电台
北京	文化创意产业	9类：文化艺术、新闻出版、广播电视电影、软件网络及计算机服务、广告会展、艺术品交易、设计服务、旅游休闲娱乐、其他辅助服务
上海	创意产业	11类：工业设计、室内设计、建筑设计、广告设计、时装设计、动漫设计、网络媒体、时尚艺术、影视制作、品牌发布、工艺品制作
中国内地其他地区	文化产业	9类：新闻、出版及版权服务、广播电视及电影、文化艺术、网络文化、文化休闲娱乐、文化产品代理、文化用品、设备及相关产品销售

1. 国际上具有代表性国家或国际组织对创意产业的分类

（1）联合国教科文组织对创意产业的分类。联合国教科文组织认为创意产业包含文化产品、文化服务与智能产权三大项内容，具体包括文化遗产、出版印刷业的著作文献、音乐、表演艺术、视觉艺术、音频媒体、视听媒体、社会文化活动、体育和游戏、环境和自然十类。[①]

（2）英国对创意产业的分类。英国将创意产业归为广告、建筑、音乐、表演、出版、电影、电视广播、软件服务、艺术品与文物交易、工艺品制作、时尚设计、时装设计、互动休闲软件十三类即13个行业。由于英国是最早提出创意产业概念的国家，因此它们所提出的分类得到了较广泛的应用。

（3）美国对创意产业的分类。美国将创意产业称为版权产业，分为四类：一是核心版权产业，是指创造享有版权的作品作为其主要产品的

---

① 罗兵、温思美：《文化产业与创意产业概念的外延与内涵比较研究》，《甘肃社会科学》2006年第5期。

产业,包括电影、录音、音乐、图书报纸、软件、戏剧、广告及广播电视;二是部分版权产业,其产品只有部分享有版权,较为典型的是纺织品制造业、玩具制造业、建筑业等;三是发行业,主要面向商店和消费者发行版权物品,如批发与零售业等有关服务业;四是版权关联产业,其所生产和发行的产品主要与版权物品设备相关联,如计算机、收音机、电视机等。[①] 美国的分类方法得到北美国家的认可。

(4)日本对创意产业的分类。日本创意产业更多地被称为内容产业。日本内阁在2002年提出了关于振兴日本文化艺术的基本方针,把创意产业划分为:文化艺术业,音乐及戏剧演出、电影制作及放映、美术展览;信息传播业,出版、电视、网络;体育与健身;个人爱好与创作,包括历史、文学、摄影、登山及其相关的各种讲座等;娱乐,包括各种游戏、博彩、竞赛等;观光旅游业。

2. 中国对创意产业的分类

中国创意产业起步晚,理论研究相对薄弱,2004年才正式形成文化产业体系。2012年7月2日,国家统计局发布新修订的《文化及相关产业分类(2012)》,但中国创意产业没有和文化产业划清界限,在国家统计指标体系中还没有把创意产业纳入正式的统计范畴和指标核算体系中,使用统计指标仍为文化产业。

(1)国家统计局最新制定的《文化及相关产业分类2012》(国统字[2012] 63号)[②] 将"文化产业"的概念界定为:本分类规定的文化及相关产业是指为社会公众提供文化产品和文化相关产品的生产活动的集合。国家统计局将文化产业分为5层10大类。第一大类新闻出版发行服务,包括新闻服务、出版服务、发行服务;第二大类广播电视电影服务、包括广播电视服务、电影和影视录音服务;第三大类文化艺术服务,包括文艺创作、表演及演出场所,文化保护和文化设施服务,群众文化服务,文化研究与文化社团服务,其他文化艺术服务;第四大类文化信息传输服务,包括互联网信息服务、增值电信服务(文化部分)、广播电视传输服务;第五大类文化创意和设计服务,包括广告服务、文化软件服务、建筑设计

---

① 肖雁飞:《创意产业区发展的经济空间动力机制和创新模式研究》,博士学位论文,华东师范大学,2007年,第18页。

② 国家统计局:《国家统计局关于印发〈文化及相关产业分类〉的通知》,中国文化产业网(http://www.cnci.gov.cn/news/Policy/news_ 8742_ p3. htm),2005年9月18日。

服务、专业设计服务；第六大类文化休闲娱乐服务，包括旅游文化服务、娱乐休闲文化服务、摄影扩印服务；第七大类工艺美术品的生产，包括工艺美术品的制造、园林、陈设艺术及其他陶瓷制品的制造、工艺美术品的销售；第八大类文化产品生产的辅助生产，包括版权服务、印刷复制服务、文化经纪代理服务、文化贸易代理与拍卖服务、会展文化服务以及其他文化辅助生产；第九大类文化用品的生产，包括文化用品及相关文化产品的生产与销售；第十大类文化专用设备的生产，包括广播电视电影专用设备的制造和批发、印刷专用设备的制造和批发、其他文化专用设备的制造，等等。

（2）中国台湾，称为文化创意产业，在"文化创意产业发展计划"中将创意产业定义为：源自创意与文化积累，透过智慧财产的形成与运用，具有创造财富与就业机会潜力，并促进整体生活环境提升的行业。包括视觉艺术、音乐及表演艺术、工艺、设计产业、出版、电视与广播、电影、广告、文化展演设施、数码休闲娱乐、设计品牌时尚产业、建筑设计产业和创意生活产业十三类。[①]

（3）中国香港，以英国创意产业的概念为架构，将其定义为文化艺术创意和商品生产的结合，包括表演艺术、电影电视、出版、艺术品及古董市场、音乐、建筑、广告、数码娱乐、电脑软件开发、动画制作、时装及产品设计等行业。[②]

（4）北京市称为文化创意产业，并发布《文化创意产业分类标准》（2006年），第一次从产业链角度将文化创意产业定义为"是以创作、创造、创新为根本手段，以文化内容和创意成果为核心价值，以知识产权实现或消费为交易特征，为社会公众提供文化体验的具有内在联系的行业集群。"包括文化艺术、新闻出版、广播电视电影、软件网络及计算机服务、广告会展、艺术品交易、设计服务、旅游休闲娱乐、其他辅助服务9个大类、27个中类、88个小类，是中国内地第一个相关分类标准，并将成为社会投资和政府决策的参考依据。[③] 该标准增加了科技创新活动内容，体现了北京创意产业的产业特点和现实状况，与国家统计局发布的文

[①] 蔡尚伟：《城市特质与创意产业路线选择》，载叶取源、王永章、陈昕《中国文化产业评论》第六卷，上海人民出版社2007年版，第34页。
[②] 王俊、汤茂林、黄飞飞：《创意产业理论研究探析》，《中国城市经济》2008年第10期。
[③] 姚东旭：《文化创意产业的界定及其意义》，《商业时代》2007年第8期。

化产业标准有一定的区别。

（5）上海市将创意产业定义为以创新思想、技巧和先进技术等知识和智力密集型要素为核心，通过一系列创造活动，引起生产和消费环节的价值增值，为社会创造财富和提供广泛就业机会的产业。涉及的行业有：工业设计、室内设计、建筑设计、广告设计、时装设计、动漫设计、网络媒体、时尚艺术、影视制作、品牌发布、工艺品制作11个。

根据中国创意产业发展的实际情况，结合以上各国对创意产业的定义，本书赞同使用"创意产业"的概念，这既符合知识经济的时代特征，又与中国目前提倡自主创新的发展理念不谋而合，体现自主创新的发展精髓。据此，本书认为，创意产业是指以创意为核心要素，以文化资源为物质基础，通过科技手段将原创性的文化符号转化为具有经济价值和文化体验的产业形态。它具有高科技含量、高文化附加值的特征，强调文化创意和科技创新对经济发展的推动，表现为作为无形资产的创意通过科技渗透在特定文化内涵的产品和服务中，不仅丰富了传统产业的内涵，拓展了新的产业领域，因而成为知识经济时代的标志性产业。

三 创意产业的特征与产业属性

从本质上讲，创意产业是社会经济发展到一定阶段的产物，是在知识经济背景下形成的一种新型的产业形态，具有经济和社会双重属性，居于服务业的高端地位。

（一）创意产业的产业属性

创意产业是指以创意为核心要素，以高科技主要手段，以文化资源为物质基础，将原创性的文化符号转化为具有经济价值的产业形态。与其他产业形态相比，创意产业更多融入个人的思想创意和文化资源要素。因此，创意产业将以其独特的产业属性和经济功能，极大地影响着区域经济乃至世界经济的发展。

1. 创意产业的本质是知识服务业

创意产业的核心要素是创意，它属于知识性的创造劳动，创意的产业化相当于知识服务化的过程。从这个角度来说，创意产业的本质就是知识服务业，而且是高端知识服务。同时，在知识经济大背景下，知识与科技、资本、文化资源等各种要素相互结合构成合力，形成一种新的运行模式。具体来说，是一种以创意为灵魂，强调文化、科技与经济相互渗透、相互交融、互为条件、优化发展的经济模式。这种运行模式主要依赖创意阶层，特别是要依靠那些最富有创造性的高素质的高端创意人才。

2. 创意产业的产业形态具有经济属性和社会属性的双重价值取向

相对于传统产业，既有经济属性，又有意识形态属性。创意产业是以创意为主导的文化符号的积累、生产、交换和消费的经济活动，具有知识产权的高附加值产业，尽管创意产业生产多以无形产品为主，但可以通过创意赋予商品以文化价值，并通过强大的渗透性，实现跨行业重组或合作，促进产业结构升级，从而成为带动国民经济发展的经济增长点。创意产品不仅具有商品的属性，具有知识性和娱乐性，而且更重要的是还对公众的内心情感与社会价值取向产生重要的影响，具有传统的物质产品无法比拟的社会效应。创意产业是基于对文化资源的创造性再生产，强调文化对创意产业的基础性作用。文化是产生于人类自身的一种社会现象，具有鲜明的地域特色和社会意义。随着物质生活的基本满足，人们开始转向文化精神生活的追求，社会经济中文化因素的推动力越大，创意产业的文化属性就越强，所表现的意识形态中社会价值取向就越明显。

（二）创意产业的基本特征

创意产业脱胎于传统文化产业，又明显有别于传统文化产业。与传统文化产业相比，创意产业本身具有原创性、高增值性、高渗透性、高风险性、精神体验性和可持续发展性等特征。[①]

1. 创意产业是文化符号产业，具有很强的原创性

创意产业是以符号和象征性产品和服务为主的新经济业态，其基本经济价值源自它们的文化价值。创意产业以文化为本，文化的独特性和多样性构成了创意产业的本质特征和无穷魅力。随着经济的发展、温饱问题的解决，人们不仅对文化消费品的需求量越来越大，而且对物质产品中文化含量的要求越来越高。人们不再仅仅追求商品的实用性，而是更重视产品的外观设计、包装、品牌及产品所传达的品位、观念、感情、故事等，即追求产品的观念价值。人们越富裕，在休闲活动、娱乐、文化和健康方面的消费模式就越不仅仅讲求实用。消费者逐渐在搜寻能够赋予个人意义或位置的产品。可以说，当今社会，消费不再是解决温饱问题的手段，而是已经逐渐成为某种文化宣言，一种能够表达个人价值观的方法。[②]

[①] 盈利：《创意产业集群网络结构研究》，硕士学位论文，北京交通大学，2008年，第26页。
[②] 厉无畏、于雪梅：《大力解放文化生产力促进文化的大发展大繁荣》，《文汇报》2008年2月28日第6版。

创新性是创意产业中最具活力且永不枯竭的资源，是创意产业的本质特征。著名经济学家熊彼特认为，现代经济发展的根本动力不是资本和劳动力，而是知识和信息生产与使用的创新。创新成为创意产业发展的主要推动力。其一，人们对于文化消费需求呈现出审美性、时尚性、多变性的特征。为了满足人们日益增长的文化需求，这就要求生产企业最大化地进行创新，设计开发新产品。其二，创意产品是具有自主知识产权的原创思想贯穿其中，具有高知识含量和不可替代性。与传统文化产业相比，它对知识产权的依赖性更高，拥有自主知识产权是创意产业发展的基础。

2. 创意产业是高附加值产业，具有很强的渗透性

创意产业是以创意为核心要素，通过科技手段把无形的创意物化在特定文化产品中，从而创造出新的经济价值和文化价值。这些价值并不仅仅体现在产品本身，更重要的是在于通过创意所衍生的产品附加值，主要表现为创意赋予产品的观念价值，换句话说，就是物化产品及相关服务所包含的能与社会群体的价值取向产生"共鸣"的文化时尚。相比其他传统产业，创意产业居于价值链的高端地位，其产品和生产过程更能体现文化密集、技术密集的特点，其创新程度越高，文化品位越足，产品附加值就越大。由此可见，创意是一种能带来巨大增值的资本，而创意产业则是具有知识经济时代典型特征的高附加值产业。

作为无形资产的创意本身就是信息、技术和文化相互融合的产物，具有无限开发的资源潜力和强大的渗透力。首先，表现在创意在产业内部各行业之间互相渗透。由于科学技术的迅猛发展，特别是电子技术和网络技术的广泛应用，使生产方式发生了根本性转变，传统行业各个部门的界线逐渐被打破，促使各行业、各部门、各个企业之间相互融合、相互渗透、相互促进、共同发展。其次，表现在对传统产业的渗透。在知识经济时代，传统产业失去往日的辉煌，不得不进行产业升级，完成再造，因此就需要与知识、技术、信息、创意等要素密切关联，通过提供无形的核心要素，促进产业结构调整和传统产业升级，提高产品的附加值。况且创意价值的实现要以相关产业的产品为物质载体，除传统的文化产品，还包括很多工业产品和农业产品。最后，创意渗透到文化生活各领域，改变着人们的思维方式和消费观念，特别是依靠数字技术、信息技术的发展，对社会经济与文化生活产生着深刻的影响。

3. 创意产业是高风险型产业，具有市场需求的不确定性

市场经济规律表明，创意产业的高增值性必然要与其高风险性并存，市场需求的不确定性决定了创意产业的高风险性。首先，创意产品供求矛盾突出，市场不确定。创意产业以生产和经营文化精神产品为主，而文化精神产品的需求既多变又多样，需求弹性很大，而且影响需求量的因素很多，从而使文化需求具有特殊的层次性、多样性和不确定性的特点。其次，创意产品由于其资源的丰富性、生产过程的主观性而具有强烈的独创性和个性化色彩，这就使创意产品的供求矛盾远比一般物质产品突出和难以捉摸。[①] 因而也增加了创意产品的风险。最后，创意产品具有传播速度快、复制成本低的特点，会导致新产品开发的风险加大。在信息化时代，信息传播速度越来越快，产品使用范围越来越广，创意企业所开发的以文化符号为载体的产品，容易在信息传播中被复制，特别是盗版技术的发展使盗版产品不断挤压正版产品的市场空间，这种"柠檬市场"现象，将进一步增加创意产业的市场风险。

4. 创意产业是眼球产业，具有精神体验性

当今社会是一个信息极大丰富甚至泛滥的社会，文化市场上充斥着大量的文化产品、服务和大量的过剩信息，在以网络媒介为主体的新经济时代，人们的注意力成为稀缺资源。"获得注意力就是获得一种财富。在信息爆炸的新经济下，这种形式的财富使你在获取任何东西时都会处于优先位置。"[②] 创意产业的实质就是把有限的注意力从丰富多彩的产品和服务搜寻当中锁定有效信息，引发眼球经济大战。由于信息不对称，消费者在购买商品或服务之前并不能充分了解其所包含的内容，消费者往往根据美誉度、知名度等无形的指标，或者利用明星信誉和品牌效应来鉴别产品和服务的质量。创意产业比传统产业更强调品牌效应，更注重企业声誉和产品影响力，从而使得注意力在创意产业中具有了突出的作用，更重要的是消费者在消费产品过程中需要获取更多的差异化精神体验，具有追求新奇的冲动和休闲娱乐的需求。

---

① 盈利：《创意产业集群网络结构研究》，硕士学位论文，北京交通大学，2008年，第23页。

② [美]托马斯·达文波特：《注意力经济》，谢波峰等译，中信出版社2003年版，第14页。

5. 创意产业是低碳产业，具有可持续发展性

与以物质上的生产和消耗为依托的传统产业不同，创意产业属于知识密集型产业，具有耗能低、污染小、可持续性强的特点，故被称为"绿色产业"、"无烟产业"。创意产业以文化资源为基础、以高科技为支撑、以无形资产投入为主体的新型产业发展模式，改变了过依赖已经短缺的自然资源的发展模式，对客观自然环境的破坏力低，污染少，给经济增长开创了一条可持续发展的新型道路。同时，文化资源具有可再生性，可以多次、反复地开发和利用，并通过现代创意激活传统文化的精华，从而成为生产中核心要素产生巨大经济效益。更重要的是文化创意作为一种全新的资源要素，科技越发展，创意产业化的效果就越明显，并促进传统产业实现升级，呈现出可持续发展的良性循环。

四 创意产业与相关概念辨析

目前，世界各国家和地区对创意产业有着不同的理解和认识，提出了"文化产业"、"版权产业"、"内容产业"、"休闲产业"、"体验经济"和"注意力经济"等相关概念。这些产业概念的提出既表达了相同的产业理念，也反映了未来经济发展的大趋势；既有特定的内涵和外延，也有创意产业实践的实际需要。因此，清晰准确地界定创意产业与这些产业的关系与界限，有助于更好地把握创意产业的理论内涵和实践方向。

（一）创意产业与文化产业的关系

1. 文化产业的概念

"文化产业"这一概念，是由德国著名的法兰克福学派代表人物瓦尔特·本雅明在1926年撰写的《机械复制时代的艺术》一书中首创的，但是，在当时并没有引起人们足够的重视。到20世纪40年代，法兰克福学派的另两位学者霍克海默和阿多诺在1947年出版的《启蒙辩证法》一书中第一次正式使用了"文化产业"这一术语。他们所谓的"文化产业"是指凭借现代科技手段大规模地复制、传播和消费文化产品的工业体系。其后，"文化产业"这一名词在西方各国学者们的争论中迅速传播，逐渐被人们所接受，但文化产业的准确定义和分类却一直没有得到统一。如联合国科教文组织的定义，文化产业是"按照工业标准生产、再生产、存储以及分配文化产品和服务的一系列活动"。[①] 中国文化部的定义，文化

[①] 金元浦：《文化创意产业概论》，高等教育出版社2010年版，第94页。

产业是指从事文化产品生产、提供文化服务的经营性行业。国家统计局在2004年的《文化及相关产业分类》中，把文化产业界定为"为社会公众提供文化、娱乐产品和服务的活动，以及与这些活动有关联的活动的集合"。文化产业的一般特征是规模化生产、市场化营销、复制性和集合性。发展文化产业的关键在于文化内容与工业化复制。

2. 创意产业与文化产业的关系

创意产业与文化产业都属于知识密集型产业，都是以提供文化产品、精神体验或相关服务为产业内容和目标指向，二者都是以文化资源为基础，依托科技和文化创造新价值。因此，两者在具体产业领域中存在着很多交叉。但两者之间也存在着一定的差别。一是从发展阶段来看，文化产业是工业时代发展的产物，具有鲜明的工业化生产特征。创意产业脱胎于文化产业，是文化产业发展的高级阶段，是适应知识经济时代而出现的一种新的产业形态。二是文化产业在本质上属于知识生产，强调的是工业化复制和商业化推广，所生产的文化产品多是社会传统的文化消费品和文化遗产，所具有的独创性少于它的社会共享性，因而专属权也比较弱。而创意产业属于知识服务，创意产业是由"文化+科技+创意"三者深度结合形成的产业，更强调文化消费的个性化需求，更凸显在生产领域提升产品附加值。创意产业不仅仅局限于文化产业的领域，也不是对文化产品的简单复制，更强调创造性，因此，专属性更强，技术因素在创意产业中的权重要远远高于在文化产业中的权重，居于各产业的高端位置。

（二）创意产业与内容产业的关系

1. 内容产业的概念

"内容产业"作为一个概念首次出现在1995年"西方七国信息会议"，作为一个正式的产业统计门类则于1997年首次出现在《北美产业分类系统》（NAICS）内，取名"Information"的概念。随后，欧盟在《信息社会2000计划》中才真正对内容产业进行了界定：那些从事制造、开发、包装、销售信息产品和服务的企业。其范围包括在各种媒介上的印刷品（报纸、书籍、杂志等）、音像与电子出版物（联机数据库、音像制品服务，以传真及光盘为基础的服务以及电子游戏等）、音像传播（电视、录像、广播和影院），以及消费型软件业等，其中数字传媒业是内容产业的主导产业。"内容产业"这一概念产生于高新技术、互联网和数字化不断发展普及的知识经济大潮中，又称为"信息内容服务产业"，实质是广义文化信息的数字化,是以互联网、数字化技术等新兴技术手段为基础的产业形态,是基于数字化信息技术,融合了出版、报纸杂志、广播电视、音像电影、通信网络等多种媒体形态,从事制造、生产和传播有关信息文化内容的综合产业。①

2. 创意产业与内容产业的关系

内容产业和创意产业在本质上都要求以文化内涵为物质载体,都注重高新科技作为生产要素参与产业活动。内容产业是以信息内容为载体的信息技术密集型产业,它强调现代化信息技术的作用,注重数字类文化产品的内容开发,它的突出特征就是"数字化"。正是由于"数字化"的影响,信息内容对载体的依赖性不断降低,并使得传统内容产业的生产方式和运行体系发生了变化,催生了新兴的以互联网为特征的服务方式和内容。内容产业的本质是一种依托数字化、多媒体和网络等技术,利用信息资源和其他相关资源创(制)作、开发、分发、销售与消费信息产品和服务的产业,是对传统文化产业在内容上的提炼,在技术上的升级。创意产业是传统文化产业的扩展版,是文化产业的高级阶段,它突出强调文化创意和技术创新在经济发展中的作用。

(三)创意产业与版权产业的关系

1. 版权产业的概念

所谓版权产业,是指生产经营具有版权属性的作品(产品),并依靠版权法和相关法律保护而生存发展的产业。它涉及文学、艺术和科学作品的创作、复制、发行和传播,也涵盖采集、存储、提供信息的信息产业。② "版权产业"的概念最早出现在美国的一份《美国版权产业的规模》的研究报告中(1959),1977 年美国把内容产业作为一种独立的产业予以确立。1990 年,美国国际知识产权联盟(IIPA)已利用"版权产业"的概念来计算这一特定产业对美国整体经济的贡献。2004 年,美国采用由世界知识产业组织界定的四种版权产业分类:核心版权产业、交叉产业、部分版权产业和边缘支撑产业。产业范围主要有:(1)核心版权产业(创造有版权保护的产品的行业,如影视业、音乐、广告业等);(2)部分版权产业(行业中只是部分享有版权,如纺织品、玩具制造、建筑

---

① 王琪:《"创意产业"的本质与特征》,《甘肃理论学刊》2009 年第 4 期。
② 张勤:《美国版权产业及其对外贸易透视》,《海淀走读大学学报》2005 年第 1 期。

等);(3) 发行业;(4) 版权关联产业。①

2. 创意产业与版权产业的关系

版权产业与创意产业都注重创造力和智力所带来的无形财产,都把知识产权作为产业发展的基本保障,文化高附加值的特性也是相同的。但从内涵本质理解,版权产业是从知识内容、市场权益出发做出的分类理念,它高度关注知识产权的归属。美国的版权产业被视为"可商品化的信息内容产品业",其外延部门相当广泛,产业界限十分模糊,几乎可以渗透国民经济的各个行业。创意产业并非都要取得版权才称之为创意产业。创意产业强调文化因素和个人创造力在经济发展中起到核心作用,产业指向性更明确。在美国,"版权产业"可以等同于"创意产业"。

(四) 创意产业与文化创意产业

1. 文化创意产业的概念

"文化创意产业"与"创意产业"在内涵上都以创意为核心要素,以文化资源为物质基础,通过科技手段将原创性文化符号转化为具有经济价值和文化体验的产业形态。北京市对文化创意产业的定义,是将其界定为依据人们创造性的想象力,通过开发和运用知识产权,为产品和服务注入新的文化元素、为消费者提供新的文化体验,具有高附加值和高成长性的产业活动集群。包括中国在内的大部分国家和地区,创意产业与文化创意产业基本等同,都能将抽象的文化符号直接转化为高度的经济价值。

2. 创意产业与文化创意产业的关系

文化创意产业和创意产业都属于知识密集型产业,在内涵和外延上基本相近,只是在概念描述、产生背景上侧重点不同,国际上的流行提法是创意产业。仅从外延上分析,文化创意产业更接近于文化产业,主要包含创意产业中以文化内容为主要产品和服务的部分,应作为创意产业的子范畴。中国以北京为代表的北方地区多称为文化创意产业,而以上海为代表的南方地区多称为创意产业。

综上所述,创意产业与文化产业、内容产业、版权产业、文化创意产业等相关概念,其外延大体相同,但内涵有一定的差别。在本质上,创意产业属于知识服务,以创意对其他产业的融入和渗透而表现得具有广泛

---

① 肖雁飞:《创意产业区发展的经济空间动力机制和创新模式研究》,博士学位论文,华东师范大学,2007年,第15页。

性。文化产业和内容产业属于知识生产，而文化产业强调文化艺术的工业化生产、规模化复制和商业化运作，版权产业强调文化创作产品的知识保护和商业化开发，内容产业强调的是信息技术和媒介部门对文化的推动和商业化生产。而创意产业更多地强调了"个人创造力"，卖的是设计理念、消费心理、增值服务。因而，创意产业具有更大的产业附加值空间而居于更高端的行业位置。换言之，文化产业、内容产业和版权产业也都突出文化资源在产业发展中的基础性作用，但创意产业超越性地统筹了文化产业、内容产业和版权产业中创造性的部分，构成了创意产业的主体内容。

第二节 创意产业集群概述

在全球经济一体化和信息化的背景下，区域经济的发展呈现产业集聚发展的态势。作为新兴的创意产业具有较强的产业关联性和融合性特点，决定了创意产业在其发展过程中极易形成集聚效应，有力地促进区域经济竞争能力的提升。

一 产业集群的概念与特征

（一）产业集群的概念

早期的产业集群被界定为产业区、企业集群、产业簇群、聚集经济等概念。产业集群的概念可以追溯到19世纪。早在1826年，德国经济学家冯·杜能（Von Thunen）最早将空间引入经济学领域。他提出了最初的产业集群构想，即著名的"杜能圈"。杜能圈直观地反映了专业化分工与布局的特点。英国新古典经济学家阿尔弗雷德·马歇尔（Alfred Marshall）提出"产业集聚"和"产业区"理论。马歇尔认为，如果一个大企业附近集聚了很多中小企业，则这一区域就可以称为"产业区"。在当时产业区这个概念是相对于农业区而言的工业区的概念，因此具有一定的局限性。韦伯（A. Weber）是最早提出聚集经济概念的学者。聚集经济是指产业的生产性活动和非生产性活动，在区域上具有比较明显的集中倾向，并呈现出一种地理性聚集的经济状态。此后，学术界对这些概念进行延伸或解析，更直观地阐释了产业与地理空间的关系，既说明了产业在区域空间上的数量聚集，又揭示其内涵，即分工合作下的集聚产生外部规模经济。

产业集群概念是由美国哈佛大学教授迈克尔·波特在1990年出版的《国家竞争优势》一书中正式提出的。波特把产业集群定义为某一特定领域内相互联系、在地理位置上集中的公司和机构的集合，并认为，产业集群包括一批相互联系的实体和其他组织、销售客户、辅助性制造商，以及提供专业化培训、教育、信息研究和技术支持的政府和其他机构。他同时提出了竞争优势理论，包括四个基本因素（要素条件，需求条件，相关及支撑产业，企业战略、结构与竞争）和两个附加要素（机遇和政府）。[①]强调各个要素发挥作用时，是一个系统性机制的变化，并提出了企业群落理论。

产业集群是指数量众多的大中小企业在地区集聚通过协同效用产生巨大规模经济与范围经济效应的新型企业空间组织形态。按集群的产业性质，可以将产业集群分为四种类型：一是传统产业集群。它以传统的手工制作或劳动密集型产业部门为主，如纺织、玩具、家具、服装、五金制品等行业，大量的中小企业在空间上集中，形成一个有机联系的市场组织网络。典型的是意大利米兰服装产业区，中国浙江省慈溪的消费家电集群、诸暨的袜业集群。二是高新技术产业集群。它主要依托本地的高等院校和科研机构的科研力量，发展高新技术产业，企业间密切合作，创新氛围浓厚，如美国的硅谷和印度的班加罗尔软件产业集群等成为典型代表。三是一般资本与技术结合型产业集群。如日本的大田、德国南部的巴登—符腾堡。四是资本与文化结合型产业集群，也可以表述为创意产业集群。美国的好莱坞、英国伦敦的"SOHU"文艺区都是这类产业集群的代表。

（二）产业集群的特征

在理论界，通过持续数百年的探讨，对产业集群的认识已经日趋深入。虽然长期以来流派纷呈，但还是形成了对产业集群的很多共识。这种共性可以总结为五个特征：

1. 集聚性特征

在一定的区域空间内，众多的产业关联及其相关支持企业、机构等在空间上的集聚，形成一种相互独立，结合松散的集合体。集聚的基础可能是因为地缘因素、政府政策的推动、产业基础、偶然性等不一而足。

[①] 陈柳钦：《波特产业集群竞争优势理论述评》，《北华大学学报》（社会科学版）2008年第1期。

2. 专业性特征

产业集群是以某种专业性分工为基础的企业集聚。集群内企业间联系密切、相互依存，通过纵向专业化分工和横向经济协作实现弹性专精的生产和经营活动。生产的熟练程度和创新程度大为提高，生产效率得到了充分的发挥。

3. 辐射性特征

在产业集群内一般存在着一个或多个核心产业。核心产业是产业群的主要载体，核心产业链是产业集群的轴心。该产业不仅引领着整个产业集群的发展，同时，还吸引着大量服务于核心产业的其他企业和机构，实现规模扩张。这种外在经济效应使产业集群显示出强大的辐射力和影响力。它不但有利于集群内的单个企业提高竞争力，而且通过群体效应可以促进整个区域产业转型升级，带动整个区域经济的发展。

4. 网络化特征

网络化是产业集群的结构特征。集群内存在由大量中小企业组成的上、中、下游的供应商、生产商、销售代理商，企业与当地政府，大学或研究机构，金融机构、中介服务组织等通过长期的联系形成本地化合作网络。不仅形成了基于专业化分工的交易网络和技术交叉组合的技术网络，而且还由复杂的人缘关系所形成的社会网络。在这一网络系统内，各行为主体之间以正式或非正式的关系，频繁地进行着商品、服务、信息、劳动力等交易活动。

5. 创新性特征

在产业集群内部，由于企业面临着横向同行业的竞争压力与纵向上、下游企业对产品质量的更高要求，迫使企业不断加强生产技术、运行模式和管理制度的创新。同时，由于产业集群内的企业地理接近，合作密切，学习交流频繁，由此形成的知识溢出效应将增强企业的创新能力，而且集群内大量的科研机构可以为企业提供创新所需的各项支持，而不断地技术创新。

二 创意产业集群的概念与特征

（一）创意产业集群的概念

创意产业集群这一概念直接来源于产业集群。依据产业集群的定义和特征，可以从两个维度来解释创意产业集群的定义，一种是要素的维度，《创意阶层的崛起》一书中将创意产业集群定义为一个完整的产业群体，其核心是雇用从事自然科学和工程建筑和设计、教育、艺术、音乐和娱乐等领域的人才来创造出新的想法、新的技术或新的独创性的内容。① 另一种是空间的维度,如康小明、向勇(2005)认为,在创意产业领域中,由众多独立而又相互关联的创意内容的企业以及相关支撑机构,根据专业化分工和协作关系建立起来的,并在一定区域集聚而形成的产业组织。创意产业集群应该包括创意产业链条上所有的上下游企业。即创意产业的创意主体、制作主体、传播主体、服务主体和延伸主体五个主体。② 创意产业本质上是一种产业经济模式,是产业特性与区域特性有效结合而形成的一种新型产业组织形式。尽管创意产业集群具有产业集群的一般特性,但在创意产业中,"创意"是最重要的因素,成为连接产业集群的纽带。因此,所谓创意产业集群,就是在创意产业领域中,相互关联的众多企业以及相关机构依据专业化分工,在一定区域内建立起来的具有协作关系的产业组织形式。它具有的群体竞争优势和集聚规模效应是其他产业组织形式难以比拟的。创意产业集群的崛起是在经济全球化和市场竞争日益激烈的背景下产业发展的新趋势。

(二)创意产业集群的特征

创意产业作为一种在全球化的消费社会背景下兴起的新型产业,作为一种为满足人们精神需求而提供文化产品或服务活动的产业形态,具有与传统产业不同的产业属性和特征。这些创意产业的属性与特征决定了创意产业集群具有以下特征。

1. 创意产业集群的地域偏好性

传统产业集群一般会选择在自然资源丰富、土地资源较多,而且地租和劳动力价格较低地区建立。这类集群往往占地面积大,产业规模大但企业数量较少,多集中在城市郊区。创意产业发展主要依托文化资源和科技创新能力,对高层次创意人才需求量大,这使得知识水平高的人口密集地,特别是创意人才密集的大城市成为创意产业集群首选之地。而城区便利的基础设施,深厚的文化底蕴和多元化、国际化的氛围,更为创意产业集群提供良好的发展条件。而且创意产品的生产特点与交易方式决定创意企业一般规模较小,通常不需要像传统生产企业那样大量使用廉价劳动力

---

① [美]迈克尔·波特:《竞争战略》,陈小悦译,华夏出版社 2005 年版,第 43 页。
② 康小明、向勇:《产业集群与文化产业竞争力的提升》,《北京大学学报》(哲学社会科学版)2005 年第 2 期。

和占用较大的土地。因此，城市的中心区域往往成为创意企业的集聚区，但相对传统产业集群，创意产业集群的规模一般都不是很大。

创意产业集群选择大都市中心区的区位特征，更主要体现在创意产业集聚区对城市特定场所的特殊文化与品质存在很强的偏好，对于根植于特定空间的文化特质的挖掘与利用起关键作用。[①] 大部分创意产业集群在满足艺术文化氛围和经济成本低廉的地方形成，一些工业遗址成为全球创意企业的聚集地，如美国的苏荷地区、英国伦敦的泰德现代艺术馆、柏林哈克欣区、北京的798、上海的四行仓库、杭州的LOFT等都是城市工业遗址中崛起的现代创意产业集群。这些具有历史沉淀和文化内涵的老厂房、旧仓库经过艺术家改建后具备了现代元素，为创意萌发提供了独特的环境和氛围。[②]

2. 创意产业集群的结构多样性

网络结构是创意产业空间集聚的基本特征。企业是创意产业集群发展的主体，企业的发展需要高等院校、研发机构、金融机构、政府部门及行业协会等共同为其提供必要的人才、技术、资金和政策支撑，因此，创意产业集群表现为数量众多的创意企业及相关的组织机构在空间上聚集。主要包括创意企业、高等院校、行业协会、研发机构、金融机构、商务代理机构以及教育培训机构等，从而形成了一种庞大而又紧密联系的网络结构。在产业集群内部，设计与研发、创作或制作、销售与服务等不同企业相互关联，直接或间接地发生组合，形成一个的完整产业链，并逐渐与非创意产业发生联系，相互融合，进而实现更大的企业合作体。

建立多样化的创意产业集群结构，不是众多企业和相关机构的简单集中，而是从相互渗透、相互合作甚至相互竞争中获得更多的益处。由于处在集群中的上下游企业相互不断地与外界发生物流、技术流和信息流的交换，共同的利益使得企业间的联系更加密切，形成互利共生的关系。这种关系是以专业化分工和社会化协作为基础，大、中、小企业共生互补，形成强大的产业创新支撑体系。产生集体创造力是创意产业集群最重要的功能，只有取得竞争优势，才能使创意产业集群脱离起步阶段的简单集合，才能向具有稳定的网络体系、庞大的规模效益的高级阶段迈进。

---

① 刘学、张敏、汪飞：《南京文化集群的特征与模式》，《现代城市研究》2007年第11期。
② 潘谨、李金、陈媛：《创意产业集群的知识溢出探析》，《科学管理研究》2007年第4期。

3. 创意产业集群的企业小型化

传统产业集群通常以生产型企业为主体，特别是制造业集群，规模较大；创意企业以文化创意作为主要的生产要素，其创意产品的生产和交易活动可以脱离大型生产车间而独立实现，因此，创意产业集群往往以中小型企业居多，规模偏小。特别是很多创意企业由艺术家和专业人员，甚至是大学生个人创办，资金少，规模小，有的企业仅有3—5个员工，被称为微型企业。如英国的西米德兰创意产业集群少于50人的企业占90%以上，美国好莱坞数量众多的小型企业承接着不同项目的设计制作工作，从而形成独特的影视业产业链。"少量的大企业、大量的小企业"现象正是创意产业集群的真实写照。毋庸置疑，中小企业是创意产业发展不可或缺的重要组成部分，而创意产业集群内的企业组织形态却呈现小型化、个性化、扁平化的特征。

4. 创意产业集群的环境宽松性

创意产业的发展，并不仅是个人和单个企业的行为，而是需要集体的互动和企业的地理集聚，这就是集群的环境。文化企业、非营利机构和个体艺术家集聚和互动，形成独特的集群发展环境。集聚区内的机构多样性和人员多变性是它的基本特点。因为艺术家和创意者们创意火花的迸发，往往是非正式的交流场所，在轻松愉悦的工作环境中，在新鲜刺激的生活体验之中，从而不断吸收新的文化元素，激发创作灵感。因此，创意产业集群是集生活、工作、展示为一体的区域合作体，具有半工作场所的性质，创意人员在创意产业集群内的工作与生活是相结合的，他们既在那里工作，也在那里生活。创作既是工作内容，也是其生活的重要方式。

5. 创意产业集群的人文根植性

根植性来源于经济社会学，其含义是行为主体的经济行为受到当地社会关系的约束而嵌入社会关系当中。对于创意产业集群而言，依托文化资源，核心要素是创意人才。文化资源和创意人才都具有很强的地域性联系，这种地域性包括政治、经济、文化和社会关系等各个方面。地域性的历史文化传承和人文社会环境是创意产业集群形成和发展的重要基础。如美国的百老汇、意大利的时装，这些国际著名的创意产业集聚区都依托于深厚的文化积淀和丰富的艺术资源。人文根植性是构筑创意产业集群的基石，是吸引创意阶层入驻的磁场。综观国际上创意产业集群发达的大都市，无一不是通过自身独特的城市人文精神和特殊的人才引进政策，将天下无数的创意人才网罗过来,最终打造出创意产业集群的区域品牌。

三 创意产业集群与传统产业集群的区别

从理论上说,创意产业集群的形成和发展晚于传统产业集群,应该说是产业集群"家族"的新成员。创意产业聚集的现象并不是偶然的,有其自身发生、存在的规律,与传统产业集群的形成有着明显的差异。

(一) 集群发展要素不同

创意产业是知识密集型产业,需要大批人才来支撑。创意产业集群的核心元素是创意行为。创意产业强调的创意行为和一般产业强调的创新行为有很大的区别。创意产业集群更多依赖于创意人才和社会资本,而不像一般产业更多地依赖自然资源和资金投入。在空间上,创意产业集群更多地依靠文化选择而不是选择靠近能源产地。传统的产业集群强调技术和管理的创新行为,而创意产业集群强调文化创意。创意融入这种集群式的互动交流平台,便能形成"头脑风暴",产生一种爆炸式能量。创意行为需要松散的联系,因为过于紧密的联系会阻碍和排斥外来者,从而破坏集群结构的多样性,而这种多样性恰是创意产业集群发展的重要因素。

(二) 集群发展主体不同

传统产业集群是以生产经营业务和相关技术服务为主体,企业生产目的为营利性,生产特点为程序化和标准化。而创意产业集群内既有生产经营企业、中介机构、金融部门,也包括文化机构、艺术场馆等非营利性机构。创意企业、研发机构、创意人员构成创意集群的主体。特别是便利性和舒适性的空间环境吸引创意人员集聚在一起,不同区域文化特色的思想在这里激情碰撞,从而设计开发更多的创意作品。

(三) 集群形成模式不同

传统的产业集群是企业先在一定地域里的集中,发展壮大后才能吸引更多的人才集聚;而创意产业集群(主要是指自下而上的自发集聚式集群)是创意人才最先集中一起,通过他们的创意活动形成一定影响以后,吸引了众多创意企业的进驻,形成一定规模的产业集群。如北京798艺术区的集聚,是艺术家先集聚而产生了各种艺术形式的产业集聚。因此,地方政府在制定创意产业集群发展规划中不仅要有吸引企业的扶持政策,更重要是要制定吸引创意型人才的特殊政策。

(四) 集群内部环境不同

在传统产业集群内，一般会对生产经营的主导产业进行核心区、配套区、外围区的集中布局，实现产业区和生活区的功能划分，生活区往往规划在配套区或外围区，现代化大生产的工作节奏快，工作压力大。创意产业集群多要求工作与生活一体化，文化产品生产和消费紧密结合，要求工作和生活环境宽松自由化。创意产业集群内既是工作的地方，又是生活的地方；既有文化生产的工作环境，又有文化消费的生活情调，体现了娱乐性、多样性、变化性的特点。这种环境能积聚巨大社会资本，且深深影响创意阶层的创意行为选择。

(五) 集群联结方式不同

创意产业集群与传统产业集群在结构上的最大差异是其已经融入了文化的因素。传统产业集群的结构是以价值导向为联结方式的，而创意产业集群是以文化传播和渗透以及价值实现为联结的，创意产业集群下的企业之间的互联关系与传统产业集群相比，更具有扩展性。在这种结构下的企业组织模式与传统产业集群下企业之间的组织模式也不尽相关，传统企业集群下的同类企业之间更加偏向竞争关系，创意产业集群下的企业关系更加注重合作，而相同的文化则是合作的纽带。传统产业集群最初表现在相同的企业在同一地理位置上的集合，这种集合是以商品为导向的。创意产业集群表现为价值导向型的，更突出价值链的纵向延伸，是以地理网络为表象特征。

创意产业集群的集群空间更加广阔，这种广阔性体现在其集群的企业是跨越行业性的，是紧密围绕在某个行业或者是一个行业的周围；传统的产业集群在集群区域内集聚的基本都是同类型的企业。创意产业则略显不同，创意产业集群涉及多个产业和行业。创意产业集群包括创意产业链上所有上下游企业，构成立体的多重交织的产业链，使得产业能够形成一个完整的价值体系，从而产生综合融汇的集群效应。

第三节 创意产业集群形成的理论基础

创意产业集群作为一种创意产业组织形式，其形成和发展对国家和地方产业结构调整，以及社会经济发展都将产生重要的影响。创意产业集群的产生与发展既是知识经济时代发展的现实要求，也是马克思主义经济理论及古典经济学、新古典经济学关于产业集群理论成果的体现。

一 马克思主义精神生产理论与劳动分工理论

创意产业集群是一种典型的集地理区域分工与产业分工于一体的现象，集中体现了生产社会化，是一种区域专业化的生产方式。马克思、恩格斯的精神生产理论与社会分工理论为创意产业的兴起和创意产业集群发展提供了理论来源。

（一）马克思主义精神生产理论

马克思、恩格斯在《共产党宣言》中多次提到"精神生产"这一概念。随后在《〈政治经济学批判〉导言》中，马克思又明确提出了"艺术生产"理论，"当艺术生产一旦作为艺术生产出现，它们就再不能以那种在世界史上划时代的、古典的形式被创造出来……"[①]马克思认为，人类的社会生产可以分为物质生产、精神生产和人自身的生产。"整个世界的生产包括精神生产"，"思想、观念、意识的生产最初是直接与人们的物质活动，与人们的物质交往，与现实生活语言交织在一起的。……表现在某一民族的政治、法律、道德、宗教、形而上学等的语言中的精神生产也是这样。人们是自己的观念、思想等等的生产者……"[②]宗教、家庭、国家、法律、道德、科学、艺术等等，都不过是生产的一些特殊形式，并且受生产的普遍规律的支配。[③] 在马克思的巨著《资本论》中，文化艺术作为一种生产的论述已成为马克思整个资本生产理论的有机组成部分。马克思指出：……平原和山区的差别、沿河流域、气候、土壤、煤、铁、已经获得生产力（物质方面的和精神方面的）、语言、文学、技术能力等。[④] 精神生产劳动是"比社会平均劳动较高级较复杂的劳动"，这说明了文化艺术的生产是"一定形态下的自由精神生产"。

从马克思主义经典著作里我们可以看出，马克思主义关于精神生产理论的表述有以下三层含义：一是精神生产是在一定历史发展阶段和一定经济基础上产生的，并受生产的普遍规律支配。二是文化艺术等精神生产是社会生产的特殊形式。三是精神生产直接参与物质生产，是整个社会生产

[①] 《马克思恩格斯选集》第2卷，人民出版社1995年版，第28页。
[②] 《马克思恩格斯选集》第1卷，人民出版社1995年版，第72页。
[③] 《马克思恩格斯全集》第3卷，人民出版社2002年版，第298页。
[④] 《马克思恩格斯全集》第18卷，人民出版社1964年版，第682页。

力中的重要组成部分。可见，精神生产也能创造社会财富，而且是社会生产的高层次行为。精神生产力是国家或地区文明进程和综合实力提升的体现。在市场经济的社会背景下，文化艺术成为一种商品被生产有其发展的必然性。同时，文化艺术生产不单是艺术创作者个人创作的形式，也是与工业生产紧密结合的规模化、标准化、机械化的社会化大生产。这种生产方式的深刻变革，促进了文化艺术走上产业化发展道路。

（二）马克思主义劳动分工理论

马克思主义劳动分工理论认为，在分工条件下，每一个工人终生从事某一种简单操作，从而成为"局部工人"，他花在这一操作上的时间，比循序地进行整个系列操作的手工业者要少；有助于操作经验的积累和劳动方法的完善以及劳动效率的提高。分工与协作可以提高劳动生产效率，产生规模经济效益。创意产业集群的形成正是基于这种劳动分工理论。马克思指出："社会分工是由原来不同而又互不依赖的生产领域之间的交换产生的。"[①] 把一定生产部门固定在国家一定地区的地域分工，由于利用各种特点的工场手工业生产的出现，获得了新的推动力。

马克思不仅承认了分工作用，而且重点强调了协作和劳动社会化。他认为协作本身能够产生一种新的生产力。建立在分工协作基础上的社会化大生产，可以产生比分散的个体化生产更大的效率。"……协作提高了个人生产力，而且是创造了一种生产力，这种生产力本身必然是集体力。"[②] 协作能够产生比单个人生产劳动总和还要大的生产效率。协作使生产过程具有连续性和多面性，使劳动对象在比较短的时间内通过同样的空间。由协作和分工产生的生产力不费资本分文。"另一方面，协作可以与生产规模相比相对地在空间上缩小生产领域。在劳动的作用范围扩大的同时劳动空间范围的这种缩小，会节约非生产费用，这种缩小是由劳动者的集结、不同劳动过程的靠拢和生产资料的积聚造成的。"[③] 这就表明分工越是发展，生产专业化程度越高，协作也就越加发展和密切。分工协作的发展，可以保持生产的连续性和比例性，在短时期内完成某种工作，提高劳动生产率；也可以使生产资料得到更好的利用和节约，促进生产力诸因素得到更有效的结合，降低单位产品的劳动消耗；同时由于生产空间的缩小，可

---

① 《资本论》第一卷，人民出版社1975年版，第390页。
② 同上书，第362页。
③ 同上书，第365页。

以节约非生产性成本。总之，社会分工是社会生产力发展到一定阶段的必然结果，追求高效率和低成本是区域内企业协作的内在因素。

二　国外经典产业集群理论

早在1776年亚当·斯密就描述了产业集群的思想。这种思想经过数百年的发展延续，到如今产业集群方面的理论已经相当丰富，最具代表性的经典理论有马歇尔的规模经济理论、韦伯的区位集聚经济理论、佩鲁的增长极理论、克鲁格曼的新经济地理理论、科斯的交易费用理论以及波特的新竞争理论。

（一）古典经济学的分工协作理论

分工协作理论是产业集群理论的基础。古典经济学分工协作理论主要有亚当·斯密的绝对成本理论、大卫·李嘉图（David Ricardo）的比较成本理论。从其理论的一般原理来看，由于各地域存在自然条件、人力资源、经济发展的诸多差异，导致了同种产品在不同地区生产的费用有差异，从而造成了地域之间的社会分工。亚当·斯密从工场手工业看到了生产分工所产生的效率，分析了专业化生产的合理性，并从地区间的条件差异揭示了区域分工和国际分工。他在《国富论》中首先分析分工的利益，认为分工可以提高生产率，增加物质财富。"劳动生产力上最大的改进，以及运用劳动时所表现的更大的熟练、技巧和判断力，似乎都是分工的结果。"[1] 劳动分工是经济生产的核心现象。亚当·斯密不仅论述了生产分工的合理性和组织形式，还从劳动者技巧的提高、劳动时间的节约、专门机械的发明等角度分析分工促进劳动生产率提高的原因，同时把获得区域利益最大化作为地域分工和国际分工的理论依据。大卫·李嘉图在亚当·斯密的绝对成本理论的基础上提出比较成本理论。他在《政治经济学及赋税原理》中提出按照比较成本理论的原则进行国际分工，可使劳动配置更加合理，可增加生产总额，对贸易各方都有利。他认为地域分工的基础并不局限于生产成本的绝对差别，只要地区间存在着生产成本的相对差别，就会使各地区在不同产品生产上具有比较优势，从而使地域分工成为可能。任何地区都有其相对有利的条件，即比较优势，如果各地能充分有效地利用这些优势，就能从区域分工中获得比较利益。古典经济学中的分工理论对企业分工协作、产业集群的形成具有一定的影响。

---

[1] ［英］亚当·斯密：《国富论》，郭大力、王亚楠译，商务印书馆2008年版，第7页。

(二) 马歇尔的外部规模经济理论

英国经济学家马歇尔作为新古典经济学的代表人物,是最早关注工业集聚现象的经济学家,他将工业集聚的特定地区称为"产业区"。在马歇尔看来,这些工业之所以能够在产业区内集聚最根本的原因在于获取外部规模经济,因为"这种经济往往能因许多性质相似的企业集中在特定的地方——通常所说的工业地区分布而获得"。[①] 马歇尔的外部规模经济是指在特定区域的由于相同企业的集聚发展导致该区域内生产企业的整体成本下降。马歇尔认为,产业区的形成是基于外部规模经济。因为集中在一起的生产企业比单个孤立的生产企业更有效率,一是企业地理集中能促进专业化队伍的形成,提高生产效率;二是企业地理集中有利于劳动力市场共享,降低劳动力的搜寻成本;三是企业地理集中产生频繁的信息交流,有助于知识外溢。

(三) 韦伯的集群经济理论

德国经济学家阿尔弗雷德·韦伯于1909年出版了《工业区位论:区位的纯理论》一书,从而创立了工业区位论。韦伯从经济区位的角度,探索资本、人口向大城市移动(大城市产业与人口集聚现象)背后的空间机制。他指出交通条件、地理因素、公共设施等因素对于产业集聚的影响,企业能否从集群中获得最大的利益是企业形成集群的根本动因。在韦伯的工业区位理论体系中,区位因子作为重要的概念成为工业区位理论的逻辑起点,同时也是形成产业集群的要素。韦伯将影响工业区位的因素分为两类:一类是影响工业分布于各个区域的"区域性因素";另一类在工业区域分布中,把工业集中于某地而不是其他地方的"集聚因素"。他认为,集聚因素是一种优势,在一定集中化程度下,单位产品的成本指数比工业完全分散情况下的成本指数低,而原料、运费、劳动力、地租等区域性因子是形成工业区位基本格局的基础。

(四) 佩鲁的增长极理论

增长极概念最初是由法国经济学家弗郎索瓦·佩鲁提出来的,他借喻了磁场内部运动在磁极最强这一规律,称经济发展的这种区域极化现象为增长极。他认为,如果把发生支配作用的经济空间看作力场,那么位于这个力场中推进性单元就可以描述为"增长极"。他提出经济增长并不是在

---

① [英] 马歇尔:《经济学原理》,商务印书馆1964年版,第280页。

任何地方同时出现，它以不同强度首先出现在增长点或增长极上，然后通过不同的渠道向外扩散，并对整个经济产生不同的终极影响。增长极可以是一个地区、一个城市或者一个产业，但增长极的形成必须具备历史、技术经济和资源优势等方面的条件。由于历史、地理、技术、资源、市场经营等因素的影响，使一些地区或城市或产业处于支配地位，另一部分则处于被支配地位，产生了地区发展的不平衡。处于支配地位的增长极获得优先增长，并对邻近地区产生强大辐射作用。佩鲁认为，增长极是一个工业综合体，与推进型产业相关联，并会带来区位经济效应，在其影响范围内能引导经济活动的进一步发展。增长极对地区经济增长产生的作用是巨大的，因为增长极的形成与发展过程不仅自身形成强大的规模经济，对其他经济也产生着支配效应、乘数效应和扩散效应。

（五）波特的竞争优势理论

竞争优势理论是哈佛大学教授迈克尔·波特在《国家竞争优势》（1990）中提出来的。为了清楚地分析国家竞争优势问题，他对竞争优势理论作了进一步的描述，提出了国际竞争优势模型，即著名的"钻石模型"（又称菱形理论）。波特认为，产业集群的核心内容是其竞争力的形成和竞争优势的发挥，其决定因素包括生产要素、需求条件、相关及支持产业、公司的战略、组织以及竞争，机遇和政府作为两种外部力量也具有不可替代的作用。波特强调国家竞争优势的获得，关键在于产业的竞争力的提高，而产业集聚是产业部门获取竞争优势的重要路径。产业集群竞争力可以通过区域产业特色、产业结构优化、企业分工协作、产业链整合和社会成本降低等途径获得。而这种竞争力又是非集群和集群外企业所无法拥有的。波特提出的竞争优势理论重要意义在于它将企业或地区间在某一特定领域中的零和竞争转移到竞合关系当中，通过分工协作，提高创新能力和生产效率，从而使得集聚区内企业形成强劲且可持续的竞争优势。

第二章 创意产业集群的形成机制与主体模式

创意产业集群是创意产业发展到一定阶段而出现的组织形态，也是区域经济发展的一个重要载体。创意产业在某一特定区域形成集聚，是区域市场对创意产业生产要素优化配置的必然选择。创意产业集群形成和发展是一个长期的过程，并受到社会、经济、文化及人们消费行为等众多因素的影响，因此，不同地区会形成不同的运行机制和发展模式。

第一节 创意产业集群的形成条件与构成主体

创意产业不是在任何区域空间内都可以形成集聚，创意产业集群的形成是需要一定条件的，它是在自然资源、市场需求、社会文化和制度环境等各方面因素促成下而发展起来的。这些因素构成了创意产业集群形成与发展的基本条件。

一 创意产业集群的形成条件

创意产业发展具有地域发展的不平衡性，且在特定的区域空间形成高度的集聚效应，这表明创意产业的集聚是有选择的，必须具备一定的条件才能形成。

（一）区域因素是创意产业集群形成的基础条件

现代区位理论认为，区域因素是影响产业集群形成与发展的重要因素。区域因素主要包括地理位置和资源禀赋。资源禀赋不同，资源环境存在的差异，决定了产业集群发展水平的差异。某一地区的资源禀赋是吸引特定产业企业的基础性因素，如果某区域拥有适合某类产业发展的大量相对廉价或相对优质的资源，则此区域往往会成为集群产生的自发地。从文化资源来看，特定地域在长期的历史发展过程中不断形成本地特有的思想观念、民俗民风和传统工艺等区域性文化。这些文化资源经过历史积淀，带有很强的地域性、历史性和民族性。创意产业的发展过程实际上就是将文化资源不断转化为创意产品和创意服务的过程。特定地域具有独特而又丰富的文化资源，就有了开发利用的潜在优势，创意产业在这一特定区域的形成和发展也就成为可能。当一些创意者先发取得利益，会吸引其他企业加入其中，从而形成更大的群体。

此外，一个有利于生产经营活动的地理位置易于吸引企业而形成产业集聚，特别是便捷的交通方式仍是影响经济活动空间结构与组织的重要因素之一。由于创意空间的开放性与创意产品的时效性都比较强，需要便利的交通枢纽和快捷的运输方式，因而创意产业集群一般分布在交通便利的地区，从而降低交易成本，并使企业易于获得知识共享，有利于企业的集聚。因此，区域文化资源禀赋能够影响到区域创意产业的主导产业，进而影响创意企业的地区选择。

(二) 创意人才资源是创意产业集群形成的支撑点

创意产业是一个高度推崇个人创造力的知识密集型产业，人力资源的作用尤其是高素质的创意人才、管理人才以及复合型人才，对于创意产业的发展有着重要的作用。相对于传统产业而言，创意产业集群具有知识密集、技术密集等特点，对技术人才的需求量更大，要求的档次更高。没有人才（特别是具有较高专业知识和艺术素养的创意阶层与管理者），创意产业的发展和集聚也就无从谈起。一国或地区人力资源状况从根本上决定了该国发展创意产业集群的潜力。硅谷的成功是因为斯坦福等一批高等院校能够为其源源不断地提供高素质人才；班加罗尔的辉煌成就也得益于世界各地最有创新活力的专业技术和人力资源。因此，创意人才资源的地理分布是决定创意产业区位选择的重要因素，各区域之间创意产业的人才规模、人才结构以及人才培养上存在差异，导致了创意产业区位集聚上的不同。

(三) 市场需求是创意产业集群形成的原动力

市场需求是创意产业发展的原动力，也是创意产业集群的强大支撑。市场需求状况能客观地反映出一个地区对某个行业产品和服务的有效需求，显示出产业发展的生存空间。市场消费需求量决定着创意产业的生产能力和发展规模，市场需求结构决定着区域创意产业结构和布局。公众有效的消费需求能够不断刺激创意产品和创意服务的有效供给，进而促进创意产业结构的不断优化和创意产业集群的形成。实践证明，创意产业集群所在区域的经济发展水平决定着创意产品的消费市场发展状况。区域经济的发展水平越高，对创意产品的需求就越大，强大的消费能力不断刺激创意产业的发展。而随着城市化进程的逐步加快，又将扩大创意产业的消费空间，稳定的区域性消费市场在一定程度上保证了创意产业集群的可持续发展。因此，区域经济发展水平和消费市场格局直接影响创意产业集群布局。在一定区域内具有强大的国内外市场需求，就会促成创意产业集群的形成和壮大。

（四）人文环境是创意产业集群的重要依托

由于创意产业的发展主要是依赖于人的创意，而创意来自日常沟通交流和思想火花的碰撞，因此往往需要一种轻松的工作氛围和良好的生活环境。这样的精神空间，也被称为"硅谷氛围"，即在集群范围内人们之间可以自由地交谈，人们在自己的空间边喝茶边工作，每天心情愉悦，快乐工作。构建这种愉悦的氛围，可以激发创作灵感和工作热情，提升整个集群品牌素质。当然，包括提供公共信息服务、便利的交通条件、舒适的工作环境、轻松自由的交流场所等。区域基础设施是产业集群产生和发展的必需要素。这些基础设施越是齐备的地方，越能集聚创意生产的企业群和创意产品的消费群。

另外，创意阶层和创意企业需要在特定区域内形成一种稳定的社会关系网络，即一个让大家互相信任、互相开放、宽松自由的社会空间。这样的社会空间能够表达共同文化理念、遵守共同规则、诚实守信、互惠互利，从而减少机会主义行为和信誉风险，降低企业交易成本。这样的环境更能吸引创意人才，并通过知识的外溢效应实现知识的共享，并能相互激励，促进知识的创新与技术成果的孵化，形成"乘数效应"。

（五）政策制度环境是创意产业集群发展的根本保障

一般来说，区域内是否拥有完善的监管体系和良好的市场秩序是创意产业区位选择的重要影响因素。相对稳定的政治制度和经济政策以及政府工作的高透明度与高效率能为企业营造一个公平、公正的竞争环境，有利于企业的集聚。一个国家和地区政府所制定的创意产业政策方向不同，区域创意产业的发展和集聚情况也会存在着较大的差异，特别是针对创意行业的优惠政策，对于该行业在这一地区的集聚和发展产生强大的吸引力。例如，由于创意产品具有市场的不确定性，创意产业投资风险远高于其他行业，为此，是否拥有良好的融资环境以及完善的风险投资机制，将成为许多中小创意企业区位选择的重要条件。

此外，由于创意产品具有原创成本高，复制成本低的特征，而且随着复制技术的发展，产品复制更为简单快捷，因此，创意产业的发展更需要法律的保护与政策的支持。在缺乏完善的知识产权法律保护的情况下，盗版行为以及非法侵占创意成果的行为会对创意产业产生严重的侵害。在一般意义上，只有具有健全的知识产权保护制度，才能够提高创意人才的积极性进而促进创意成果的不断涌现。总之，一个国家和地区政府能否制定相对稳定的政治制度和经济政策，能否形成完善的创意产业监管体系和公平竞争的市场环境，直接影响到企业是否愿意进入这一区域。

二　创意产业集群的构成主体

创意产业集群在实体形态上表现为产业内部企业之间及其外部关联机构在某一特定的地理空间的集合体。这个集合体主要包括企业、研发机构、人才市场、政府及行业协会等相关机构，其中，创意企业和政府部门是创意产业集群的主导力量，行业协会和相关支撑机构成为创意产业集群的基本力量，创意人才成为重要的支撑。这些构成主体相互关联，相互作用，使创意产业集群成为一个不可分割的有机整体。

（一）创意企业

创意企业是创意产业集群中唯一的经济主体，没有创意企业的参与，创意产业也就不可能生存和发展。一方面，企业的目标是追求自身利益的最大化，创意产业的高附加值及与其他产业的高度兼容性使企业预期参与创意产业会有巨大的利益回报。另一方面，创意产业在中国的兴起为面临结构转型和产业升级的企业提供了机遇。一些企业参与到创意产业领域使自身获得新的发展，同时也推动了创意产业的发展。正因为如此，当每一区域创意产业形成热潮时，会有大批企业迅速跟进，形成更大规模的集群。

（二）政府部门

在创意产业集群的形成和发展过程中，政府部门发挥着极其重要的作用。具体表现在：一是创意产业集群有别于其他产业集群，规模不是很大，但创意主体对工作环境和生活环境有着更高的要求，况且集群内拥有强大的社会网络，内含了营利性企业、研发机构、文化机构、艺术场所、娱乐休闲场所和生活着不同类型的艺术家，需要政府部门统筹协调，形成合力。二是制定吸引企业投资的一系列优惠措施,如税收政策、融资政策;建立完善的市场体系和公平严肃的法律环境,特别是建立完善的知识产权保护体系,吸引企业向特定区域集中;一个良好的制度环境将在吸引资金、聚集创意人才和促进相关产业等方面产生深远的影响。三是通过政府引导、市场运作或直接投资建设等方式,把创意产业发展与旧城改造、历史文物保护相结合,建立创意产业园区。四是提供良好的基础设施和优质高效的公共服务,如城市交通、公共空间设施以及金融、教育、研发机构等相关服务业的创建等。

(三) 研发机构

创意产业集群的兴起往往与高等院校、科研院所等研发机构有紧密的联系。高等院校、科研院所凝聚着大量的创意人才和强大的科技创新实力,能在创意企业周边形成知识溢出效应,从而形成一种其他地区所不具备的正外部性影响。一是高等院校、科研机构是培养高素质创意人才的重要基地,也是创新理念和时尚消费的传播中心,不仅为企业提供人才资源,而且把新的思想观念和消费方式向周边辐射。二是运用其专业知识开展咨询服务、专业培训等业务性工作,为企业提供智力支撑。三是参与或自办创意产业,积极促进科技创新成果转化成现实生产力。高等院校和科研机构具有高层次的专业人才和高水准的专业化设备,更容易创作出高水平的创意成果,为集群内的很多企业提供了大量的原始资源,成为新创企业的孵化器。因此,许多创意企业愿意在靠近高等院校或科研机构的周边地方集聚并快速发展起来。

(四) 行业协会

行业协会是一种非行政机构,是沟通政府与企业之间联系的桥梁和纽带,在对创意产业集群的组织与管理方面具有独到作用。其一,行业协会是成熟市场经济体制中一种重要的经济治理方式,它可以依据本行业共同制定的章程实施其监督管理职能,建立和维持行业发展秩序,从而规范企业市场行为,构建公平竞争环境,保障创意产业集群的健康稳定发展。其二,行业协会作为创意企业群体的代表,可以统一调配市场资源,处理和协调各类关系,特别是能提高与政府及群外企业的谈判效率,从而减少单个企业的运作成本,维护企业共同的经济权益。其三,通过开展行业调查,为企业提供咨询服务,为政府提供决策依据。其四,主办或协办创意产业会展,组织对外宣传、发布行业信息等为创意产业集群提升影响力、树立品牌形象铺路搭桥。

(五) 人才市场

专业化的人才市场是创意产业集群发展中不可或缺的重要力量。创意产业集群产生以后,巨大的规模效益会吸引越来越多的优秀企业入驻其中,形成更大规模的集群。"滚雪球式"集聚效应产生了对专业性人才的大量需求。迫切需要在创意产业集群内建立一个专业化人才市场,既保障集群内拥有足够的人才资源,也减少企业劳动力搜寻成本。另外,完善的人才市场又为创意产业集群的进一步发展提供了强力支撑。大量创意人才及相关行业劳动力的涌入,为创意企业提供了一个人才"蓄水池",使得创意企业有充分的选择余地,便于聘请到合适的人才。劳动力的大量涌入也是创意企业不断扎堆和集聚的动因,两者构成了一种良性的互动机制。创意产业集群吸引着劳动力集聚,劳动力的集聚又反过来吸引着更多的创意企业向集群地靠拢。[①]

实践证明,创意产业集群正是在政府部门的强力引领下,以创意企业为主体,以专业化人才市场为依托,通过行业协会、科研机构和传媒网络等相关机构相互作用,才使得创意产业集群能在一个特定区域内生存和发展,并成为区域经济发展的重要力量。

第二节 创意产业集群的形成机制

从创意产业的总体布局来看,区域空间集聚已经成为其最明显的发展趋势,特别是创意产业集群所产生的巨大的经济效益和社会效益更为世人瞩目。而创意产业在一些特定的区域内集聚不仅需要一定的必要条件,还需要有强大的动力机制来推动。

一 创意产业集群的形成动力

从创意产业集群的动力机制来看,促使创意产业选择集聚的动力机制包括外在动力和内生动力两个方面。

(一) 创意产业集群的内生动力

创意产业集群形成的内生动力是指由内向外推动创意企业在特定空间

[①] 焦志明:《中国文化产业集群形成机理研究》,硕士学位论文,山西财经大学,2008年,第19页。

集聚的一种作用力。这种动力源自经济利益最大化和创新竞争力的强烈追求。

1. 最大化的规模效益：创意企业空间集聚的原始动机

市场经济条件下，企业集聚的动因首先是为了追求集聚所带来的经济利益。根据马歇尔的外部规模经济理论和威廉姆森的交易成本理论，大量的企业在一个特定的区域集聚，可以共享物质性基础设施和辅助行业提供的专门服务，降低投资成本；创意产业的空间集聚可以增加企业信任程度，减少机会主义行为，降低投资风险；更重要的是在创意产业集群内，上下游企业组成一条完整的产业链，大大降低了运输成本和交易成本。大量的同行企业通过合作或联盟，共同进行生产，建立统一的销售市场和人才市场，降低投资成本、转换成本、学习成本及劳动力搜寻成本。对于创意企业而言，收益递增和交易成本节约是创意产业集群重要的"向心力"，并且这种"向心力"会在路径依赖和自我预期的作用下产生累积效应[1]，带来经济效益的快速增长。因而创意产业往往选择特定空间集聚的布局方式。

2. 网络化的合作创新：创意产业空间集聚的内在要求

创意产业是知识、技术紧密型产业，对知识交流与技术创新有着颇高的要求。作为一种隐性知识的创意思想，其传播通常是通过非正式交流来实现的。创意产业集群是知识，特别是隐性知识的生产地和传播渠道，能够有效完成知识、信息和技术的交换，形成知识溢出效应。因为在创意产业集群内部，容易产生专业知识、生产技能、市场信息等方面的积累效应，使得生产企业和相关机构之间更容易形成一个相互学习的整体，激发新灵感，保持集群内企业的持续创新能力。而且随着创意产业集聚程度的提高，创意资源也进一步集中，企业间的技术交流与合作必然增加，从而不断进行技术创新，降低创新成本，提高创新竞争力。为了获得这些竞争优势，分享创新网络带来的经济收益，创意产业自觉寻求在特定区域上的空间集聚，形成自我强化的创新网络机制。如果在集群外则空间距离较远，则人与人之间面对面接触的机会大大减少，"头脑风暴"将会随之减弱，"知识溢出效应"受到阻隔。可见，地理邻近性和面对面互动是保证

---

[1] 王丽君：《创意产业集群的形成因素研究》，硕士学位论文，北京交通大学，2007年，第20页。

交流质量，激发创新的关键条件。

从波特的竞争优势理论我们可以发现，由于地理位置接近，知识溢出效应明显，企业对于竞争压力的感受更为直接。正是这种有形和无形的压力，迫使企业不断进行技术创新，不断改进产品和服务，以提升自身的竞争力，使企业自身在同行竞争中处于更加有利的位置。集聚增强了竞争，竞争又推动了创意产业的发展，让集群内企业获得更大的利益。这种有序的合作竞争，正是创意产业集聚地区的知识和技术创新快于非集聚地区的重要因素。

(二) 创意产业集群的外在动力

创意产业集群形成的外在动力是指由外向内推动创意企业在特定空间集聚的一种作用力。这种动力源自区域经济发展的基本规律。

1. 区域经济的拉动作用：政府对创意产业集聚的扶持

创意产业的高附加值性和高产业关联性，能有效地促进区域经济的发展，而创意产业集群的形成和发展对区域经济增长的作用更为巨大。一是大量的创意企业集聚于一定区域可以进一步加深区域内生产的分工和合作，提高区域生产效率。二是创意企业与众多相关研发服务机构聚集一起能获得更多市场信息和人才支持，也会获得更多的发展机遇。由于集群内部分工的不断细化，可以衍生出更多的创意企业，完善产业链条，扩大和加强集聚效应。三是创意产业的渗透性和扩散性能使传统产业改造升级，并使产业出现融合趋势。这种融合促进了产业之间和产业内部的更迭和转换，使产业结构整体朝价值链高端迈进，从而带动了大批相关产业的发展，促进区域经济的迅猛发展。

创意产业集群对区域经济的拉动作用和放大效应，使国家及地方政府在创意产业集群的形成与发展过程中予以极大的关注和积极扶持，主要体现在科学规划建设创意产业园区和营造良好的外部环境方面。这不仅能提高创意产业集群的吸引力，使区外企业加入本地的企业群落，而且有利于区域经济可持续的良性发展。因此，在一定程度上，政府规制成为特定区域内创意产业集群形成与发展的主导力。

2. 品牌效应的竞争优势：区域产业市场对创意产业集聚的推动

在经济全球化背景下，区域经济的发展需要区位品牌来支撑，区位品牌既是区域实力的重要标志，也是区域经济发展的依托。然而"区位品牌"多数是通过产业集群这个区域平台来展现的。创意产业作为新兴产业，具有产业渗透性和关联性特点，容易产生产业链的磁吸效应。创意产业一旦形成集群就会立足自身特色，参与竞争，并能产生巨大的影响。这种影响的汇集与积累，将最终产生集群的品牌效应。如美国的好莱坞电影、奥地利的维也纳音乐、意大利的米兰时装、印度的班加罗尔软件、中国深圳的大芬村油画等。通过"区位品牌"进行区域整体营销，营造市场优势，可以提高该区域的知名度和外在形象，增强对外吸引力，使集群内每个企业都受益。因为"区位品牌"与单个企业品牌相比，更形象、更直接，是众多企业品牌精华的浓缩和提炼，更具有广泛的、持久的品牌效应。[1] 创意产业品牌注入更多的是鲜明的个性色彩和深厚的文化底蕴，更具有地域的根植性和无形资产的丰富含金量。因此，创意产业集群对企业和区域发展更具有品牌的扩展力和持久性。

3. 区域形象的完美塑造：创意城市对创意产业集聚的要求

创意产业的兴起与城市经济密切相关，它导致了"创意城市"概念的出现。这种城市往往建立在强大的文化基础设施上，并具有相对高密度的创意职业，同时也因为其良好的文化设施对外来投资具有吸引力。[2] 20世纪80年代以后，传统工业城市面临着传统产业衰败、传统制造业污染严重、城市产业空心化等诸多现实问题，促使传统工业城市开始探索新的产业发展模式，特别是工业化时期的旧城区所遗留的旧厂房、旧仓库、旧烟囱及破旧的机器设备，严重影响城市的形象。由于创意产业属于知识密集型产业，具有污染少、消耗低、产出高等特点，被称为"无烟产业"。创意产业的兴起，实现了城市经济由粗放型增长方式向集约型增长方式转变，成为后工业时代具有战略意义的产业。由于市中心破旧的厂房、仓库长期闲置，其相对优越的地理位置和廉价的租金价格，吸引一批艺术家集聚于此进行艺术创作，形成一定规模的创意产业区，从而使城市旧城区得到很好的改造，不仅城市面貌焕然一新，而且城市的空间功能和产业结构也得到更新转换。应该说，创意城市给创意产业提供更广阔的发展空间，创意产业又促进创意城市更上一层楼。

---

[1] 魏守华、赵雅沁：《企业集群的竞争优势研究》，《财经问题研究》2002年第5期。
[2] ［巴］埃德娜·多斯桑托斯：《2008创意经济报告》，张晓明等译，三辰影库音像出版社2008年版，第15页。

二 创意产业集群的时空演变规律

创意产业集群并不是创意阶层和企业偶然的聚集现象,它有其自身发生、存在的规律。创意产业集群的发展也有周期性,并呈现出螺旋式上升的发展态势。

(一) 创意产业集群的生命周期

从产业生命周期理论角度分析,国内外学者对集群存在生命周期的看法基本上是一致的,其中,蒂奇(Tichy)提出的产业集群产生、成长、成熟和衰退四阶段论观点最具代表性。大多数产业的发展都适合这一生命周期规律。创意产业集群也存在着生命周期,但创意产业自身的特点决定创意产业集群的生命周期规律则与其他产业集群有所不同。创意产业的聚集是创意产业链延长和完善的结果。随着创意产业集群数量规模扩大、功能结构的变化,创意产业系统逐渐形成为一个更完善更高效的有机整体。因此,在创意产业集群由低级到高级的发展演化过程中,经历产生、成长、成熟和更新四个基本阶段,呈现出螺旋式上升发展而不会衰退消亡(见图2-1)。

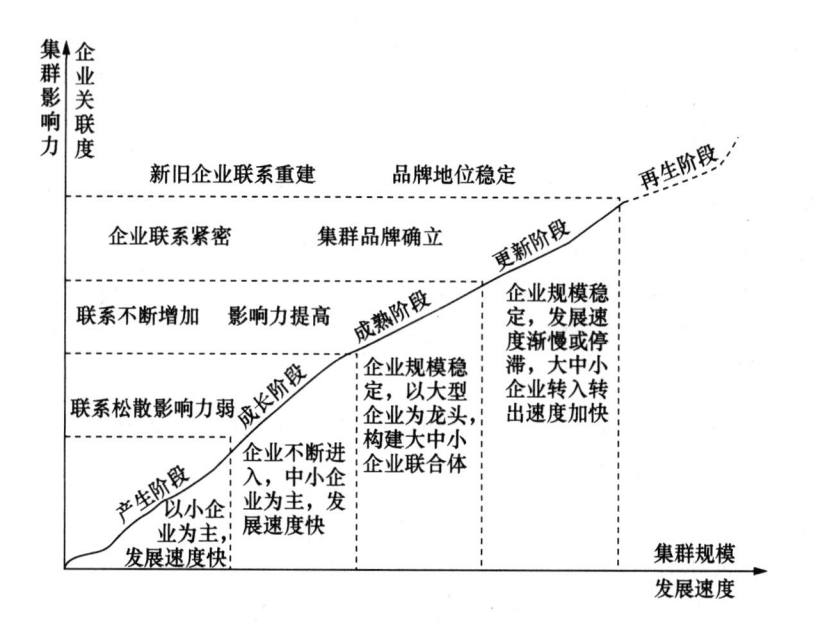

图2-1 创意产业集群的生命周期规律分析

1. 产生阶段

在一些特定区域,由于偶然因素和特有的区位优势,使一些创意阶层或中小创意企业开始无序地但又相对集中地分布在城市的特定区域上。在这个阶段,由于某个特定区域在地理位置、文化资源、土地价格以及相关基础设施等方面具有比较优势,吸引部分创意阶层和少数小企业进入。随着各种有利条件和因素已经具备或者开始形成,一些创意企业开始进入该区域,从事创意产品的生产和提供创意服务。但此时创意企业数量少且大多是独立经营,企业之间的相互联系与合作较少,创意产业集群的产业链尚未形成,中介服务机构和行业协会等团体组织几乎不存在。因此,在这个阶段,创意企业并不是均匀地分布在集聚地,况且集群内的企业竞争大于合作,导致专业分工、成本优势等其他优势均不明显。

2. 成长阶段

经过一定时期的发展后,随着创意企业数量的不断增加,集群内的知识、信息、技术等资源会日趋集中,最初的聚集开始经历一个从量变到质变的过程。企业集聚所产生的外部规模效益吸引更多投资者和创意人才加入其中,使集群规模持续扩大,规模经济效益也更加明显。在这个阶段,创意产业集群的迅速扩张使上下游产业链不断延伸,集群内企业分工协作更加密切,也得到更多的市场机会。企业形成聚集后,互相分工协作,扬长避短,更有利于生产、交易和信息流通,从而产生"1+1>2"的效果。但成长阶段内企业之间的竞争更加激烈。该阶段企业发展的风险来自于集群内企业间的无序竞争、盲目模仿,可能破坏集群的健康成长。所以,政府要采取措施避免过度竞争所致的"柠檬市场",因为过度竞争所致的产品质量恶性循环将毁坏集群的存在。[1]

3. 成熟阶段

当创意产业集群步入成熟阶段时,新增企业数量逐渐减少,产业规模和企业数量趋于稳定,集群内已经构建起完整的、配套的产业链体系,区域品牌已经形成,并具有更加强大的综合竞争力,对区域经济增长的拉动作用越来越大。在这一阶段,创意产业集群内呈现以大型企业为龙头,中小企业合作发展的良好局面。相关企业彼此既竞争又合作,但合作大于竞

---

[1] 仇保兴:《发展小型企业集群要避免的陷阱——过度竞争所致的"柠檬市场"》,《北京大学学报》1999年第1期。

争，竞争作用被逐渐弱化，而学习创新功能被强化，知识溢出效应明显，集群创新成为这个阶段的主旋律。

4. 更新阶段

在创意产业集群进入一个长期稳定的成熟期以后，不断膨胀的企业需求，导致资源消耗大，资本饱和，产能过剩，资产效益下降，出现集聚不经济的特殊现象。同时，由于知识溢出效应持续作用，使很多企业缺乏创新动力，而原有的技术也已失去领先地位，企业对市场的反应能力下降，竞争优势逐渐削弱，集群企业大量向其他优势地域或行业转移，集群呈现出衰落迹象。由于创意产业集群具有自我调节和自我复制的功能，因此在成熟阶段后期，集群虽有短暂停滞或衰退，但是，随着产业链的延伸和产业能级的变化，还会焕发出新的生机和活力，将呈现螺旋式上升的发展态势而不会就此消亡。

创意产业集群之所以能产生自我调节和自我复制的功能，就在于创意是可以无限开发和放大的特殊资源。以创意为核心的创意产业具有高产业关联性和强大的渗透力，它在自身发展过程中能与其他产业相互渗透，甚至相互融合。这种融合促使文化、技术、信息、创意等创意产业的核心要素得到充分发挥，不仅极大地拓展了传统产业的发展空间，而且使现有的创意产业链得到更大的延伸。随着高新技术特别是信息化技术的广泛应用，许多创意成果往往可成为其他产业的要素投入，催生新型的创意产业，并带动一批相关产业的发展。如创意农业通过创意实现产业价值的大幅提升，可以说是开辟现代农业的一片"蓝海"。因此，只要创意思想存在，创意产业集群不会消亡，并将朝向更高一级方向发展。也许创意产业中某一个子行业可能会脱离时代的发展而遭到淘汰，但新的子行业会随着新的创意而不断出现并获得更大的发展，从而推动创意产业集群的螺旋式发展。

（二）创意产业集群的发展规律

创意产业的空间布局除了遵循一般产业发展规律外，区位因素、社会因素、经济因素、创意阶层及市场规律和文化规律共同影响与作用，使其有着不同于物质产业的布局和地域发展规律，因而创意产业呈现出独特的集聚方式和发展规律。

1. 创意产业集群的资源依托规律

产业集群的形成与发展，与当地自然资源、经济条件、文化传统、消费观念等息息相关,具有很强的地域依赖性,这是支持集群生产体系地理集中的关键因素。同时产业集群的本地根植性一经形成,就难以复制。有的创意产业因资源禀赋依附在自然资源或文化资源丰富的区域地带,如传统民间工艺品制作、民族艺术开发、文化旅游业等;有的创意产业因消费水平、人才优势、基础条件等则依附于城市,如广告业、会展业等。前者因特殊资源的不可移动性只能就地发展,具有地域性,形成特有的资源依托型创意产业。后者由于城市经济发达,居民消费能力较强,人力资源集中,交通等基础设施完善,市场信息来源快于其他地区,在城市进行生产供给易于传播、流通、销售、消费,有利于扩大规模,减少成本,取得利润最大化,形成城市依托型创意产业。

实践证明,创意产业及其相关产业一般都倾向于在大城市集聚。例如伦敦、纽约、洛杉矶、柏林、巴黎、罗马、墨西哥、东京、首尔、孟买、新加坡以及中国香港等城市。城市之所以成为创意产业的集聚地,并不是预先规划出来的,而是在历史文化积淀的基础上逐渐发展起来的。文化、人才、技术、信息等主要资源要素比较集中的地区,也是创意企业易于产生集聚的区域。因此,创意产业布局呈现出向资源、城市进行集中的规律。城市具有巨大的人才资源和技术创新的强大优势,可以为创意产业的发展提供智力支持和技术保障;具有信息灵活、交通便利、市场需求旺盛的有利条件,可以为创意产业的发展提供完善的基础设施,形成良性发展的文化创意生态群落。

2. 创意产业集群的经济先导规律

创意产业是依托于现代服务业和需求结构上游化而发展起来的产业形态,这就决定了创意产业集群一般是存在于经济社会发展水平较高的地区。从配第—克拉克定理可以看出,现代产业结构的变化突出表现为物质生产的产业逐步向以提供文化创意产品为主要内容的服务型产业演进。具体来讲,随着社会经济实力的提升,社会需求结构呈现上游化和个性化特征。即人们不再仅仅满足基本的物质需求,而是更多地关注个体的全面发展和生活质量的提高,因而对文化精神产品的需求大大增加,即使是有物质层次的需要也注入文化内涵与价值特征。佩鲁的增长极理论与实践表明,越是在发达的经济地区,人们对高层次的文化价值越是关注,创意产业发展越成熟。因此,创意产业集群往往率先产生在经济发达的国家或区域。

3. 创意产业集群的布局辐射规律

在全球范围内,创意产业首先从资源区或城市产生集聚,率先吸引众多的企业及大量的创意人才与资金流。创意产业集群在这个初始阶段会呈现出一种空间极化现象,即以文化资源产地,或都市老城区,或以高校(研发机构)区为核心,形成企业集聚区。这种创意产业园区多是依托一种优势产业,或一个龙头企业,或一种特殊资源,或一类特殊群体逐渐发展起来,其集群核心突出,空间布局单一,呈单核孤立模型。

随着生产力发展、资源深度开发,创意产业集群与其周边地区的市场信息和经济发展不断互动,并对周边地区的产业观念和经济发展方式产生了重要影响,使创意产业在空间布局的范围进一步扩大。同时,现代创意产业的空间竞争将导致极核中心的扩散。此时创意产业集群的空间扩展既受集群自身向心力支配,又受集群离心力的作用,导致集群的位移扩展和跳跃式扩展并存。一方面,集群通过扩展轴使群内核心企业与周边地区企业联系在一起,逐渐向周边地区辐射,不断带动周边地区文化投资、文化消费,呈现出以资源区、城市为中心向周边辐射发展的态势和规律。另一方面,集群内企业在利益的驱动下,将根据市场需求进行区位选择,也可能在远离原来的核心区重新发展新的集聚区,形成交互式网格状的扩展态势。

4. 创意产业集群的空间迁移规律

最早的创意产业集群多起源于大都市的旧城区。由于市中心的破旧厂房、仓库租金廉价以及地理位置相对优越,一些艺术家就在那里开始了艺术创作,并不断吸引相关企业集聚形成创意产业区,从而促进区域内部空间结构的改变。创意产业给这些区域的衰败空间注入了新的活力,衰败地区重新走向繁荣。[1]

随着创意产业集群规模不断扩大,国际名牌旗舰店的全面进驻,进而导致了内城地价和租金大幅上涨,必然增加艺术家的生产和生活成本。同时,资本市场的强势介入,中心城区的商业气息再次浓厚起来,创意产业集群特有的宽松的工作与生活环境也受到了影响。因此在房价上涨

---

[1] 毕秀晶:《浅析创意产业与区域经济发展的相互作用机制》,《华商》(下半月刊)2008年第1期。

与商业化气息的双重压力下,艺术家和文化企业的悄然迁出,而继续寻求一个又一个城市衰败地区,导致创意产业集群在城市及周边地区的移动。从旧厂房、旧仓库到自由艺术家汇聚发展到城市的时尚新地标,如此循环,创意产业集群在城市功能不断转换的过程中完成一次又一次的迁徙。

第三节 创意产业集群的发展模式

所谓创意产业集群模式,是指创意产业在产生、发展过程中所形成的内在联系以及独特的存在方式和运行机制。它在本质上是一种产业经济的组织形式。一般认为,从不同的角度和不同的分类方法,可以划分不同类型的创意产业集群模式。

一 根据推动主体与机制划分创意产业集群

(一) 自发集聚型

该模式是自下而上的发展模式,其主要特征是以个体性创意工作室或中小型创意企业为载体,汇集了大量的以艺术家为主体的创意阶层,创意氛围浓郁,形成特殊的创意区域,带动和辐射周边区域创意产业的发展。这种类型的创意产业集群在创意产业发展早期最为普遍。如北京798、上海"田子坊"、杭州LOFT和成都"蓝顶艺术中心"等,都是典型的艺术家自发集聚。自发集聚型多以文化艺术类创意产业为主,这是由艺术类工作的性质和艺术家的行为特点所决定的。艺术家一般多是个性十足,喜欢独来独往,而且一般会选择建立独立的工作室,以保持艺术工作的相对独立性。但是,艺术家的创作又需要交流思想,激发灵感,因此,某些艺术家会选择环境适宜、地租低廉的旧厂房或旧仓库作为创作空间,形成联动效应,进而带动更多的艺术家和创作机构集聚。随着规模不断发展扩大,影响力逐步提高,最终形成比较成熟的创意产业集聚区。该模式的主要特征是在产生之初没有形成发展规划,也缺乏统一的管理制度,呈现松散和无序的状态。

(二) 市场主导型

该模式是自下而上的、由市场需求推动形成的一种模式。该模式在发展初期一般都是企业源于特定的地理区位,受到某一特定因素的吸引而自发集聚。如主要依托本地人才资源自发形成的北京中关村创意产业先导基地；依托本地文化资源并对其产业化经营的美国好莱坞模式；依托低劳动力成本优势而形成的深圳大芬村模式。该类型集群主要依靠产业内部通过市场进行资源配置，形成自我发展、自我创新、自我管理的产业模式。如美国的好莱坞、意大利的米兰秀场、北京的宋庄画家村等。该模式的主要特征是运作主体为企业，走的是专业化经营的市场化路线。

(三) 政府主导型

该模式是自上而下的由政府先行规划培育而成的集群模式。这种类型集群一般是地方政府部门在国家政策的指导下，结合本地优势资源和发展基础，先期做好创意产业集聚区的发展规划，或者出台相关政策来吸引创意阶层、创意企业在规划区内集聚。这是目前中国创意产业集聚区建设和发展的主要模式，集群数量也最多。该模式通常具有以下特点：一是具有明显的产业指向性，强调政府对资源配置的作用，体现政府的战略意图和布局构想。二是政府通过积极的政策引导企业进驻某一特定区域，如在一定的区域给予税收减免、土地资源、财政补贴等方面的优惠，达到吸引相关的企业和研发机构入驻，最终形成具备创意产业集群集聚的条件。政府主导型的创意产业集群一般是以创意产业园区为主要表现形式。创意产业园是集创意产业与高科技产业为一体、科技产业与文化产业互相交融、和谐共存的新兴经济园区，被认为是发展创意产业最有效的途径之一。如美国的硅谷、日本的筑波、印度的班加罗尔，以及中国北京市的石景山国家数字娱乐产业示范基地、上海市的天山软件园、深圳市的怡景动漫基地、成都市的"数字娱乐软件园"等高新技术产业区。

(四) 市场自发与政府主导综合型

该模式是一种实施"政府引导、市场主导、企业运作、资源共享"的新兴管理模式。政府根据地方经济发展需要，通过产业规划和相关政策引导、扶持相关产业发展；企业在政府的指导和规范下，通过市场运作完成资源配置和资本周转。该模式是政府调控与市场机制的有机结合，充分发挥市场的基础性资源配置作用和政府的宏观调控作用，有效地克服市场自发型模式那种松散无序的弊端。目前，先有市场需求形成自发集聚，然后政府介入管理的综合型集群模式，占据很大比重。这种市场自发与政府主导综合型已经成为主流趋势。采用政府主导型和政府市场混合型模式的国家和地区相比较而言对政府的依赖性较强。

二 根据形成要素与功能特征划分创意产业集群

（一）高新技术导向型

该模式依托既有的高新科技园区，广泛利用高新技术的产业优势，发展文化与科技相结合的新兴产业。该模式与信息技术变革和高新技术发展紧密相关，信息技术的变革为创意产业提供新的方法和途径，高新技术的不断发展催生出新的媒介，展现出新的创意产业亮点。主要分布在创意设计类与影视传媒类创意产业部门，尤以软件开发、工业设计、动漫及网络游戏、数字传媒最为典型。如上海天山软件园、深圳怡景动漫基地、杭州高新区国家动画基地等就属于此模式。

（二）文化艺术导向型

该模式是艺术家依托当地人文资源进行创作而形成的一种模式。绝大多数地区在发展创意产业时都会最大限度地开发和利用当地传统的历史文化和独特的民俗文化，如首都北京凭借其历史、人文资源，形成了以"798"大山子艺术村、通州宋庄画家村和潘家园古玩艺术品交易园区等为代表的文化艺术密集区。通过创意设计，把具有鲜明的民族文化特色和秀美的自然风光的少数民族地区，建设成为集文艺演出、旅游观光、民间工艺展示于一体的创意产业聚集模式，主要分布在少数民族聚居区。如云南的丽江、广西的阳朔等地则充分开发和利用民族文化、历史遗产、自然资源等优势发展创意产业，成为国内外最经典的成功案例之一。还有集创作、制作、演出和创意服务于一体的综合发展模式，主要集中在城市中心区和远郊区。如北京长安街沿线文艺演出聚集区、中国（怀柔）影视基地等。

（三）时尚消费导向型

该模式是依托传统艺术品市场和商业中心消费市场形成的集聚区。它的形成与都市的消费观念和休闲娱乐方式直接相关联，而群内创意企业则对市场行情非常敏感，一般选择在大都市的 CBD 商务中心区。这些区域集中了大量商业中心、金融中心、娱乐中心，是都市最繁华，也是消费者（特别是高端消费者）最集中的地方。因此这里也布满了创意设计、摄影、影视制作、休闲体育、休闲娱乐、会展、婚庆策划、时尚美容、装饰品设计、电子游戏等行业，可以为消费者提供个性化服务和高端服务。如上海的"同乐坊"和"海上海"、深圳的金三角就是其中的典型。

三 根据区域空间结构划分创意产业集群

（一）集核式空间结构

该类型模式一般出现在创意产业集群形成初期。一些在空间分布上有集聚需求的创意企业选择区位条件相对较好的地方作为发展场所，并利用发展机遇进入发展的"快车道"，成为经济规模较大的区域性增长极。由于投资收益率相对较高，对周边的劳动力、技术、资金等要素集聚产生吸引力，产生区域生产要素的极化效应。如北京的中关村、上海的张江创意产业区都成为当地的产业核心和区域品牌。目前，创意产业集群主要集中于北京、上海、广州、深圳、杭州、成都等人才资源丰富、市场经济发达的大城市，在二线、三线城市尚未真正发展起来。

（二）点轴式空间结构

该模式主要在创意产业发展的中期出现，表现为在增长极的周围，往往存在一些经济活动相对集中的点。这些点必然有越来越多的劳动力、技术、资金和信息等生产要素需求，导致这些点与增长极之间具有生产要素的互补关系。为了实现互补，就会建设起连接它们的各种交通线路、通信线路和动力供给线路，从而成为区域发展所依托的轴线。如江苏的苏锡常地区沿着沪宁线布局建设数字内容产品技术创新平台，促进数字内容产业的集聚，打造苏锡常动漫制作基地，推出和打响电子游戏品牌。浙江的横店影视城作为"东方好莱坞"影视产业增长极，沿着公路干线布局文化旅游线路，推进横店与浙北江南水乡古镇群、舟山海上系列景点、浙中南山地景观等影视拍摄基地的协作和联合，组建全省影视拍摄基地协作体，形成辐射全省的影视拍摄基地线路。

（三）网络式空间结构

该模式主要出现在产业发展的后期，表现为随着点轴系统的深入发展，处于轴线上不同层次的点之间的联系不断加强，一个点可能与周围的多个点发生联系，以满足获取要素资源或开拓市场的需要。相应地，在点和点之间就会建设多途径的联系通道，形成纵横交错的网络式空间结构。如浙江在布局印刷产业发展过程中，着重以打造杭州、宁波、苍南、义乌四大印刷特色产业区块为核心，带动富阳造纸业、义乌出版商贸业等相关产业发展，注重区块之间的产业联动，形成辐射性较强的先进印刷业网络。① 目前，浙江省图书出版竞争力居全国第 5 位，图书销售名列全国前茅。

四 根据依托区域空间功能划分创意产业集群

（一）高校依赖型

该类型的集群模式是依托高等院校或科研院所的人才资源和科技力量实现创意产业发展的集聚模式。创意产业是知识密集型产业，对创新型人才与高新技术条件的依赖性极大。大学和科研院所具有丰富的创意人才资源和强大的科技研发能力，也自然而然地成为创意产业集群所依托的基本单位和创意中心，形成"产、学、研、销"综合性一体化的结构形式。因此，依托高等院校是发展创意产业集聚区的重要发展模式之一。世界上一些著名的创意产业区都是这样形成的，如北京中关村创意产业先导基地是依托海淀区高等院校和科研院所的智力资源发展壮大的；上海同济大学以及周边众多高校和研究所形成大学园区，仅国康路、四平路、赤峰路区域内就汇集 700 余家创意企业和 2 万名从业人员。还有美国依托斯坦福大学的力量创造出"硅谷奇迹"；澳大利亚依托昆士兰科技大学建起举世闻名的昆士兰创意产业园。

（二）旧城改造型

该模式是依托老城区内传统街区改造升级而成，或是伴随城市产业结构调整自然集聚成长的。该模式是一种以现代艺术和产业模式改造城市空间、复兴城市经济的重要途径。通常是创意主体按照保护历史建筑和营造个性创意空间的原则，对被废弃的原有闲置厂房、旧仓库和旧城区进行艺术改造和装修，直接将其作为创作、经营活动的场所。② 一般而言，随着城市的不断发展，城市中老工业建筑（仓库和厂房等）和功能过时的建筑渐渐失去原有的功能。通过创意产业对旧城区的老建筑进行改造并加以保护利用，重新赋予其新的城市功能定位，不仅保留了具有历史文化价值的建筑，为城市增添了历史与现代交融的文化景观，而且能提升城市的形象和品牌，促进区域的整体转型。如北京的 798、上海的苏州河沿岸艺术仓库、成都的宽窄巷子、杭州的 LOFT 等，都是通过艺术家的现代创意元素改造而使这些具有历史沉淀和文化内涵的老厂房、旧仓库等城市工业遗

---

① 朱旭光：《长三角文化产业集群模式的三维分析》，《经济论坛》2009 年第 4 期。
② 曾光、林姗姗：《创意产业发展的空间布局研究：以江西为例》，《井冈山大学学报》（社会科学版）2010 年第 2 期。

址成为现代创意产业中心的。

(三) 新区创建型

该模式多是由最初支持和孵化高新技术企业而兴起的新园区，是一种建立在高新科技园区管理模式基础上的新型创意企业孵化平台。这些新建的创意产业园区在属性上是城市的时尚产业区；在空间功能上是一个个的创意实践区和科技孵化区；在产业模式上是政府主导的具有高增长特征的产业集合体。这个集合体将形成城市经济增长的极化效应，并带动着周边地区的经济发展。但以往的大多高新技术产业园区一般位于离城市较偏远的地区，如城市郊区。该类型属于政府主导型集群，政府通过为新创企业发展提供一系列税收减免、土地资源、财政补贴等方面的优惠政策，达到孵化新企业的目的，以促进创意产业集群快速发展。日本、韩国在这方面做得很成功，而中国在创意产业刚起步的地方层面上也基本上选择这种园区式发展模式。

可以说，创意产业集群的崛起是创意产业走向成熟的标志。但其集群发展模式的凝化尚处于动态演绎中。一个创意产业集群或创意产业园区要选择适合本地区的发展模式，需要积极探索，对已有模式进行借鉴，但不能盲目地照抄照搬其他国家或地区、其他产业集群的发展模式。

第三章 创意产业集群的区域空间效应

创意产业集群是整合区域文化资源、优化产业结构、推动区域经济增长的重要途径，已成为当今世界区域经济发展的主流。产业投入是创意产业集群发展的经济基础，但其投入的产出效益和资源利用的有效性在很大程度上取决于区域空间结构的优化程度。区域空间作为创意产业活动的现实载体，随着社会分工和文化资源开发的不断深入，创意产业对区域空间的紧密性和产业市场的依存度将不断提高，区域经济空间的关联度越大，区域经济增长对空间结构变动的反应就越敏感。创意产业集群作为区域经济空间的特殊组织形式，将对区域经济增长产生重要的影响。

第一节 创意产业集群区域空间效应的一般分析

"区域"是一个地理空间概念，也是构成经济空间的基本单元。区域经济活动在地理空间中进行，把区域资源按产业构成要素组织起来，形成特定的经济空间。这些经济空间由节点、线轴、圈层和网络等组织要素构成，创意产业集群现象是在特定的经济空间中一种特殊的经济活动形式，并在不同的发展阶段表现出不同的结构模式。

一 创意产业集群的"经济马赛克"现象

在经济全球化和区域一体化的背景下，市场竞争已从企业发展战略向产业集群战略演化。创意产业集群通过规模效应、协同效应显现出的整体竞争优势，成为区域经济参与国际市场竞争的主体力量。目前，创意产业集群的形成和发展已成为世界各国区域经济发展的普遍现象。20世纪70年代以来，随着意大利北部传统产业群的迅速发展及其在国际竞争中显现出来的比较优势，产业群现象引起了人们的广泛关注。80年代以后，美国硅谷、好莱坞的崛起以及世界各国高新技术产业园区的发展更是使产业集群化成为带动经济腾飞的普遍规律。正如斯科特（Scott）和斯多波（Storper）所言，世界版图由于大量产业集群的存在，而形成了色彩斑斓、块状明显的"经济马赛克"。[①] 世界的财富大都是在这些块状区域内创造的。拥有美国硅谷的加利福尼亚州，其经济总量相当于各国经济总量排名的第11位。硅谷创造产值达2400亿美元，占美国GDP的3%，按硅谷人均GDP来计算，为全球之最。在意大利，众多设计和生产轻工业品的创新性产业群遍布全国，尤其是分布在其东部和东北部的很多小城镇。意大利每年出口的200多亿美元主要是由66个高科技集群区提供的。印度约100个集群创造了印度信息产业出口额的60%。还有英国的剑桥工业园、以色列的特拉维夫地区。可见，国外这些成功的创意产业集群具有良好的空间经济效应。

近十年来，中国创意产业发展的集群化趋势日益明显。从区域发展格局来看，目前已初步形成六大产业集群。环渤海创意产业集聚区：以北京为核心，延伸至天津、济南、青岛、沈阳、大连、秦皇岛、唐山等地。北京和天津两大直辖市作为全国的文化中心，拥有其他城市不可比拟的人才资源和文化资源优势，在文艺演出、广播影视、出版发行、艺术品交易等行业具有雄厚的产业基础，并已形成产业优势。长三角创意产业集聚区：以上海为核心，连接江苏、浙江两省的大城市，以创意设计、数字媒体、广告会展等行业为主体，建设一批创意产业园区。珠三角创意产业集聚区：以广州、深圳为龙头所形成的创意产业聚集区，成为全国唯一的"双核模式"，其动漫游戏、出版印刷、影视音像、广告会展等行业的发展水平居全国前列。"西三角"创意产业集聚区：由重庆、成都、西安三个西部大城市构成的经济区在工业设计、动漫、网络游戏产业等方面具有一定优势。"中三角"创意产业集聚区：以长沙、武汉、南昌为核心，依托长株潭城市群、武汉城市群和环鄱阳湖经济带三大区域经济体，形成中部地区规模最大、最具代表性的创意产业集聚区，其中湖南的影视与动漫业、湖北的工业设计与信息产业、江西的数字出版与陶瓷艺术已形成独特的创意产业链。滇海地区创意产业集聚区：昆明、丽江、海口、三亚等地在影视、会展、艺术表演及文化旅游等行业独具特色。这些创意产业集聚区的出现，极大地带动了周边乃至全国创意产业的发展。

---

① 褚劲风：《世界创意产业的兴起、特征与发展趋势》，《世界地理研究》2005年第10期。

这六大创意产业区域板块形成网格式的块状经济特区，在区域经济增长中扮演着十分重要的角色。据统计，2006年，北京市创意产业实现收入2517.4亿元，上海创意产业实现收入2031.7亿元，广东省创意产业实现收入1680.5亿元，分别占第三产业的10.6%、13.2%和25%。2008年中国创意产业逆势上扬，北京、上海、广东三个地区创意产业的增长速度均在20%以上，远远超过本地区经济增长速度。可见，中国创意产业对区域经济发展的贡献也越来越大。

二 创意产业集群的空间结构模式与经济特征

从区域经济学角度来看，经济空间是以地理共同性、资源或经济结构的相似性为基础而组成的经济关系。而创意产业集群正是这种经济关系的组织形式，是基于文化资源禀赋的差异性分布经过区域之间的资金流、人才流、技术流、信息流、物流等各种经济要素间的关联互动，通过基础设施的共享互通，实现互利共赢的经济发展模式。创意产业集群在本质上是一种产业经济的组织形式和空间结构的内在机制。

根据不同区域的发展阶段，创意产业集群的空间结构有三种模式。一是集核式空间结构。这一般出现在产业发展早期，创意阶层选择区位条件相对较好的地方作为创意工作场所，充分利用现有文化资源和发展条件，并抓住机遇，成为区域性增长极。同时，由于投资收益率相对较高，而对周边的资金、劳动力、技术等要素集聚产生吸引力，产生区域生产要素的极化效应。其中创意大都城，成为真正的增长极。中国的北京、上海、广州、杭州、深圳等大城市是最早产生创意产业集群的城市。二是点轴式空间结构。这主要出现在产业发展的中期，表现为增长极必然有越来越多的市场需求和人才集聚，因而在增长极的周围，存在一些经济活动相对集中的点，增长极与这些点之间具有生产要素的互补关系，从而成为区域发展所依托的轴线。三是网络式空间结构。这主要出现在产业发展的后期，表现为随着点轴系统的深入发展，处于轴线上不同层次的点与点之间的联系不断加强，在点与点之间就会形成纵横交错的交通、通信、动力供给网络。①

与传统产业群相比，创意产业集群具有如下经济特征：第一，具有共

---

① 王宇辉：《区域经济板块问题研究——基于中国区域经济发展的理论与实践》，博士学位论文，兰州大学，2008年，第30—34页。

同的文化背景和制度环境即根植性以及不可替代的社会资本。集群内主导企业是以文化为资源，以知识原创性为核心的知识密集型企业。第二，具有同质性和关联性，集群内的文化创意企业从事相同、相似和辅助性的文化经济活动，企业间联系密切、相互依存、资源共享，易于形成集聚效应和外溢效应。第三，具有网络化的组织结构。创意产业网络中经济活动主体和各种组织机构通过专业化分工和经济协作实现弹性专精的生产和经营活动，以获取最大的外部经济。第四，具有跨区域和跨产业的双重特点。创意企业虽然可以界定一个特定的产业领域，但由于创意产业涉及范围很广，它所包含的相关企业，一般与标准产业分类系统不一致。其地理范围与现有的行政疆界也很难有准确的边界。[①]

正是由于创意产业空间集聚具有与传统产业集群不同的特殊的经济特征，才使得创意产业能够迅速崛起，并成为区域经济发展中的支柱性产业，在提高区域核心竞争力中扮演着十分重要的角色。

三 创意产业集群的区域空间效应体现

创意产业集群如同成千上万的蚂蚁在群内生活中采取的分工协作、紧密配合、共同完成的集群行为，因此，这种创意产业集群也被称为"蚁群经济"或"蜂窝效应"。蚁群虽小却能衍生出"大象效益"。大量相互关联的中小创意企业在同一地域的集聚，通过分工协作获得规模效益和整体竞争优势，拉动相关产业发展，促进了区域经济的增长。

创意产业集群作为一种新的空间产业组织模式和最佳资源配置组织模式，在区域经济活动中呈现出强大的空间产出效应。归纳起来，主要体现在以下六个方面：

（一）规模经济效应

创意产业在空间上的集中，可以带来规模经济。当相关企业产生集聚时，会使专业化分工以一种独特的方式带动上下游企业纵深化发展，促使价值链中相关环节的膨胀，随之产生金融、会计、保险、管理、咨询及基础设施等方面的服务需求。由此创造出巨大的商机，吸引更多横向延伸的企业进入，其规模也随之扩大，使集聚区内企业达到最优经济规模水平，提升其竞争优势。

---

① 华正伟：《文化创意产业集群空间效应探析》，《生产力研究》2011 年第 2 期。

（二）成本节约效应

由于地理上的邻近性，集群内文化创意企业之间交往频繁，协作关系较稳定，容易建立相互信任和相互依赖的合作关系，有利于降低谈判成本，并提高合同执行的效率，从而大大减少机会主义行为；同时由于空间距离的缩短，可以降低企业之间的运输成本与信息交换成本，为企业节约时间和资源，从而大幅度降低产品成本，提高企业竞争优势。另外，集群内拥有大量的市场信息和创意人才资源，企业在短时间内，以较低的费用搜寻必要的供求信息，找到适用的人力资源，企业为此所付出的搜寻成本和交易成本都大为降低；加之专业化分工程度较深，企业专注于某一生产环节的产品，可以降低管理成本。

（三）创新连锁效应

创意产业属于知识与技术密集型产业，科技成果转化效率高，产品更新快，具有极强的传导性和外溢性。当区域内某一创意产业出现产品的生产技术、工艺和产品功能的创新或升级时，它往往会首先引起具有密切关联的其他产业进行创新。而直接与上下游关联产业的这种创新又会进一步扩散，形成持续创新效应。一是持续创新性。身处集群内的企业在长期专注于价值链细节过程中，更容易以差别化的形式开展创新活动，开发新产品和新工艺。加之同类企业的地理集聚所产生强大的竞争压力，会迫使企业持续展开创新活动，不断提高产品技术水平和经营管理水平。二是知识外溢性。在集群内，企业彼此邻近，密切合作，一家企业的创新很容易外溢到其他企业，对同行企业产生良好的示范和激励作用，促进技术的转移和扩散。

（四）区位品牌效应

创意产业群落依靠丰富的文化资源和强大的创新动力创造出区位品牌价值，获得区域内一体化经济效益和群落信誉。世界上一些著名的创意产业集聚区都拥有这样的品牌效应，如好莱坞的电影、伦敦的歌剧、巴黎的时装、北京的古玩，都带有这种声誉效应。这种效应涵盖了区域地理特征和人文历史渊源，是集群内众多企业品牌的提炼和浓缩，比单个企业品牌更形象，更具有广泛性、标志性和稳定性。同时，集群内企业通过区位品牌的共享，拥有更强劲的竞争优势。

（五）竞合效应

集群内企业只是创意产业价值链上的节点。它们在地理空间上的集中优势在于将创意产业价值链的各个环节有机地联系在一起，进而使价值链上下游的开发商、供应商、制造商与销售商之间形成一个相互合作、竞争、学习的整体。在一定的区域空间，汇聚了一批文化创意企业，必然导致激烈的市场竞争，但是这种企业竞争将产生一种激励机制。一方面大量竞争对手的存在，迫使企业不断进行技术创新，提高产品和服务；另一方面，竞争对手的存在对扩大市场容量，增加产业的需求，以及提高产业知名度等都具有积极意义。因此，竞争不仅提升了产业集聚区的竞争能力，而且使得企业之间的竞争在更高的层次上展开。竞争的结局往往是"共赢"或"多赢"。竞争与合作机制的存在使产业区内的企业比起那些散落在各个地方的企业，更具有竞争优势，更易进入这一行业的前沿地带。

（六）互补效应

创意产业在空间结构的紧密分布，使企业之间、企业与大学（或科研机构）之间的分工协作的关系更加密切，最大限度地实现资源共享，优势互补。由于创意产业与数码、网络、电信、制造、营销等产业关联度比较大，有的相互渗透，特别是对数字化技术的依赖性越来越大，加上客户和消费者的需求又是扩散型和多元化的，所以，他们必然要更多使用如宽带网络、数据库、信息资源、数字化的制作加工，以及土地、水、电、通信等各种公用设施和公共服务，还需要产业政策、税收政策、劳动就业政策等公共管理制度的支持。这种通过空间集聚来分享公共服务设施的好处，有助于获得政府和其他公关机构的投资及服务，即为"集中经济"，从而能克服单个企业在资源使用上的不经济现象，取得良好的协同效益。

第二节 创意产业集群对区域经济发展的影响

创意产业作为一种新兴的产业业态，正以前所未有的发展速度席卷全球，也以势不可当的力量冲击着人们的产业观念，改变着区域经济增长方式。创意产业集群的生命力就在于规模效益优势、学习创新优势、区位品牌优势和城市再造优势。因此，创意产业集群的形成和发展对特定区域的社会进步和经济发展将产生重要而深远的影响。

一 创意产业集群对区域经济增长方式的影响

当文化和创意形成产业化后，它就成为推动区域经济发展的一个重要引擎。而创意产业的集聚化发展对区域经济发展的贡献更为明显。

（一）有利于改变区域经济增长方式，实现经济跨越式发展

产业结构的升级换代是经济发展的必然趋势。众所周知，传统的经济发展方式主要是以自然资源开发为主，对土地和能源需求很大。这种经济发展模式是以牺牲国家和地区消耗有限资源和生态环境为代价的，传统产业的产出能力常受到资源、环境和结构演变的制约，对区域经济增长产生很大的影响。在全球产业结构调整步伐加快的国际背景下，对于产能相对落后的中国来说，调整产业结构，改变经济增长方式就显得重要而又迫切。中国是制造业大国，世界制造工厂的地位已经确立，现有170多种商品的产量居世界首位，但产量的增加并未带来利润的同步增长，缺乏创意品牌是主要原因。目前，中国是以劳动密集型产业为主，传统制造业仍处于产业链的低端。这种劳动密集型产业对能源和原材料消耗大，而产品的技术含量少，附加值低，在国际市场竞争中处于劣势。在国际市场和能源匮乏的双重压力下，大力发展知识密集型、产品附加值高的创意产业具有重要的意义。

创意产业具有强大的渗透力和产业关联性，能够通过创意将文化、技术、自然资源等融为一体，使传统农业、制造业得以延伸，有利于进一步拓展传统产业的发展空间。创意产业在生产环节上占据价值链的高端，在创造自身价值的同时可以衍生出更多的中、下游产品，成为产业再生的新源泉，而创意产业这种特性促使更多的传统产业集聚在创意产业的周围。当传统产业发展到一定程度，都需要融入新的创意元素，以提升内在价值，增强产业活力。如瑞士钟表制造业、法国的化妆品业、意大利的时装业、德国的啤酒业等。这些国家的区域品牌行业之所以长期在全球市场竞争中处于优势的地位，最重要的就是创意让产品体现出其独有的文化价值和消费时尚。

创意产业除了对传统制造业具有促进作用之外，还包括自身在内的第三产业结构有着巨大的提升和促进作用。一方面，可以提升服务产业档次，催生新的产业，培育新的经济增长点；可以改变人们的消费观念和消费方式，丰富消费内容，拓展消费领域，实现消费需求和经济增长的良性循环。另一方面，中国创意产业仍以传统的文艺演出、影视出版、手工艺制作为主，新兴的产业领域尚不发达，其文化资源利用率低，因此，必须改变传统文化产业结构，大力发展新兴产业，形成优势力量，促进区域经

济发展。

（二）有利于加强文化资源开发，实现区域经济可持续发展

在全球市场竞争日益激烈的当下，要提升国家的核心竞争力，必须提高文化生产力和创意软实力。中国是传统文化资源大国，但却不是创意产业强国，很多文化资源未能很好开发利用，有的甚至被外国利用，演变成新的产品形式而占据国际市场。因此，在文化经济化发展的过程当中，我们必须看到，文化资源不能天然地转化为产业，要变资源优势为产业优势，必须依靠创意来激活。只有经过创意再造，才能成为具有丰厚知识产权的文化产品。创意能力的强弱才是创意产业发展程度的标志。美国发展的历史短，虽是文化资源小国，却是文化输出大国、创意产业强国，其原因就是它善于通过创意吸收和发展外来文化。动画片《花木兰》取材于中国文化，赢得了巨大的票房收入，就是创意开发的典型案例。这也是中国必须学习和借鉴的。总之，只有发展创意产业，才能很好地开发利用丰富的文化资源，实现区域经济的可持续发展。

二 创意产业集群对区域经济竞争力的影响

（一）有利于打造区域品牌，提高区域核心竞争力

构成区域核心竞争力的是区域品牌和创新能力。品牌是区域竞争力的标志，创新是保持区域竞争力持续不衰的原动力。

区域核心竞争力 =（产业资源 + 集聚规模）× 创新能力 + 区域品牌

区域品牌是指某个产业或某类产品在特定的区域范围内形成的具有较高市场占有率和较强影响力的地理标志。区域品牌是以产业集群为区位载体，被区域内企业所共同享有。应该说，产业集群是区域品牌形成的基础。但产业集群的形成并不意味着区域品牌可以自然而然地诞生。它还需要有产业特色和产品个性等核心价值的展示，才能逐步将区域产业集群上升到区域品牌层次。

创意产业的本质是创新。创意产业集群的形成和发展，可以形成知识溢出效应，促进区域知识创新和技术创新，提高生产效率，增加产业效能，实现规模效益；同时，创意产业注重无形资产的开发，强调知识产权，可以形成文化符号和商标价值。由于创意产业具有提升产业等级，引领时尚消费的功能，因此，创意产业集群的形成与发展，比传统产业集群更能容易被消费者接受和认可，进而提升区域的知名度与美誉度。区域品牌一旦形成又会成为产业品质和信誉标志，有力推动区域市场扩张和相关

产业发展。

（二）有利于形成乘数效应，扩大区域经济发展的规模

区域乘数主要揭示区域经济中某个部门在收入、就业、生产等方面的增长对区域经济活动其他部门扩张的影响。产业集群的区域乘数效应通过两种方式实现：一种是产业集群通过对实际生产投入要素需求的增加而直接产生的；另一种是由于产业集群劳动就业人数的增加或工人工资的增加而间接产生的。无论是通过何种方式实现，前者都将产生乘数效应使后者得以扩张。[1] 区域乘数效应所反映的就是通过产业发展的连锁反应带来区域经济的几何增长。

创意产业集群的形成可以使群内企业间分工协作，提高生产效率，同时减少公共设施投资，节约非生产成本，实现外部规模经济。创意产业集群的低风险和高收益，使群内中小企业容易获得融资，也促进了资本的聚集，并放大了资本的投资效应。区域乘数效应显示，创意产业集群的资本扩张，会促进产值增加和就业增长，而产业规模的扩大和效益的增加，又会刺激二次投资。二次投资不仅吸引周围地区的资源、经济要素、企业等向集群集中，加速创意产业本身的发展，而且会促使区域相关支持性产业的扩张，以及消费需求的增加。通过一轮又一轮的连锁反应，不断地扩大区域经济的总量。

三 创意产业集群对区域经济协调发展的影响

传统产业属于劳动密集型产业，更多地依赖丰富的自然资源和庞大的劳动力大军，其发展规模和速度受到自然资源和地理环境的影响较大，自然禀赋好的地区在产业发展上具有绝对优势。但在不同的地区具有不同自然条件，并不是每一区域都拥有良好的自然禀赋。自然禀赋差的地区解决经济发展问题，就必须立足创意，另辟蹊径。以创意为核心的创意产业主要依托文化资源，而对自然资源的依赖性要小得多，因而成为自然资源缺乏的地区经济发展的首选。通过创意产业的带动，全面盘活区域经济发展，从而缩小地区之间因自然禀赋分布的不平衡而导致区域经济发展的差距，实现区域经济协调发展。如拉斯韦加斯本是美国西部一个不毛之地，土地贫瘠，自然资源极度匮乏，交通大为不便，这些都成为其经济发展中的障碍。1931 年拉斯韦加斯设立了美国第一家合法化赌场，随后的拉斯

---

[1] 曹建飞：《产业集群的区域经济效应分析》，《发展研究》2009 年第 7 期。

韦加斯依托博采业逐渐发展起了娱乐业和旅游业。如今的拉斯韦加斯是世界上著名的旅游胜地和全球最大的会展中心。拉斯韦加斯是世界娱乐之都，而源于其独特的城市文化和创意思维正是改变拉斯韦加斯城市发展的根本动力。①

四 创意产业集群对城市功能转换的影响

城市功能的外化表现即为城市形象的塑造。创意产业区的发展即是以创意产业为城市功能实现的新产业和主导产业，从而使因城市大转型而造成的城市功能衰退重新走向健康发展，进而提升城市功能。同时，其在内城老建筑内发展，既延续了城市文脉，又加强了地方文化特色的保护，因而有利于地方独特性和地方认同感的形成，重塑了城市形象。② 可见，创意产业集群的形成可以促进城市产业结构升级，实现创意城市的诞生。

首先，由于受空间局限和发展成本等因素的影响，城市中的传统制造业逐渐转移出城区，所遗留的旧厂房、旧仓库成为工业历史的见证，也成为城市发展的一块伤痛。如何弥补产业转移所留下的空白，如何实现产业结构的升级改造，成为城市复兴的第一任务。创意产业因具有低污染、高附加值的特点而受到各大城市的推崇，由于其较强的辐射性和渗透性，而使其成为改造传统产业的主力。在创意产业集聚化发展过程中，创意产业各部门之间以及创意产业与传统产业之间相互渗透，不断融合，从而实现老城区改造和产业结构的升级。同时，创意产业的发展和壮大也不断地调整第三产业的比重，使城市服务业的经济贡献率得到提高。

其次，以知识经济为基础的创意经济时代的来临促进创意城市的建设，创意城市是未来城市发展的必然趋势。文化创意日益成为现代化城市的核心竞争力，而发达创意产业集群增强了城市的综合竞争力。英国学者查尔斯·兰德利（Charles Landry）认为，创意产业构筑创意城市，城市要达到复兴，只有通过城市整体的创新，而其中的关键在于城市的创意基础、创意环境和文化因素。也就是说，创意城市的建设必须要具有发达的创意产业，同时以创意产业支持和推进更为广泛的经济领域的创新。那些名列世界前茅的国际大城市无不具有发达的创意产业，而更重要的是那里的创意产业还支持了其他产业的创新。这些城市能成为世界名城不仅是因

---

① 郑洪涛：《基于区域视角的文化创意产业发展》，博士学位论文，河南大学，2008年，第69页。

② 同上。

为它是世界城市经济的龙头，更是因为它作为创意产业发展的核心城市具有着深刻的文化内涵，对区域经济发展产生巨大的辐射力和影响力。

五　创意产业集群对区域就业能力的影响

（一）创意产业可以拓宽就业领域，增加就业机会

创意产业是一个新兴的，也最具活力的朝阳产业。创意产业涉及门类和形式很多，既有劳动密集型的传统行业领域，如出版印刷业、娱乐服务业、手工艺品制作业、休闲健身业、会展、包装等行业，都需要大量的劳动力；也有知识密集型的高端产业领域，如软件设计、创意设计、数字媒体、动漫网游、计算机服务等行业，需要专业化技术人员以及艺术家们。国外发达国家的发展经验表明，创意产业具有强大的吸纳就业的能力，被誉为吸纳就业者的"蓄水池"。一是创意产业就业需求弹性大、吸纳就业能力强。统计数据表明，创意产业增加值占全国 GDP 的比重，每提高 1 个百分点，就可以多提供 453.3 万人就业。[①] 而据国内一项研究表明，旅游业每投资 8 万美元，就会相应制造 41 个就业机会，比投资石油工业多 26 个就业机会。其中为女性提供的就业机会相当于男性的 3 倍。[②] 二是创意产业具有很强的辐射力和关联性。创意产业的发展带动许多相关产业的发展，可创造更多的就业岗位，产生"乘数"效应。会展业既是一个为旅游者提供"食、住、行、游、购、娱"综合性消费的劳动密集型产业，又是一个产业关联度很高的行业，具有明显的直接和间接的产业链带动效应。它的发展可以带动交通、建筑、餐饮、住宿、文化娱乐、商品零售等行业的发展。据专家预测，在国际上展览业的产业带动系数约为 1∶9，即展览的直接收入如果是 1 元，相关的社会收入为 9 元。这样高的产业关联度使得会展业成为带动城市和区域经济发展的新的增长点，并创造新的就业机会扩大就业。[③]

（二）创意产业可以改变就业结构，满足不同阶层的就业需求

创意产业的发展不仅增加就业机会，还能改善社会就业结构。创意产业的发展带来产业结构的变化和产能升级，同时也促进就业结构的调整。

---

① 朱玉婷、祝亮、晓风：《安徽发展文化产业可增加就业岗位》，《安徽市场报》2009 年 3 月 11 日第 4 版。

② 《发展大旅游促进大就业》，《中国旅游报》2002 年 10 月 25 日第 3 版。

③ 厦门统计局：《加快厦门市会展旅游业发展》，厦门统计分析（http：//wenku.baidu.com/view/ae12283443323968011c92ef.html），2009 年 3 月 6 日。

创意产业对就业结构的影响最大的就是使就业分布从生产制造（制作）型向消费服务型转变，从劳动密集型向知识密集型转变。创意产业集群规模的扩大不仅可以承接第一、第二产业剩余的劳动力转移，而且能有效吸纳大量的高校毕业生就业。基于"微笑曲线"理论视角可以看出，在国际分工大体系下，世界产业链的上游、中游、下游三个环节对高学历人才的吸纳能力具有明显的弹性区别。居于"微笑曲线"两端的产业对于高校毕业生就业的促进是显著的，且弹性比较大；居于"微笑曲线"中间的制造业对高校毕业生的弹性较小，说明制造业主要吸纳懂技术、会操作的技术工人，对高校毕业生的吸纳数量较小。① 从微观上看，创意产业居于产业链高端，是由创意设计、产品制作、产品营销三个互相衔接的环节组成，同样具备"微笑曲线"的就业特征。如耐克公司专注于产品技术研发和市场营销，超过1/4的员工从事设计、创新与管理，其中，97%左右具有学士以上学位，形成了一系列"耐克公司不造耐克鞋"的"耐克现象"。通过世界著名公司研发人员的规模可以看出，创意产业对高学历人才具有较强的吸纳能力。

目前，大多数发达国家创意产业就业指数为3%—6%，其增速也都快于社会总体就业的增速，有的国家甚至超过4倍的增速。在中国创意产业所吸纳的就业人数仅占整个就业人数0.8%左右，说明中国创意产业发展水平比较低，但这不仅为中国创意产业提供了巨大的发展空间，也为大量吸纳区域就业提供了现实可能。

---

① 华正伟：《创意产业：大学生就业的理想空间》，《光明日报》（理论版）2010年12月29日。

第四章　创意产业集群模式的国际比较

在知识经济时代，人们已经强烈地意识到未来经济发展的主导产业不再是传统的制造业，而是创意产业。正如英国学者贾斯汀·奥康纳所说："可以断言，地方和区域战略后十年的任务是找到一种可以把创意产业与更广泛的制造业部门联系起来的方式，并指出创造性、风险、创新和信息、知识与文化在全球经济中将具有核心作用。"①

目前，创意产业实践的全球兴起和创意阶层的茁壮崛起，表明创意产业已经不仅仅是一个发展的理念，而是有着巨大经济效益和社会效益的直接现实。从全球范围来看，创意产业发展比较成功的国家或地区有美国、英国、澳大利亚、日本、韩国、法国、德国、瑞士、芬兰、丹麦、加拿大、新加坡及中国台湾、中国香港等。尽管这些国家或地区创意产业发展路径和创意产业集群形成模式不尽相同，具有各自鲜明的地域特色和发展优势，但从中可以探索创意产业集群的演进规律，透视出创意产业集群的发展模式和政策架构，对于要从世界制造业大国向创新型国家发展的中国来说，具有十分重要的意义。本章将对具有代表性的国家和地区的创意产业集群发展现状及基本经验做简要介绍。

第一节　欧美发达国家的创意产业集群模式与经验借鉴

创意产业起源于英国，兴起于欧美。这些西方发达国家一开始就成为创意产业的领跑者，其创意产业集群发展的许多经验值得我们去总结和

---

① [英]贾斯汀·奥康纳：《欧洲的文化产业和文化政策》，陈家刚译，载林拓、李惠斌、薛晓源主编《世界文化产业发展前沿报告（2003—2004）》，社会科学文献出版社2004年版。

借鉴。
一 美国创意产业集群的发展模式

美国是当今世界头号创意产业强国，庞大的消费市场、完善的产业体系、强力的政策支撑、成功的全球营销战略，不仅拉动美国经济的增长，而且成为引领当今世界经济和文化发展的典型标志。

（一）美国的创意产业发展现状

在美国，创意产业所涉及的相关产业被称为版权产业。根据美国国际知识产权联盟（IIPA）的定义，美国版权产业是指所有以版权为基础的产业部分，其主要包括核心版权产业、交叉版权产业、部分版权产业和边缘支撑产业四大类，涉及文化艺术业、音乐唱片业、出版业、影视业、传媒业、网络服务业六大行业。[①] 目前，美国创意产业状况均按美国国际知识产权联盟（IIPA）对版权产业做出的界定进行统计和分析。

1. 美国创意产业的发展规模

美国创意产业起步较早而且发展迅速，创意产业体系十分成熟，创意产业现已成为美国国内最具产业活力和经济收益最大的产业之一，成为美国重要的支柱产业。

近几年来的统计数据显示，美国创意产业的年产值已占国内 GDP 的 25%，已成为美国重要的支柱产业。从 1996 年开始，创意产品首次超过汽车、农业与航天业等其他传统产业，成为美国最大宗的出口产业，其中核心版权产业的出口额达到 601.8 亿美元。[②] 2007 年，美国创意产业的增加值为 15251 亿美元，占当年 GDP 的 11.05%，较上年增长 7.7%。大大高于同期美国 GDP 增长率 3.5%。其创意产业约占世界创意产业市场 43% 的份额。尽管在 2008—2009 年全球经济危机使美国经济严重衰退，美国创意产业的大部分行业在销售和就业方面经历了下跌，2008—2009 年期间整个创意产业只增长了 2.4%，2010 年开始好转，创意产业增长率上升到 4.2%。但在这样的背景下，创意产业仍然是美国国民生产总值的一份重要贡献力量。2010 年美国实现创意产业增值 16279 亿美元，占美国国内生产总值的 11.1%，其中"核心"产业达到了 9318 亿美元，占国内生产总值的 6.4%，显示出强大的产业发展实力。如表 4-1 所示。

---

① 张勤：《美国版权产业及其对外贸易透视》，《海淀走读大学学报》2005 年第 1 期。
② 赵弘、张静华：《国外文化创意产业的发展及对中国的启示》，《北京社科规划》2006 年第 9 期。

表 4-1　　　　美国创意产业增加值总量及对 GDP 的贡献

年份	2007	2008	2009	2010
美国 GDP 总值（亿美元）	140618	143691	141190	146602
创意产业增加值总量（亿美元）	15836	15930	15627	16279
创意产业增加值总量占 GDP 的比重（%）	11.26	11.09	11.07	11.1
核心产业增加值（亿美元）	9043	9139	9010	9318
其中核心产业增加值占 GDP 的比重（%）	6.43	6.36	6.38	6.36

资料来源：国际知识产权联盟：《美国经济中的版权产业：2011 年报告》，陈新译，2011 年。

2010 年，美国创意企业数已达到 61.2 万个，占所有企业数的 4.3%，创意产业整个行业提供就业岗位 1063.2 万个，占全美总就业人数的 6.7%，其中核心产业雇用了 507.9 万人，占总就业人数的 3.6%，在 2007—2010 年间，创意企业及雇员数增加了 12%。美国不仅是创意产业最大的生产国，而且也是创意产品最大的消费国。"美国拥有全世界 75% 的广播和有线电视的收入，85% 的收费电视收入，55% 的电影票房收入，55% 的家庭录像销售额。美国还拥有全球一半以上的唱片收入及 35% 的图书收入。"[①]

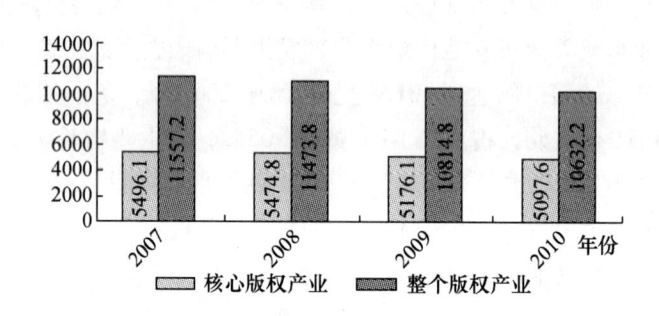

图 4-1　美国创意产业就业人数示意图（千人）

资料来源：国际知识产权联盟：《美国经济中的版权产业：2011 年报告》，陈新译，2011 年。

从以上数据可以看出创意产业在对美国 GDP 的贡献、就业水平、出口创汇等方面扮演着重要角色，成为美国经济发展的支柱产业。

---

① 陈韬文：《不开放不足以成文化——关于全球化中媒体保护与媒体开放的分析》，载尹鸿、李彬主编《全球化与大众传媒》，清华大学出版社 2002 年版。

2. 美国创意产业的发展格局

从行业分布上看,美国的文化艺术业、出版发行业、音乐唱片业、影视业、网络传媒服务业、软件开发服务业及广告业七个行业最具代表性,构成了美国庞大的创意产业体系的主干,其高度商业化和垄断性呈现出美国创意产业集群发展的总体趋势和特点。

美国的影视业及音像制品创造的产值最多,市场化程度最高,在全球范围内居于绝对的统治地位。美国电影市场年销售总额高达170亿美元,占全球85%的份额,仅好莱坞影片就已在150个国家和地区放映,占欧洲票房收入的70%,成为世界电影业的霸主。美国音乐制品市场总产值达143亿美元,占全球音乐市场份额的37%,占全球音乐唱片消费总量的60%。广播电视与电影唱片业不仅规模经济效应显著,而且产业的区域集中度较高,具有创意产业集群的典型特征。美国是世界上新媒体业、出版业最发达的国家,其图书市场、报纸杂志发行总量居全球首位。据统计,美国拥有出版机构5.7万家,图书品种近17.5万种,市场销量为22.96亿册,收入达286亿美元。美国各种报纸总数达9000种,日发行量为5577万份,年销售额可达300亿美元。美国大多数报纸也是被少数报业集团所控制。许多报业集团都是同时拥有报纸、杂志、广播和电视台,甚至其他行业,成为规模庞大的垄断性企业集团。如维亚康姆、迪士尼、时代华纳等美国排名靠前的大型媒介集团都是广播电视、电影、报纸、图书出版等多种行业兼营的。这种巨无霸型的产业集团的形成,加快了创意产业中各个行业的融合速度,产生了前所未有的规模效益和聚合效益,大大提高了市场竞争中的广度和烈度。美国也是称雄世界的软件大国,全球微机的操作系统与数据库市场几乎被美国的软件开发商所垄断,其中微软公司的软件销售占全球市场份额的比重最多。可以说,美国软件设计与开发一直引领世界潮流,不仅成为创意产业发展的重要力量,而且对美国经济乃至世界经济发展都产生了重要的影响。

从区域分布上看,美国的纽约州、加利福尼亚州、佛罗里达州、得克萨斯州、伊利诺伊州和华盛顿特区是美国创意产业最为发达的地区。其中,经济最为发达的纽约州和加利福尼亚州分别成为美国东部和西部两大创意产业中心,也是创意产业集聚程度最高的地区。

纽约是全球的金融和经济贸易中心,也是美国的文化中心。艺术表演业、传媒业和广告业居全美各州之首,其中,纽约的百老汇是美国戏剧活动的集聚地,已成为美国商业性戏剧娱乐的代名词。目前,纽约拥有约2000家非营利文化艺术机构、500多家艺术展馆、约2300家设计服务商、1100多家广告类公司、近700家图书杂志出版社和145个电影制片工作室和摄影棚。纽约拥有一大批全球著名的媒体集团,其中美国国家广播公司、在线华纳集团、维亚康姆集团、纽约时报集团等世界排名第一的大型企业集团都把公司总部设在纽约。纽约还集聚了美国8.3%的创意产业人员,包括美国1/3的演员、46%的设计师和7%的画家。加利福尼亚是美国的电影业中心,美国影视业主要集中在加利福尼亚州洛杉矶的好莱坞地区,并且"好莱坞"这一地名已经成为美国电影业的代名词。仅加利福尼亚州就拥有全美35%以上的雇员,并占据全美电影业55%以上的收入,并且这些比例仍在上升[1],并依托电影业极高的影响力,带动演艺业、娱乐业、出版业、广播电视等相关行业的发展,使加利福尼亚州创意产业产值位居全美各州最前列。仅就音乐业而言,全美235家独立音乐制作公司有51家集中在洛杉矶,成为拥有音乐制作公司最多的城市,其中美国最大的三个音乐公司集聚地也在洛杉矶。[2]

此外,美国得克萨斯州、伊利诺伊州在出版、演艺、设计、广告、广播、电视发展水平上居美国各州前列。华盛顿特区依托首都的优势,在广播电视、传媒娱乐方面有着重要影响。佛罗里达州的旅游资源丰富,娱乐业占据很大比重。

(二)美国创意产业集群的发展模式

美国创意产业集群的发展模式总的来说是属于市场推动为主导,政府辅以相关支持,高度产业化的商业运营模式。正因为如此,美国在创意产业集群形成中呈现出多元化的发展格局,同时也形成几种主流模式,主要有影视业的好莱坞模式,艺术演出产业中的百老汇模式,以及以娱乐休闲和主题公园为主的迪士尼模式等。

1. 好莱坞模式

美国好莱坞在某种意义上已经成为美国电影工业的象征,或美国创意产业的代名词。好莱坞位于美国西部城市洛杉矶的郊外,因建有世界最大规模的电影城而闻名于世。好莱坞的电影生产经过长期发展已经形成独特

---

[1] 周国梁:《美国文化产业集群发展研究》,博士学位论文,吉林大学,2010年,第89页。

[2] Janet Wasko, *How Hollywood Works*. London: Sage Publications Ltd., 2003, p. 3.

的产业模式,有人称这种模式为"配方式生产"。即在电影制作中,按照市场需求形成了一些相对固定的配方程序,产生所谓的类型化的电影。应该说它比较符合商业化电影的内在要求。它对世界的意义也正是在于它独特的现代化电影工业的生产方式和现代商业运作方式。如今,好莱坞已经拥有世界上规模最大的电影生产工厂,最先进的制片条件和科技手段,最为完善的制片制度,最为成功的商业化运作模式及市场营销网络,成为创意产业的典型,被称为现代化的"梦工厂"。[①] 好莱坞的影视业已经形成一种独特的产业发展模式,以高科技、规模化、大投入、高票房为典型特点,体现了现代创意产业的运作方式和发展趋势。美国大多数影片都集中在好莱坞进行生产和制作,几乎全美所有大型的电影制作发行公司都分布在好莱坞。

好莱坞的成功在于它的产业化的生产方式和商业化的运作模式,形成了世界上非常完善的电影生产体系和发行机制。好莱坞电影是一种典型的文化工业的生产模式,这种生产完全服从商业化和市场法则,市场需要什么就生产什么,一切为了迎合观众的欣赏口味。由于好莱坞采取的是当时世界上先进的制片技术和管理制度,并且获得华尔街大财团的资助,加上美国西部优越的气候条件、优美的自然风景,使得很多大制片商纷纷云集好莱坞地区,好莱坞就逐渐地成为美国乃至全世界最理想的影片摄制基地,引起美国电影业逐步向西部转移。好莱坞电影产业的集聚还使得相关联产业单位,如电视台、出版社、发行公司、研发机构、代理机构、咨询公司等相继集聚洛杉矶并发展壮大。目前从事娱乐制作产业人数达到24万人,年收益达300亿美元。仅每年一度举办的奥斯卡颁奖典礼,全球就有超过2亿人观看电视直播。这不仅创造了巨大的经济效益,而且还提升了洛杉矶的城市形象。

2. 百老汇模式

百老汇模式是美国艺术产业的一种商业式发展模式,在美国艺术产业中很有代表性,影响也最大。百老汇原来指的是宽广的街道(broadway),但现在人们提及的百老汇特指美国纽约曼哈顿中城区的一小片区域,即在这条百老汇大街与第42街至第47街相交会的区域。自19世纪80年代以

---

① 何群:《对好莱坞配方式生产模式的评介》,载《中国文化产业评论》第一卷,上海人民出版社2002年版,第263页。

来，这里陆续出现一批剧院、音乐厅。随后的几十年里围绕时代广场和百老汇大街建有几十家艺术剧院和 200 多家规模不等的歌舞杂耍场所。久而久之，百老汇也就逐渐成为美国艺术表演业的代名词。现在，这里美国戏剧行业协会认定为"百老汇剧院群"，汇集了 39 家具有一定规模的剧院，大多分布在时代广场四周和百老汇大街两旁，已成为纽约十分著名的艺术演出中心。

百老汇模式是在特定的历史背景下形成的，如今已发展成为全美最大最成熟的艺术产业集群。百老汇剧院群主要由剧院、艺术演出团体、配套企业或服务公司、中介经纪公司与咨询公司、行业组织机构等构成。纽约共有 390 家剧院，180 个音乐演出团体和 100 余个舞蹈演出团体，绝大多数分布在百老汇一带。百老汇的艺术产业主要属于表演艺术范畴，百老汇的成功在于它不仅拥有一个多层次、大规模、高水平的艺术演出团体，能满足不同层次人群的文化消费需求，真正做到雅俗共赏；更重要的是纽约市政府鼓励人们投资艺术产业，在资金、税收等产业政策上予以大力支持。纽约在世界上还享有"现代艺术之都"的美誉，艺术设施非常完善，艺术氛围也非常浓厚，各种艺术活动和展览很多，很多来自世界各地的艺术家云集纽约，使得这里成为全美最大和最为火爆的演出市场。它的演出形式以舞蹈、音乐、戏剧等为主体，诞生了《音乐之声》、《美女与野兽》、《猫》等许多经典艺术作品。整个百老汇地区每年演出的票房总收入高达 12 亿美元，带动相关产业 43 亿美元，提供就业岗位近 4 万个。可以说，百老汇实现了艺术价值和商业价值的有机统一。此外，百老汇悠久的历史所形成的品牌效应，加上优秀经典剧目和高水平的表演，吸引中介经纪公司、咨询公司及相关行业组织机构为百老汇艺术产业提供各种服务。艺术表演市场的形成也带动了这一地区餐饮、酒吧、宾馆、礼品业等相关产业的发展，形成艺术产业和服务行业相互依赖的发展格局。

3. 迪士尼模式

迪士尼是全球娱乐传媒业巨头，也是美国娱乐业的典型代表，其发展模式和成功经验值得各国借鉴。迪士尼模式是在美国传统娱乐业基础上开创的一种以动画片、动画玩具和主题公园为主体产业结构的发展模式，也是全球娱乐业发展的成功案例。作为百年老店，迪士尼是从 20 世纪初的一家动画工作室发展成为如今全球娱乐传媒业巨头，目前旗下产业主要分为影视业、网络与媒体业、主题公园与休闲娱乐业、零售业四大主营业务。实际上，迪士尼现已经成为一个庞大的以经营娱乐业为主，兼营多种产业的跨国集团，全球营业收入达252.69亿美元。2008年《商业周刊》评出迪士尼品牌价值292.5亿美元，居世界100强第9位。迪士尼模式是通过一个核心的强势文化品牌，后拓展到了产业关联度较强的领域，如出版、音像、影视、旅游、服装、儿童用品等，形成了一个以迪士尼为核心的庞大的产业链条和产业群体。

迪士尼模式是美国文化发展的一种反映，是美国文化的一部分，对当代社会生活产生了巨大的影响。该模式体现了以下几个特点：一是通过文化内涵来深入挖掘艺术产品的商业价值，以文化品牌推动商业市场运作。迪士尼的全部营业收入中接近一半的收入来自于相关品牌产品。二是创意产品设计注重人性化体验，充满温情和创造快乐。迪士尼公司的经营理念：制造并出售欢乐。"制造欢乐"是迪士尼品牌的核心。迪士尼在提供最优质的服务的经营理念下让公众，特别是孩子们享受休闲娱乐和温馨体验。三是实行多元化发展战略，构建完整的产业链。[1] 迪士尼整体的商业模式被称为"轮次收入"模式，即通过电影媒体建立起迪士尼的艺术形象，形成迪士尼独有的品牌势能，再利用该文化形象，发展迪士尼的相关业务，以达到其营利的目的，是典型的文化营销、品牌营销。在公司经营中，品牌产品和连锁经营是迪士尼收入主体，大约40%的利润来自这个环节。迪士尼以动漫影视和主题公园为核心不断拓展经营范围，延伸产业链；不断拓展海外市场，推行"全球迪士尼"发展战略，使国际市场占总收入的30%以上。

（三）美国发展创意产业集群的成功经验

通过以上三种模式分析，可以看出美国在创意产业集群发展过程中具有以下成功经验。

1. 完善成熟的知识产权保护制度

美国的知识产权保护是世界上最为完善和成熟的国家。美国目前已经建立了包括《版权法》、《商标法》、《专利法》、《电子盗版禁止法》等一系列法规构成的相当完善的知识产权保护法律体系。美国把保护知识产权上升到国家战略的高度，通过完备的法律体系加强国内外知识产权的保

---

[1] 车骁：《迪士尼帝国——美国商业文化的代表》，中国网（http://www.china.com.cn/chinese/WISI/239096.htm），2002年11月28日。

护，使美国创意产业更具有市场竞争优势。同时，开放灵活的制度使美国创意产业形成了多元性、开放性的市场体系。

2. 高度产业化的商业运营机制

美国的创意产业集群主要采用市场主导型的发展模式，在创意产业管理运行机制方面实施"无为而治"的政策，与其他国家相比，美国的创意产业政策是自由宽松的，能够充分反映市场主体的利益和要求。而创意企业不再强调以生产制造为中心，更强调价值链的延伸，提出"创意+科技+资本"的经营理念，实现创意活动和特色经典文化的完美结合，并依靠高度产业化的商业运营模式，拓展国内与国际市场。

3. 多元化投资机制和多元化跨国经营

美国政府鼓励多元投资机制和多种经营方式，鼓励非创意企业和境外资金投入创意产业。美国政府对创意产业直接投入资金非常有限，但国家以"资金匹配"的方式，利用政策引导和经济调节手段，促使更多的地方政府资金及民间资本进入创意产业领域，实现投资主体多元化。创意产业集聚区的建设除了政府给予直接和间接的投资外，各种非营利机构与组织、经济开发团体、各类地区性开发计划、发展基金、私营企业以及社会团体对集聚区建设的投入占总投资的近一半。多元化跨国经营也是美国创意产业集群发展中普遍采用的一种战略，通过资本重组，形成大型跨国集团，拓宽海外市场，实现经济利益最大化。

4. 注重人力资源储备和科技创新投入

在人才培养机制方面，美国已经构建了较完善的创意产业人才培养体系。一方面，美国注重吸纳和引进优秀的文化艺术人才，全世界各国优秀人才在强大的优惠政策和良好的工作环境的吸引下涌入美国；另一方面，美国依托高校和社会培训机构开办了文化艺术门类相关专业，培养了大量的专业人才和管理人才，为美国在创意产业始终保持竞争优势做出了巨大的贡献。除本国培养外，吸引外国人才的加入也是美国加强创意人才储备的重要方法。美国能够将全世界的优秀人才都汇集到美国。据创意经济学家佛罗里达测算，目前美国的创意阶层的总数达到3850万人，占全美劳动力的30%左右。[①] 充足的创意人才储备为美国创意产业集群发展奠定了

[①] 卢小雁：《杭州发展文化创意产业的人才基础及其改善》，浙江在线新闻网站（http://culture.zjol.com.cn/05culture/system/2009/07/28/015704047.shtml）。

基础。

此外，美国对创意产业的科技投入，注重科技创新与创意产业的高度融合，特别是在影视、数字出版、动漫、网络等方面技术处于世界领先地位，保证了创意产业一直处于产业链的高端，而获得丰厚的利润。

二　英国创意产业集群的发展模式

第二次世界大战以后，被称为"世界工厂"的英国在日益激烈的经济全球化市场竞争中处于劣势，以制造业为主的传统工业日趋萎缩，经济增长乏力，产生了被称为世界经济中的"英国病"现象。为改变这种现状，1998年英国政府率先提出发展创意产业。创意产业在英国的迅猛发展，不仅成为一个强劲的新经济增长点，而且帮助英国实现了传统产业的升级改造和成功转型，为世界各国创意产业的发展探索出一条成功道路。

（一）英国创意产业发展概况

根据英国创意产业工作小组1998年发布的《英国文化创意产业路径文件》报告，创意产业被定义为："那些源自个人的创造性、技能及智慧，通过对知识产权的开发和运用可创造潜在财富和就业机会的活动"[1]，主要包括广告、建筑、设计、电影、出版、音乐、软件、广播电视、时装设计、表演艺术、手工艺品、艺术品与文物交易以及休闲游戏软件13种行业，以此建立起英国创意产业的完整体系。

1. 英国创意产业已发展到相当大的规模

多年来，在英国政府的积极推动下，英国创意产业得到了飞速发展。1997—2005年，英国共培育12万家创意企业，这期间，英国创意产业产值平均年增长率为8%，其中广播电视业年增幅达12%，而英国整体经济同期的年增长率仅为2.8%。英国已经成为仅次于美国的世界第二大创意产品生产国。另据英国文体部公布的数据，2010年，英国13个行业创意产业2010年的产值超过2775亿美元，出口值超过164亿美元，增长率超过6%以上，为各个行业之首。英国创意产业直接从业人员已达100多万人，间接从业人员约45万人，创意产业的从业人员占全国总就业人数的5%。创意产业就业增长率平均为5%左右，而整体经济就业增长率则为1.5%左右。[2] 从事创意产业的相关公司达到15.74万家，其中以软件业、

---

[1] Richard Caves. *The Rise of the Creativ Celass*, New Your: Basie Books, 2002, p. 35.

[2] 亚太总裁协会郑雄伟发布《全球文化产业发展报告》，中国经济网（http://www.ce.cn/culture/gd/201202/06/t20120206_23048110_2.shtml）。

电脑游戏、电子出版业、音乐及表演艺术、视觉艺术的公司比例最高,软件业、电脑游戏、电子出版公司约 7.5 万家,音乐及表演艺术、视觉艺术公司约 3.12 万家。创意产业已超过了任何一种传统制造业所创造的产值,成为英国仅次于金融服务业的第二大产业,而创意产业就业人口超过了第一大产业金融业。这些数据足以表明英国经济已实现由工业型经济向服务型经济转化。

2. 英国创意产业集群的发展格局

在英国创意产业的十三个门类当中,表演艺术业、音乐产业、互动休闲软件业、出版业、广播影视业、艺术品古玩业等占据了主体地位,成为英国创意产业体系的支柱。据最新数据显示,英国音乐产业每年的产值超过 47.9 亿美元,其中出口的总额占到总的创意产业出口总额的 1/2 以上,出口利润仅次于美国,居世界第二位。音乐制品的销售额已经连续 10 年保持了 10% 以上的速度增长,音乐业已占全球音乐业的 15%,英国音乐销量市场居世界第三[①];英国电视产业产值约为 120 亿英镑,在电视节目制作、数码电视及动画方面享有优势。英国在电视节目模式的发展上领先全球,节目模式输出占全球市场的 53%。英国有 100 多家电影工作室,在独立制作、商业巨片、动漫、剧情片与纪录片等方面都有优异的表现,是世界一流的电影制作中心,伦敦是全球第三大最繁忙的电影摄制中心。英国设计行业包括多个领域,例如品牌、包装、商业性室内设计、产品设计、时尚、建筑、多媒体以及手工艺,拥有超过 4000 家商业设计咨询公司以及很多自由设计师。英国拥有庞大且多元的出版工业,每年出版的新书超过 10 万本,其出版业规模居欧洲第二位。英国出版产业每年外销产值超过 10 亿英镑,使英国成为世界最大的出口与再出口国。英国拥有 5.4 万家电子软件公司,电子游戏制作产出居全球第四。全世界前 100 个获利最高的电子游戏,就有 26 个是英国制作,视频游戏业销售额占全球的 16%,纯出口利润甚至大于钢铁的出口。

从创意产业的空间布局来看,英国的创意产业多集中在伦敦、曼彻斯特、谢菲尔德、布里斯托尔、格拉斯哥、利物浦及爱丁堡等城市,并呈现出明显的集聚化特点。各城市根据自身优势和产业基础形成众多特色鲜明

---

① 亚太总裁协会郑雄伟发布《全球文化产业发展报告》,中国经济网(http://www.ce.cn/culture/gd/201202/06/t20120206_ 23048110_ 2. shtml)。

的创意产业集聚区（见表4-2）。伦敦作为英国创意产业的中心，创意产业为伦敦经济贡献了210亿英镑的产值，占伦敦GDP的15%，有超过50万人从事创意行业，占伦敦就业人口总数的1/4，成为仅次于金融业的支柱产业。伦敦的艺术基础设施占全国的40%，音乐唱片制作室占全国的70%，音乐商业活动占90%，影视生产占70%，广告占46%，时尚设计占85%，建筑设计占27%。还汇聚了全国1/3的设计机构，全球2/3以上的国际广告公司，46%的广告从业人员以及85%以上的时尚设计师。[1]伦敦是名副其实的创意之都。

表4-2　　　　　　　　英国主要创意产业集聚区分布

城市	创意产业部门	创意产业集聚区
伦敦	音乐、电影、广播、电视、广告、软件、娱乐、时尚设计	伦敦西区、伦敦SOHO区、伦敦东部的霍克斯顿、东北部的克勒肯维尔、牛津科技园、剑桥科技园
曼彻斯特	出版、咨询、数字化媒体影视技术、通信服务	曼彻斯特北部创意产业园区
谢菲尔德	美术、音乐、软件、设计、电影、音像制作	谢菲尔德创意产业园区
布里斯托尔	电视与数字媒体	布里斯托尔电视与数字媒体园区
利物浦	美术、设计、文化旅游、商务服务	特泰美术馆及创意社区
格拉斯哥	软件、设计、电信服务	电子工业园区
爱丁堡	音乐艺术、文化旅游及金融服务	爱丁堡商务园区
伍尔弗汉普顿	音乐、文化旅游	伍尔弗汉普顿文化园区

谢菲尔德、利物浦、曼彻斯特和格拉斯哥都是英国典型的重工业城市，随着传统产业的衰落，城市经济逐渐衰退，但是在后工业时代，在英国政府的政策推动下，这些城市积极发展创意产业，成功地将原有的工业建筑改建成创意产业集聚区，重点发展音乐、设计、多媒体制作和游戏软件等产业，并有相配套的创意商业和会展服务，通过创意产业园区建设实现城市复兴。这些城市现已成为世界各国工业城市的城市功能和产业结构

---

[1] 查尔斯·兰德里：《伦敦：文化创意城市》，载林拓、李惠斌、薛晓源主编《世界文化产业发展前沿报告（2003—2004）》，社会科学文献出版社2004年版，第21页。

转型的典范。

(二) 英国创意产业集群的发展模式

伦敦是世界上较早提出创意产业概念的城市，且日益成为引导世界创意潮流的创意产业中心。创意产业增加值已超过传统产业，成为仅次于金融服务业的支柱性产业，成为增长最快的新兴产业。伦敦创意产业形成了伦敦西区创意产业园、东区霍克斯顿创意产业园及东北部克勒肯维尔园区等众多创意产业集聚区，其中，伦敦西区创意产业园最具典型性和影响力。

1. 伦敦西区模式

(1) 伦敦西区的空间形态。伦敦西区是与纽约百老汇齐名的世界两大戏剧中心之一，是英国戏剧界的代名词。伦敦西区自16世纪末产生，兴起于17世纪，由于当时的王宫、教堂等集中在伦敦西区，因此，许多剧院也集聚在这一带。伦敦现有剧院约100家，而西区就集中了49家。这些剧院大多数都集中在面积不足1平方哩的夏夫茨伯里和黑马克两个街区内，形成了一个剧院区，被称为伦敦西区。这里位于伦敦市中心，金融商贸业和休闲娱乐业高度发达，除剧院外，伦敦西区还汇集数以百计的音乐制作、影视制作、广告、摄影、设计公司以及著名的酒吧、书店、杂志社、餐厅、休闲娱乐场所，构成了一个以戏剧表演业、休闲娱乐业为主体的，产业结构紧密型的创意产业集群，成为世界上最具特点、最成熟的创意产业集聚区之一。但这里仍基本保持着传统的建筑风格和表演特色，伦敦西区创意产业集群是在传统戏剧文化基础上自发性集聚的产业集群。

(2) 伦敦西区的经济效应。伦敦西区作为伦敦最大的戏剧音乐业集聚区，经过历史文化和现代元素的不断融合，形成日益完善和强大的创意经济体，对伦敦乃至全英国的经济发展做出极大的贡献。伦敦西区音乐产业创造的增加值达到15多亿英镑，演出业产值约为20亿英镑，分别占英国音乐产业总产值和演出业总产值的一半以上；2/3以上的英国电影制作在伦敦西区完成，众多广播与电视产业企业也选择在伦敦西区。2010年，伦敦西区剧场的经济贡献再次刷新了历史新高，演出剧目上升至18615个，来自世界各地超过千万的剧迷走进伦敦西区剧场，票房总计超过5.12亿英镑。丰厚的票房也为国库交纳了将近0.763亿英镑的增值税，为英国经济增长贡献了 0.5 个百分点。①

作为一项产业，伦敦西区对经济的贡献还表现在出口创汇上，其外汇收入主要来自海外游客和出口剧目。每年还有大量的西区剧目在海外上演，每年出口剧目创汇 5000 万英镑。与英国其他一些新兴的、发展迅速的产业相比，西区的创汇能力令人吃惊。伦敦西区在加大出口剧目数量的同时，还积极吸引海内外游客，西区每年会吸引 2 亿游客，产生 60 亿英镑的消费额。其中选择到伦敦西区的海外游客，通常以购物游为主的高端消费者，海外游客消费占西区消费的近 1/3，带动与音乐戏剧相关的各种消费总计将超过 10 亿英镑②，同时在戏剧表演相关配套服务领域以及旅游、工艺品、餐饮、娱乐等领域提供大量的就业岗位。值得注意的是伦敦西区在有限的空间内，以集群优势，吸引着庞大的观众群和游客群，产生连锁式的经济效应，同时营造了伦敦西区的人文环境。这正是伦敦西区成熟的标志。

（3）伦敦西区的发展特征。伦敦西区作为极具特色的创意产业集群模式，在全球范围内产生巨大的影响。其成功之处在于：一是完善的市场化运作机制。在西区的近 50 个剧院中，仅有少数在国际上享有很高声誉和极强的支柱作用的剧院享受政府资助，如皇家剧场、皇家国家剧院、皇家莎士比亚剧院和英格兰国家歌剧院等。众多的中小剧院完全是通过市场化运作，进行商业性演出，但为了鼓励创作新的戏剧艺术，英国艺术理事会通过基金支持，促进商业演出机构与非商业性质的院团合作，使艺术价值更高的作品首先在国家资助的剧院首演，成功后再转入商业剧院。这既降低了商演风险，又保证获得巨大的经济效益。二是剧院采取错层发展战略。西区剧院规模大小不等，上演的剧目多种多样，包括歌剧、话剧、音乐剧、儿童剧、木偶剧、芭蕾舞、民族舞和现代舞等形式。因此，伦敦西区采取错层发展战略，促进戏剧艺术产品能够满足不同观众欣赏口味，合理分配商业演出市场，提高经济效益。如获得政府支持的百年老字号大剧院一般会常年上演品牌性的经典剧目，几年甚至十几年不变，对于规模较小的商业剧院而言，会通过上演热门的音乐剧和歌舞类节目以吸引观众。

---

① 闻逸：《西区上座率破纪录》，网易新闻（http://news.timedg.com/2011-02/10/content_1756166.htm）。

② 牛维麟：《国际文化创意产业园区发展研究报告》，中国人民大学出版社 2007 年版，第 78 页。

三是积极培育受众群体。伦敦西区针对不同艺术形式所拥有不同的观众进行广泛调查，制定相应的引导和培育受众群体的措施，形成话剧、歌剧、音乐剧和芭蕾舞等不同演出形式的固定观众，以保证上座率和票房收入，使空间效应与经济效益达到最大化。

2. 布里斯托尔模式

布里斯托尔是英国西南地区最大的城市，电视与数字媒体是其标志性产业，被冠以英国第二大"媒体城市"的称号。布里斯托尔创意产业集群以制作独立纪录片，特别是以自然、生态历史为主题的影视作品闻名于世，因此又有"绿色好莱坞"之称。

（1）布里斯托尔模式的空间形态。布里斯托尔电视与数字媒体产业园区坐落在布里斯托尔港口南部的克利夫顿区，紧邻布里斯托尔大学的克利夫顿（Clifton）一带。虽然规模比伦敦逊色，但产业集聚程度却很强，园区内除了有 BBC 和 Partridge 两家大型公司外，还聚集大量中小型的独立制片公司。在电视与数字媒体产业园区内最发达的行业还是自然电影制作业，其中以 BBC 的自然历史摄制组（NHU）、HTV 独立电视台等为主。NHU 有 20 多个影视公司，7 个电影制作场馆，11 个后期制作场馆及大批图片、音效等相关服务公司。这些公司紧邻布里斯托尔大学，而在这些核心企业的周围又布满了众多中小公司、微型企业以及提供专业服务的创意人员，构成了紧密而又完整的产业网络。长期以来，布里斯托尔一直把高科技产业作为城市产业发展的方向，电视与数字媒体产业园区的形成开始于英国 BBC 分支机构的进驻，得益于这座城市的地理环境和产业政策支持，依托于布里斯托尔大学等高校的人才资源及所提供的专业知识和相关技术。布里斯托尔现已成为野生和自然历史电影的制作中心，以及世界上野生电视专家们的聚居地。此外，许多动漫企业也进驻该地。就生产的类型来说，历史电影制作和 3D 动画片成为布里斯托尔电视与数字媒体产业园区的两大产业支柱。该园区拥有具有国际声誉的阿德曼动画片公司，其生产和制作的许多优秀作品占据国际市场，特别是与美国的梦工厂合作后发展更快。正因为如此，世界上许多动画片公司和相关服务性企业都选择在布里斯托尔创意产业园落户。[①]

[①] 牛维麟：《国际文化创意产业园区发展研究报告》，中国人民大学出版社 2007 年版，第 78 页。

（2）布里斯托尔模式的经济效应。布里斯托尔创意产业园虽说规模没有伦敦西区大，但产业集中度却很高。布里斯托尔电视与数字媒体产业园区是BBC主要的一个地方生产中心。在该园区内集聚1万多名创意人员，创造经济产值约11亿英镑，年增长率高于其他产业。如在园区内仅有27名员工的绿伞公司，以承接BBC后期剪辑和影片制作为主业，仅每年的纪录片出口额高达200万，其中90%销往美国。经济的增长带动就业人数的增加，整体就业增长迅速。其中绝大多数集中在广播电视和媒体制作两大行业，而BBC和HTV-WEST两大公司创造了50%以上的产值和大部分就业岗位。BBC在自然历史片、动画片和纪录片三个部门中的雇员大约是800人。布里斯托尔电视与数字媒体产业园区还集中了一批动画创作与制作公司，在3D动画制作方面具有相当强劲的竞争力。

（3）布里斯托尔模式的发展特征。一是集群集中度高，并多以中小型企业为主。该集群企业创造的经济产值总量相对较低，直接雇用的人员也很少，但它对提高本地的知名度还是具有很重要的作用，从而能够吸引更多的媒体公司进入本地。二是集群行业特色鲜明，产业链单一。该集群企业多是经营电视与数字媒体产业，其中最发达的行业是自然电影制作业。围绕这个主体行业，依托BBC和HTV-WEST两大公司，形成一系列小型企业和个人为自然生态类电影制作业提供各类服务，从而共同构建了电视与媒体产业集群。三是集群以"群聚效应"为主轴，地理位置上相近，偏重联结、服务及行销的实质功能，地理区位上也并非居于市中心。对于土地、区位、历史建筑物的依赖程度是不相同的，尤其是以软件、电脑游戏及电子出版物等依赖数字技术的创意产业，以高科技为支撑，以互联网为载体，呈现虚拟集聚的态势。

（三）英国发展创意产业集群的成功经验

作为创意产业的起源地，英国创意产业集群的发展经验将给我们很多启示。主要表现在以下几个方面：

1. 依托本地文化资源，建设特色产业园区

英国规划和确定创意产业园区十分关注并利用周边地域的文化资源禀赋，关键是看能否体现地域文化特色，即是否具有其独特的创意资源、地域风格及文化品位等。如曼彻斯特北部创意产业园区的形成就与当地丰富的、与众不同的音乐历史及享有国际声誉的滚石和流行音乐有关；布里斯托尔电视与数字媒体集群则是建立在该区悠久的电影制作历史基础之上。

2. 注重部门协作，发挥社会组织作用

英国自 1997 年开始，成立了以文化大臣为首的创意产业行动小组，集合了 13 个创意产业门类的管理部门，便于政府内部的政策协调，提高工作效率。英国政府十分关注创意工业与地方发展的关系，强化地方创意产业与区域经济协同发展。同时，在政府的引导和扶持下，半官方性质的组织——英国当代艺术中心，以及协会、社团、顾问公司等各层次的社会团体或民间组织，交叉设奖或补贴，形成了民间分工合作体系，以共同促进创意产业的集聚发展。

3. 完善投融资体系，构建园区基础平台

考虑到创意产业普遍规模较小、风险较高的特点，英国政府设立了多项资助计划，以对中小创意企业提供风险融资。英国政府协同金融界和有潜力的民间投资者为创业者提供资助，逐步推动强大的创意工业资金支持系统。目前英国对创意企业或个人资金扶持主要采用两种措施：一是提供信息支撑。二是通过英国科学、技术及艺术基金会为具有创新点子的个人提供发展资金等。仅伦敦市政府每年就为创意产业投入 2 亿美元作为创业资本基金。此外，英国政府还为创意产业园区提供发达的信息技术支撑，以及建立企业间的网络系统、基础建设平台，确保进驻创意产业区的企业和个人能够获得宽松的工作环境和快速发展的外部条件。

4. 注重基础性艺术教育，广泛培育创意人才

一方面，英国政府注重培养公民的创意生活和创意环境，支持和鼓励社会公众特别是青少年开展创新实践和文化艺术活动，并为其提供良好的外部环境。另一方面，加强学校文化艺术修养教育，共有上千所学校已开设美术、音乐、戏剧、舞蹈和设计等艺术专业或学科课程，并设置了相应的艺术学分。同时，加强艺术教育和专业技能培训，国家或地方政府在资金和产权保护等方面给予政策支持和财政资助，积极探索国际合作与交流。

总之，英国创意产业集群大多是在政府政策引导下形成和发展起来的，属于政府主导型创意产业集群。英国创意产业政策，是目前国际上产业架构最完整的创意产业政策。

三 澳大利亚创意产业集群的发展模式

澳大利亚是一个充满魅力和神奇的国度，具有丰富而独特的自然风光、风土人情、土著文化、多元民族、古老和现代艺术等自然资源和文化

资源，为创意产业发展提供有利条件。目前，在澳大利亚实施的"创意国家"战略推动下，创意产业已成为澳大利亚主导产业和新的经济增长点，并以"集聚策略"来推动创意产业集群发展。

（一）澳大利亚创意产业的发展现状

创意产业澳大利亚文化部长委员会在2008年的《打造创意创新经济》报告中将"创意产业"的范畴界定为：音乐与表演艺术；电影、电视与广播；广告与营销；软件开发与互动内容；写作；出版与平面媒体；建筑、设计与视觉艺术七个方面。①

1. 澳大利亚创意产业的发展规模

创意产业在澳大利亚国民经济中占有重要地位，已成为第三产业中的重要支柱产业和主要的出口行业，是澳大利亚重点发展的产业领域。根据澳大利亚统计局的数据，2001—2002年澳洲创意产业总产值约为486亿澳元，占GDP的3.3%，年增长率达5.7%，远高于同期整个经济的增长率（4.85%）。其中，广告业收入占总量的24%；印刷产业占21%；广播电视占13%。2006年，创意产业就业人数为910万，占就业人口总数的3.8%。澳大利亚创意产业企业交流中心（CIIC）发布的《创意产业经济分析报告》显示，2008—2009年，澳大利亚创意产业年平均增长率为3.9%，高于澳总体经济增长水平；创造43.8万个就业机会，占总就业机会的4.8%；创造生产总值为311亿澳元。② 创意产业对GDP的贡献已超过传统工业以及一般性服务行业。

2. 澳大利亚创意产业的基本格局

从行业构成来看，澳大利亚创意产业虽然涉及领域比较多，但主要集中在出版业、影视业、表演艺术业、艺术品展销业及文化休闲娱乐等领域。这些行业领域已形成庞大的产业规模和自己的产业特色，是澳大利亚创意产业的主体框架。目前，澳大利亚现有2万多个文化娱乐业企业，就业人数为8万人，占总就业人数的1.05%，其中，有近2000家从事电影和电视节目制作的机构，从业人员1.5万人，年营业额达15亿澳元；澳大利亚的表演艺术在国际上享有盛誉，约有500个表演艺术团体常年活跃在国际、国内舞台上，表演艺术业年收入约为5亿澳元。澳大利亚出版业

---

① 赵立、袁媛：《澳大利亚创意产业发展战略亮点解读》，《中国文化报》2012年2月10日第3版。

② 同上。

也十分发达,有大大小小的出版社2000多家,有许多都是国际性的大公司,还有许多非营利的出版机构。对庞大的媒体产业,澳大利亚实行高度垄断经营。新闻媒体主要由四家垄断集团控制,即先驱与时代周刊、默多克新闻集团、费尔法克斯公司和帕克新闻联合控股公司,其中默多克新闻集团已是影响世界的国际传媒巨头,拥有219家报纸、76家杂志、32家电视台及110多家印刷出版公司。另外,澳大利亚是一个旅游大国,是世界上著名的文化娱乐者的天堂,观光旅游业每年创造产值为338.8亿澳元,占澳GDP比例为2.6%。①

从地域分布来看,澳大利亚创意产业主要集中在历史较悠久的大中城市,特别是首都或州府,如堪培拉、悉尼、墨尔本、帕斯、阿德莱德、凯恩斯以及最南端的塔斯马尼亚州等,构成从西部到南部再到东部的沿海城市圈。其中悉尼的艺术表演、出版、电影和电视节目制作等有很高的集中率,电影和录像制作业有超过一半的公司是在悉尼,创意产业从业人员占全澳洲的1/3。一些文化公司(像世界最大音乐公司、环球音乐、301摄影棚)都处于悉尼CBD南部的中心产业区。以娱乐业为主导的夜间产业带动夜间消费达150亿澳元以上,创造了全市近1/3的就业机会,为本地经济带来巨大经济效益。墨尔本是一个多元文化和充满现代信息的城市,也是澳大利亚电影业、印象派艺术和现代艺术运动的诞生地,同时还拥有一批在国内外享有盛誉的文化艺术组织机构,被称为澳大利亚的文化之都。墨尔本的影视制作、艺术表演、艺术展览及体育休闲娱乐构成该地区创意产业的主要内容。每年举办的节庆、会展和体育赛事所产生的经济影响接近10亿澳元。阿德莱德西区以休闲娱乐和流行时尚而闻名于世,其中阿德莱德欣德利街最具代表性。堪培拉、布里斯班则是以新兴的数字媒体业及创意设计为主体形成产业集聚的地区。

在澳大利亚创意产业较为发达的城市中,政府还规划出很多的创意街区,成为著名的艺术家市场。这里聚集众多艺术家进行创作,从手工艺品、项链首饰,到土著文化的雕刻和手绘摆设,到处都能体现创意生活风尚,艺术已经真正融入了这里的生活和文化。同时,这些城市也是世界著名的休闲旅游城市,以休闲、体验和娱乐观光为主的旅游业十分旺盛,已

---

① 《澳大利亚经济概况简介》,兆龙留学网(http://www.chinazhaolong.com/guojiajieshao/aodaliya/2012-05-09/2580.html),2012年5月9日。

成为澳大利亚最重要的产业。

(二)昆士兰模式的运行机制与经验借鉴

昆士兰州位于澳大利亚东北部,濒临南太平洋的东海岸,是澳大利亚的第二大州。享有"阳光之城"美誉的昆士兰州首府布里斯班,自20世纪90年代以来已成为澳大利亚经济发展最快的城市,其创意产业发展更为人们所赞誉,特别是备受全球关注的布里斯本创意产业区经过十多年的发展,现已与美国纽约SOHO区、英国伦敦西区齐名,成为世界三大创意产业集聚区,被业界人士誉为创意集群的"昆士兰模式"。该模式的成功经验对世界各国创意产业集聚区的建设和发展产生了重大而又深远的影响。

1. 昆士兰模式的构成体系

布里斯本创意产业区(CIP)是澳大利亚打造"创意国度"国家战略的重要举措,是昆士兰州政府实施"智慧之州"工程、城市改造和教育振兴三大规划项目的重要内容。CIP建设就是要通过促进创意产业的发展,改变昆士兰州的产业结构,打破长期以来严重依赖传统产业的经济发展局面,提高产业效能,推动区域经济增长。

CIP位于布里斯班中央商业区西南侧一个开发地带,紧邻昆士兰科技大学,以及城区最大的文化演艺活动中心和高科技基地,占地约0.2平方千米。CIP由昆士兰州政府和昆士兰科技大学共同投资筹建,是澳洲第一个由政府与教育界共同为发展创意产业而合作的项目。2004年建成,总投入4亿澳元。园区主要涉及印刷媒体、视觉表演艺术、音乐创作和出版、新媒体(如动画、游戏和互联网内容设计)、广播电子媒体和电影、传统艺术活动等创意产业领域。[①] CIP是澳洲首个以从事创意产业项目孵化与商业开发为主的专业性创意产业园区。

CIP兼备教育和培训、实务应用研究和产业化开发三大功能,整个体系由昆士兰科技大学、国家级研究中心、政府部门、创意企业及相关机构构成。CIP规划方案对这个创意产业园区的前景做了这样的描述:创意产业园区是一个产业、政府和高等教育与研究相互依存的网络,它们共同创造一个环境,支持创新,支持创造力的提高,支持企业的发展和就业增

---

① 崔国、褚劲风:《澳大利亚第三大城市布里斯班创意产业集聚研究》,《世界地理研究》2010年第4期。

长。政府、产业和昆士兰科技大学必须合作来开创这样的环境，建立起一个创意产业发展的合作模式。[①] 从 CIP 构成主体的相互关系上看，昆士兰科技大学向入驻园区的创意企业输送大量的专业人才，开展技能培训，提供文化资源、艺术资源、学术资源及相关服务，又为相关研究机构培养高端人才提供辅助研究，大学成为推动园区不断发展的重要力量；创意企业既向昆士兰科技大学注入发展资金，为在校学生提供实习或实践机会，又为研究机构提供相关的实证数据以及必要的研发经费；而研究机构既要向大学提供专业设置指导，为企业提供业务咨询和战略规划，又要向政府提出创意产业发展建议。政府主要负责基础设施建设，提供政策支持和公共服务。

昆士兰科技大学历来重视实践教学环节，强调教学必须以实际应用为主，人才培养以市场需求为导向，因而被称为"实用大学"。这种教育理念和教学特色促使学校与地区企业长期保持密切的合作关系。2001 年昆士兰科技大学在原有的媒体与传播、表演与文化创意艺术和传达设计三个学科基础上，新组建一个世界高校中唯一的创意产业学院。学院共设置了创意设计、创意写作、音乐舞蹈、视觉艺术、新闻、广告、动画、电视媒体、数字媒体等专业学科，倾全力培育创意产业人才。

CIP 拥有创意产业应用研究中心和互动设计中心作为两个受国家资助的国家级研究中心，实施的是跨学科的、开放式的开发研究体系和创新模式。该中心开发研究方向明确，科研组织形式多样灵活，研究成果十分显著，在人文学科研究领域具有重要地位，在应用性文化创意艺术领域处于领先地位。这两个中心重点放在媒体、广告、旅游与教育四个领域，在对本土创意产业发展进行集中研究的同时，也关注国际上其他国家创意产业的应用研究，为澳洲政府提供许多重要的创意产业发展策略与规划，从而奠定了其在全球创意产业应用研究方面的核心地位。

CIP 拥有大量的计算机实验室、专业制作室、商业演出剧院、展示场地和公共拍摄基地，众多的创意设计、数字媒体、影视制作、策划咨询、软件服务公司等企业，以及一些专业戏剧演出公司集聚在园区内，由此也带来了商务代理、金融机构、医疗机构、房地产公司和商务中心等相关辅

[①] 崔国、褚劲风：《澳大利亚第三大城市布里斯班创意产业集聚研究》，《世界地理研究》2010 年第 4 期。

助机构入驻。当然，政府在园区内设立专门机构，负责 CIP 发展规划和运行管理，并提供相关的基础设施建设和公共服务。目前，布里斯班创意产业区已经形成了以米尔顿为中心的"西部产业走廊"，其本身便具有了数字产业集聚的显著特征。

2. 昆士兰模式的运行机制与经验借鉴

昆士兰模式实质是一种由"产官学"共同合作而形成的园区发展模式，目的是搭建一个集合人才培养、创意产业研究和创意产业实践等多种功能的发展平台，体现了创意产业的文化创意、高新技术、产业化三位一体的特色。昆士兰模式是澳大利亚创意产业集群模式的一个典型，已经被实践证明颇具生命力和吸引力，不仅有利于促进集群内的各方的合作和创新，而且能产生强大的外部性，具有很强的示范效应。对致力于创意产业发展的国家或地区来说，可获得重要启示。

第一，完善生活设施的配套系统，发挥创意阶层的吸引效应。CIP 定位是集教育培训、产业研究、企业孵化、商业运作于一体，创造出工作、学习、生活、娱乐融合发展的多功能园区。该园区因其完善的生活设施和惬意的生活氛围被创意从业者形象地称为"都市乡村"。这一特征正契合创意阶层的工作和生活需求特点，成为吸引澳洲甚至全球创意阶层聚集的重要空间载体。园区内创意阶层的集聚促进创新、创作、文化、艺术和生活氛围不断增强，又进一步吸引新的创意从业者不断到来，形成创意阶层吸引效应的良性循环。[1] 规划和建设创意产业集群必须要充分考虑创意阶层的工作与生活特点，加强基础配套设施的建设，营造浓厚的文化艺术氛围和宽松自由的工作环境，为创意阶层提供多样化的工作和生活空间。

第二，建立集群协调组织，发挥网络协同效应。在 CIP 这个空间内，汇聚了大学、科研机构以及数字媒体、设计、剧团等创意企业，还包括休闲娱乐中心、购物中心、医疗中心和商务中心等辅助机构，创意企业与大学、科研机构及辅助机构相互密切协作，共享公共服务资源和价值链利益，形成网络协同效应，即创意企业通过集群化协作比单独运作能获得更高的生产能力和经济效益。创意产业集群的网络协同效应是创意企业入驻 CIP 的重要原因。因此，规划创意产业集群并非创意企业在地理空间上的

---

[1] 郭永、杨秀云、黄琳：《澳大利亚布里斯班创意集聚区效应分析及其启示》，《亚太经济》2012 年第 3 期。

简单"扎堆",搞成"大而全",而是真正将根据地方文化特色和产业优势,通过制定创意企业类型准入制度,积极引导相互间具有网络协同效应的创意企业入驻。

第三,强化科研机构的技术和服务支持,发挥政府战略导向作用。澳大利亚较早地将支持和发展创意产业提上了国家计划,布里斯班市政府在这一大背景下,借势在"2026年城市远期战略规划"中明确提出了创造充满活力的"创意城市"的目标,将布里斯班建成为能够将艺术与环境有机融合的标志性城市。为此,布里斯班市政府实行了一系列支持举措,以创意产业集群为发展途径,采用"产官学"共同合作的发展模式,其中重要一点注重科研机构的技术和服务支持,以帮助这些创意企业解决发展中的技术难题,同时帮助从事创意产业的企业从中了解本行业的经营状况和发展态势,做好自身的发展规划。

3. 政府注资与税收优惠结合,推动中小企业发展

针对创意产业多以中小企业为主的特点,布里斯班市政府依据澳大利亚创意产业相关政策实施政府注资与税收优惠结合的企业扶持策略。一方面,政府加大企业研发的投入,通过设立小企业基金项目或直接投资,为创意产业的中小企业提供资金资助,缓解新创企业的资金困难,以帮助提高研发创新能力。另一方面,通过制定一系列优惠政策,尤其是对中小企业在税收上的政策优惠,这种"放水养鱼"策略,很大程度上激活了中小创意企业的创新动力和市场竞争力,促进创意产业集聚区的繁荣与稳定。

从昆士兰模式的分析可以看出,政府在澳大利亚创意产业集群的形成和发展过程中扮演着最为重要的角色,是创意产业发展的主导力量,政府通过规划要求、政策引导、资金资助等措施,保证创意产业集群在特定区域以规范化方式运行;大学和研发机构是创意产业的重要组成部分,对创意企业发展具有强大的支撑作用。在CIP内,大学作为人才技术投资方和国家级研究中心共同为整个集群内企业提供智力支撑。正是政府、企业、大学、研究机构相互作用、相互衔接,才使人才培养、科研创新和产业发展三大功能完美结合,才使CIP成为澳大利亚乃至全球创意产业发展的一个典型模式。

第二节 亚洲国家和地区的创意产业集群模式与经验借鉴

亚洲地区地域广阔,历史悠久,闪耀着无数光辉灿烂的文明成果,文化资源丰富且各具特色,具有发展创意产业的广阔空间和巨大潜力。近年来,亚洲许多国家和地区都把发展创意产业作为国家战略高度加以重视,特别是日本、韩国、新加坡等国家的创意产业呈现良好的上升势头,取得了举世瞩目的成就,已成为推动亚洲经济新的增长点,对亚洲乃至世界社会经济发展产生了重要的影响。

一 日本创意产业集群的发展模式

日本是老牌的经济发达国家,也是亚洲国家中创意产业最为发达的国家。第二次世界大战之后,日本曾创造了经济高速增长的奇迹,但随着一些传统支柱性产业的逐渐萎缩和衰退,日本经济走向持续低迷。为摆脱经济困境,日本政府开始实施"文化立国"的战略,全面调整产业结构,迅速从制造业大国向创新型国家迈进,而创意产业就成为其经济再度腾飞的关键。

(一)日本创意产业的发展概况

1. 日本创意产业的内涵与分类

在日本内容产业国际战略研究会的报告中,对"内容产业"做了如下定义:"所谓内容产业,就是可以给人的精神带来享受的'信息',是可以进行经营的'财产'。"[①] 日本创意产业的范围很广,共分成信息内容产业、休闲娱乐产业和时尚消费产业三大类,信息内容产业主要包括电影、电视、新闻、广告、网络、书报出版、数码影像信号输送、手机短信息等信息传播系统;休闲娱乐产业包括电子游戏、动画漫画、音乐伴唱、艺术鉴赏、休闲体育、教育培训、文化旅游、公营博彩以及发行彩票等,还包括个人电脑、数码相机、乐器、胶卷、绘画用品等与休闲和个人爱好相关的产品;时尚消费产业主要包括时尚设计、美容、化妆品等等。因内容产业是日本创意产业的主体,居于核心地位,因此,在日本国内一般把

---

① 李海春:《日本内容产业现状及发展要因》,《现代传播》2007年第1期。

创意产业称为"内容产业"。

2. 日本创意产业对区域经济的贡献

日本是亚洲创意产业发展的"领头羊"。在日本"文化立国"政策推动下，日本创意产业发展迅速，文化"软实力"得到增强，对区域经济的贡献越来越大，表现在产业规模迅速增长，就业吸纳能力显著提高，国际竞争力日渐凸显。根据日本发表的《数字内容白皮书（2011）》的数据，2010年，日本创意产业的规模超过12.641兆亿日元（11070亿美元），约占GDP总量的15%，是世界第二创意产业大国。创意产业年增长率为6.6%，明显优于同期其他产业的发展速度，其中动漫、游戏软件、CD音乐是日本最具有代表性的数字内容产业，占日本创意产业增加值的一半以上，已成为国家三大重要支柱产业。素有"动漫王国"之称的日本，其动漫产业规模约占日本创意产业总量的1/5，是日本创意产业的主要构成部分，是世界上最大的动漫制作和输出国，全球市场的份额高达六成以上的动画片都来自日本。作为全球第二大音乐市场，日本每年能创造出34亿美元的产值，占全球唱片市场的17%。[1] 据《2011年日本娱乐休闲白皮书》的数据，2010年日本娱乐休闲的市场规模达67.9750万亿日元。日本书籍、杂志的销售总额估计为1.8748万亿日元。其实，游戏产业作为日本创意产业的传统强项，其产值早在2004年就已超越汽车产业成为日本第一大支柱产业。作为世界上最大的动漫制作和输出国，日本动漫及相关的商品开发销售，整个市场规模约为230万亿日元，占日本GDP的比重已经超过10%，成为日本第二大支柱产业。[2] 日本创意产业在海外的市场规模仅次于美国居世界第二，占整个亚太地区市场规模的45.4%。创意产业为日本提供了大量的就业机会，成为吸纳人员就业的主要领域，占日本全部产业就业人数的3.2%。[3]

3. 日本创意产业集群的区位选择

由于日本国土狭窄、资源紧张等特殊的自然地理条件，促使日本经济发展具有高度集聚性特点。创意产业的区域布局也是如此，集中分布在东

---

[1] 亚太总裁协会郑雄伟发布《全球文化产业发展报告》，中国经济网（http://www.ce.cn/culture/gd/201202/06/t20120206_23048110_7.shtml）。

[2] 张莉霞：《日本动漫产业：出口额超钢铁 动画片渗世界》，《环球时报》2005年5月10日。

[3] 孙国庆：《日本内容产业发展分析》，《日本研究》2006年第1期。

京、京都、大阪、横滨和名古屋等几个大城市及周边地区。这些城市经济发达,文化资源丰富,且拥有众多的高等院校和科研机构,成为日本创意产业集聚在这里的主要因素。京都是日本较为古老的大城市,悠远的历史背景,使得京都拥有日本国内将近15%的绘画、雕刻、园艺、建筑、历史遗迹和民俗艺术等遗产或文物,历史文化遗产居日本首位。京都的西阵丝绸、陶瓷、漆器、扇子、染色、酿酒等传统手工业享有盛誉。丰富的文化遗产和富有特色的民间工艺成为京都创意产业发展的重要基石。大阪是一座国际化大都市,是关西地区第一大城市,也是日本第二大城市。作为历史悠久的城市,大阪与京都一样也拥有数量众多的名胜古迹,以梅田、巴顿崛和通天阁为中心的大阪市中心,聚集众多影院、剧院及文化娱乐场所,艺术表演、出版印刷、创意设计、主题公园及休闲娱乐,成为大阪发展创意产业的重要领域。东京共有114所大学,占全国大学总数的17%,还有许多大企业的总部和研发部门也设立在东京。在东京的艺术家基本上占全国的一半;东京聚集80%的出版社,电视节目制作总量占日本国内的80%以上;专业的音乐团体和戏剧公司等艺术团体组织及表演艺术数量的比重在东京也是日本最高的。而且,东京的创意产业正在以所有产业几乎两倍的速度在增长,其就业占所有日本创意产业就业的16%,这显示了创意产业在东京的集中效应。

(二)东京动漫产业集群的典型模式

日本素有"动漫王国"之称,是世界上最大的动漫制作和输出国,全球播映的动画片中约有60%是日本制作的。东京因集中了日本83%的动漫企业被称为"动漫之都"。

1. 东京动漫产业集群的空间布局

日本有430多家动漫制作公司,其中,东京有359家动漫企业,占83%以上。东京动漫产业涉及影视、音像、出版、旅游、广告、教育、服装、文具及网络游戏等众多领域,大量的动漫制作公司和游戏制造商,包括日本东映动画、虫制作、东京电影等大公司,集中在JR中央线、西武新宿线及西武池袋线等各铁路沿线,现已成为世界上屈指可数的动漫产业集群地,其中40%集中在东京的练马区和杉并区两个行政区。由于东映动漫创建在练马区,练马区被称作日本现代动漫的摇篮,现在集中了77家动漫企业,位居第一。杉并区集中了近70家动漫企业,空间集聚程度十分明显。武藏野、秋叶原两地也聚集众多的中小型动漫制作公司。秋叶原动漫产业基地由东京新产业文化创作研究所经营，成为东京尖端科技、媒体和新艺术的试验场和研发基地，形成产、学、研、销一体化的动漫产业集群。在动漫产业集群内总生产商为数不多，约有 50 家是东京主要动漫生产企业，其他的企业则是动漫产业链上承包商。承包商多集中分布在总生产企业附近，即分布在港区、中央区、涉谷区等商务中心区。这些地区还集中分布了出版商、商务机构、文化机构，文化信息交流多，有利于承包商把握市场需求。①

2. 东京动漫产业集群的特点

第一，东京动漫产业集群具有完整的动漫产业体系，动漫企业集中度高。东京动漫产业具有日本创意产业发展的典型特征。东京动漫产业涉及影视、音像、出版、广告、服装、玩具、旅游及游戏等众多领域，形成动漫产业网络模式，即以电视动画片为主体，以动漫形象为核心，通过动漫衍生品的开发，形成一个规模效益巨大的产业链，并以此构建一个相关企业的区域集聚和组织网络。动漫产品通过版权转让形式进入各个产业领域，带动相关产业发展。这是动漫产业链最为典型的盈利主导模式。这种产业链的运行机制是通过产销分离，实现动漫产业的风险规避，其生产和销售流程包括制作社（也有自由创作人）制作动画片—代理商销售—影视系统播放—企业购买动画产品形象并开发衍生产品—商家销售产品。这种运行机制有效地促进了动漫企业及上下游企业自觉地形成空间集聚。东京动漫产业发展模式代表了日本创意产业发展的总体趋势。

第二，东京动漫产业集群表现为企业规模小型化，地域国际化。东京聚集了众多大小不一的动漫企业，有 359 家动漫企业，占日本全国动漫企业的 83%。这些动漫企业绝大多数是中小规模的，其中 30 人以下的企业占 60% 以上，年产值 500 亿日元以下的企业占半数以上。动漫公司、出版社、电视台及电影公司积极拓展海外市场，在国际动漫市场上占据主导地位。同时，东京具有其他地区无法比拟的创作环境和生活条件，吸引了无数国内外著名的漫画家、动漫形象设计师、动漫制作者等动漫从业人员集聚这里。这种动漫人才的多样性与国际化为动漫公司持续稳定的发展奠定了基础。

---

① 褚劲风：《东京动漫产业集聚空间组织与空间优化研究》，《世界经济研究》2009 年第 6 期。

第三，东京动漫产业集群产官学研紧密结合，新媒体技术支撑作用明显。日本政府及东京政府都对动漫产业实施扶持政策，不仅将其作为一项重要的出口产业，而且作为一种独立文化来培育。因此，东京动漫产业模式是一个"产官学研"模式，即政府通过政策引导和法律保障，实现人才、资金和组织机构的支持；高等学校则提供人才和智力支持；研发机构负责提供技术服务、市场信息咨询等，而企业通过政府和研究机构合作谋求创意产业的发展。以此为基础，通过新媒体技术的支持，不断加快创意产品的升级换代和拓宽服务市场，寻求到新的经济增长点。

（三）东京动漫产业集群的经验

东京是日本创意产业集群密集区，东京动漫产业集群的经验在很大程度上也是日本创意产业集群发展的总结，包括动漫产业的产业政策、运行模式、资金筹措、市场营销等方面，都给予我们很大的启示：

1. 实施"官产学研"相结合模式

东京动漫产业实行政府主导型产业运行机制。在日本政府正式提出"文化立国"战略之后，东京发布了《东京观光产业振兴计划》，将动漫产业确立为重要的地方产业和观光资源。政府通过制定信贷、财政补贴、税收优惠等相关扶持政策来引导和资助企业的发展，并通过持续增加投入，不断完善文化基础设施，为创意企业集聚创造良好的外部条件和成长空间。学术界对动漫产业的支持主要表现在高校培养输送动漫专业人才和科研机构的研发技术等方面；一些经济组织和社会团体，如经团联、动画协会、动漫工作者协会等被看作政府职能的延伸，不仅参与动漫产业管理，并在信息咨询、科研服务、资源发掘、国际交流与合作等方面对动漫产业发展发挥重要作用。在政府的主导和民间团体的协调下，动漫企业仍然拥有自己的经营主动权和自主性，企业在市场中的主体地位得到更有力的保障，企业通过政府和研究机构合作获得更大经济效益和社会效益，谋求创意产业的更大发展。

2. 建立起一个成熟完善的动漫市场营销体系

东京动漫产业企业首创创作与销售一体化的营销方式，灵活高效的市场化营销体系是以高素质的销售人员、完善的中介服务机构和产品制作公司为依托，其中广告代理服务、版权中介服务和海外市场开拓服务是该体系极其重要的环节，保障了动漫产业市场的繁荣与稳定。此外，通过动漫衍生品的开发，形成了一个规模和效益巨大的产业链。"动漫市场本身只是一个载体，一个运作平台。它强大的急剧扩张功能在于，依靠动漫明星的无限魅力，辐射、渗透到生活的每个环节，使动漫形象无处不在。但就利润而言，动漫市场本身约占 1/3，衍生开发能产生 2/3 以上的效益。"[①] 日本的动画片大多来源于连环漫画。一部连环漫画出版后，通过后期开发，可以产生出许多副产品，如拍摄动画影片、电视剧以及剧场演出，还可以与游戏和玩具业合作，制作网络游戏和玩具等，而具有动漫形象专利的产品总生产额高达 2 兆日元。

3. 形成多元化投资主体

日本政府高度重视动漫产业，不仅在资金上大力支持创意产业的发展，同时也鼓励多元投资机制，支持非文化企业和境外资金投入创意产业。因此，形成了政府推动和民间资本注入的投资机制。政府创设的旨在支援各种艺术文化活动的"振兴艺术文化基金"就是由政府和民间共同出资设立，其中政府出资 500 亿日元，民间赞助 112 亿日元。日本产业的融资，基本上是官民结合、以民间力量为重。民间企业投资是创意产业发展壮大的主要融资来源，而且所占比例越来越大。许多大型文化活动的举办多依赖企业、公司的投资和资金赞助。正是由于有了民间企业的大力投入和支持，日本的文化产业才得以发展壮大。政府财政拨款一般用于文化遗产保护和基础设施建设上。

4. 积极拓展海外市场

日本是世界上最大的动漫制作和输出国，这得益于日本更广泛地开拓海外国际市场。日本动漫产业的海外市场开发始于 20 世纪五六十年代的漫画出口，出口的主要方式是漫画杂志和漫画图书，出口地区主要集中在欧洲、北美和中国香港、中国澳门、中国台湾地区。随着日本动画片的日益成熟，出口方式变为以动画带动漫画出口，出口国家多达 7 个，动漫片开始主导全球市场。目前，全球播放的动漫作品中有 60% 以上出自日本，欧洲的比例更高，达到 80% 以上。而销往美国的动画片以及衍生品的贸易额，已成倍数地超过出口到美国的钢铁贸易额。这样的成绩主要依靠两方面力量：一是日本民间的"内容产品海外流通促进组织"，其主要任务是促进创意产品的出口，管理海外市场的反盗版活动，参加海外市场的诉

---

① 徐霖恩：《日本动漫艺术的产业发展》，载尹继佐主编《文化发展与国际大都市建设：2003 年上海文化发展蓝皮书》，上海社会科学院出版社 2002 年版，第 303 页。

讼关联活动。① 二是为动漫制作公司服务的中介公司，这些专业化程度很高的中介公司通过大型展销会、产品专卖店和动漫产品国际交流平台等形式，推动动漫产品进入国际市场。

二 韩国创意产业集群的发展模式

韩国曾因经济增长快速而举世瞩目，与新加坡、中国台湾与香港被并称为亚洲"四小龙"。1997年，亚洲金融风暴促使韩国政府作出实施经济转型的战略抉择，提出"设计韩国"的发展目标，并把创意产业纳入政府的发展规划。在"资源有限，创意无限"的新经济理念引领下，韩国经济重新崛起，而创意产业则成为新经济的核心。

（一）韩国创意产业的发展概况

1. 韩国创意产业的产业领域

韩国称创意产业为内容产业。1999年2月韩国发布的《文化产业振兴基本法》将创意产业界定为与文化商品的生产、流通、消费有关的产业。主要包括出版业、唱片业、游戏业、电影业、广播业、演出业及其他相关产业（如建筑、摄影、创意性设计、广告、新闻、图书馆、博物馆、工艺品及民族服装、艺术文化教育等）。随着数码技术的兴起，韩国通过新的资讯技术与文化创作相结合以拓展创意产业领域，把数码影像、电子图书、数字游戏、手机内容及网络信息服务等新兴产业领域列入其中。目前，韩国已把广播、电视、电影、出版、动漫、游戏、音乐和互联网信息服务业作为重点发展领域，而以数字游戏为主体的数字化内容产业上升为国家战略产业，成为韩国创意产业发展的标志。

2. 韩国创意产业的经济贡献

多年来，在韩国政府的扶持和大力推动下，韩国创意产业发展迅速，对经济的贡献率日益凸显。目前，韩国数字内容产业增加值已经超过传统的汽车产业，与金融业、房地产业并列为三大支柱性产业。

据韩国文化体育观光部发布的数据，韩国创意产业规模为72.58万亿韩元（约合650亿美元），约占当年GDP的6.2%，文化产品出口达100亿美元，占世界文化市场5%的份额。其中游戏业的总销售额3.811兆韩元，全年累计出口额4800万美元。资料显示，2006—2010年，韩国创意

---

① 唐为权、阎鹏、尹晓平、王鑫：《日本推动内容产业发展的成功经验对中国的启示》，《中国经贸》2010年第8期。

产业规模年均增长率为3.7%，出口增长18.9%，从业人员超过52万人，从业人数增加1.4%。① 当年创意产业出口额为9.39亿美元。其中游戏产业出口额最大，达到2.61亿美元，占创意产业出口比重的28%。韩国已经占据了世界市场3.5%的份额，成为世界第五大创意产业强国。② 近年来，韩国创意产业一直保持高速增长，以韩国影视、音乐、动漫、游戏等大众文化为代表的"韩流"一举占据亚洲市场。同时，韩国创意产业的快速发展也带动其他产业的发展，特别是影视、音乐、动漫、游戏等优势产业的发展对相关的制造业、服务业的拉动效应十分突出，不仅间接创造产品附加值，而且创造更多的就业岗位。

3. 韩国创意产业集群的空间布局

韩国在区域经济和社会发展过程中，实施非均衡的区域增长极战略，作为韩国三大重点产业之一的创意产业以原有技术条件较好、人口稠密、交通便利的首尔、仁川、釜山、大邱、大田和光州六大中心城市为依托，主要沿两个轴线方向发展：首尔—大田—全州—光州为轴线的西南沿海地区；大邱—蔚山—釜山—济州为中心的东南地区，其他的区域集中程度较低。京仁地区是创意产业最为发达地区，集聚程度高；东南部的釜山与蔚山的增长极作用明显加强，庆尚北道因为拥有重要的电子工业中心——大邱，经济发展令人瞩目。南部的济州岛被划为重要的休闲旅游娱乐区，经济实力也相对有所提高。

韩国创意产业发达的各大城市，都拥有独具特色的创意产业园区。根据韩国《创意产业振兴基本法》的规定：创意产业园区是产、学、研联姻，是对创意产业进行研究开发、技术训练、信息交流、生产制作的集合体，并计划建设10多个现代创意产业园区、10个传统文化产业园区及2个综合创意产业园区。目的是优化资源组合，发展集约经营，形成规模优势，提升创意产业的整体实力。③ 目前，韩国已在首尔、釜山、富川、大田、大邱、春川、清州、庆州、光州、全州、济州等城市建设了10多个

---

① 王逾婷：《各国文化产业化探析：韩国重视传承传统文化》，新华网（http://news.eastday.com/c/20111107/u1a6192122.html）。

② 金蝉智：《韩国文化产业的发展及其对中国的启示》，硕士学位论文，对外经济贸易大学，2006年，第18页。

③ 李政炫：《韩国文化产业集群的现状和启示》，载张晓明、尹昌龙、李平主编《国际文化蓝皮书（2007）》第一卷，社会科学文献出版社2007年版，第344页。

创意产业园区（见表4-3），其中首尔数字媒体城、坡州出版文化信息产业园区、富川影视文化园区、春川动画基地、韩国民俗村成为韩国近几年全力打的造创意产业集群，形成了巨大的规模效应。如坡州出版文化信息产业园区（以下简称坡州出版城）已进驻的出版社、印刷公司、装订公司、著作权中介公司、出版流通中心、设计公司等相关企业268家，吸纳就业人员2860名，创造总生产值约7151.13亿韩元，其中出版、印刷生产值达6460.65亿韩元，占90%。而园区为坡州市带来的总生产诱发效果约16737亿韩元，创造就业岗位16000余个[1]，由此可见，坡州出版文化信息产业园区为推动区域经济发展做出了巨大的贡献。

表4-3　　　　　　　　韩国创意产业集群空间分布情况

城市	产业构成	城市	产业构成
首尔	影视、动漫、游戏、出版、设计、休闲娱乐	富川	出版、影视、漫画、游戏业
釜山	电影、游戏业	大邱	在线游戏、移动内容
济州	影像、数字内容、旅游	青州	游戏、教育娱乐
大田	尖端影像、多媒体业	庆州	VR基础产业
全州	数码影像、音像业	春川	动画、教育娱乐
光州	设计工艺、卡通形象业	水原	出版、电子软件服务

资料来源：杜冰：《韩国文化产业发展现状》，《国际资料信息》2005年第10期。

首尔作为韩国政治、经济、文化中心，以数字内容产业为核心的创意产业在"设计首尔"的引领下，已居于经济的主导地位，其中设计产业年增长率超过19.2%。首尔创意产业集中分布在江南、麻浦、九老和东大门四个区域。三清洞文化街区坐拥400余家美术馆、近300家画廊、70余家博物馆、上千家小型创意书屋、咖啡屋和传统茶屋，吸引了一大批新晋艺术家、设计师和文化创意人士，形成一个拥有巨大商业潜力的创意产业聚集区。韩国Heyri艺术村聚集了近380名韩国知名作家、画家、音乐家、电影制作人、建筑师等，他们共同参与建造工作室、美术馆、博物馆、画廊、公演场所组成的文化艺术园区。还有首尔数字媒体城、东大门

---

[1] 新浪财经：《韩国坡州出版文化产业园区分析》，http：//www.keyin.cn/plus/view.php?aid=465522&type=mj，2011年1月14日。

设计援助集群以及爱宝乐园都是作为"设计首尔"的产业标志。

(二) 韩国数字媒体城的发展模式

位于首尔西部门户上岩地区的数字媒体城（DMC），被韩国人称为把梦想变为现实的典型代表。这里曾经是一个巨型的垃圾填埋场，现如今已是首尔值得骄傲的总面积达 569925 平方米的数字媒体娱乐中心。这里汇聚了韩国主要的媒体公司和尖端信息技术企业，包括贝尔实验室等多家世界一流的研究机构；集中了韩国媒体广播、游戏、电影、动画制作、音乐、数字化教育和信息技术服务业等基于信息技术的行业领域，并按企业性质和功能分为核心区和非核心两大类共八个区域，入驻企业已有 1000 余家。该数字媒体城在综合服务功能、人才培养和物流管理方面都颇具优势，成为一个代表未来发展方向的产学研完美结合的媒体数字园区。

数字媒体城作为韩国创意产业的重要基地之一，由韩国首尔市政府开发和推广，由开发公司负责土地开发和基础设施建设，是典型的开发—转让运行模式。该媒体城将建设成为世界数字媒体内容制作基地，世界第一个数字媒体技术研发中心，世界各高校间的合作基地，媒体研究和业务中心，亚洲东北部最好的商业港湾。[①] 数字媒体城以信息技术产业为主体，以数字媒体和游戏动漫为两翼，迅速地向全球扩张，推动了创意产业的快速发展。

该数字媒体城具有自身发展的区位优势：第一，交通便利。数字媒体城距首尔市中心商业区 7 公里路程，距金铺国际机场仅需 10 分钟。第二，基础设施完备。首尔拥有国内最完备的文化基础设施和先进的通信网络。在 IT 信息技术的支持下，首尔使用超高速互联网的家庭比例数位居世界各大城市首位。第三，区域环境相对成熟。周边拥有最完善的博物馆、美术馆、公共图书馆、剧场等文化场所，以及上岩千禧城、世界杯体育场、公共高尔夫球场等商务和体育休闲场所。第四，人力资源丰富。首尔拥有各类数字媒体类学校 160 所，其中世界一流的大学有 15 所，每年培养创意产业相关专业的毕业生近 5000 人，还有创意产业教育机构培训大量专业人员。第五，具有创意产业集聚的产业基础。早在 20 世纪 90 年代，首尔就有近万家中小型数字媒体创新型企业聚集在首尔市区及近郊，具有良

[①] 牛维麟：《国际文化创意产业园区发展研究报告》，中国人民大学出版社 2007 年版，第 172 页。

好的产业结构以及高度技术熟练的人力资源。第六，投资优惠政策。政府给予入驻企业极大的政策支持，根据投资总额大小可享受土地价格优惠，给予更优惠的利率和税收政策。这种集群式发展使得该媒体城与世界其他国家的媒体行业形成差异化竞争，加之有政府支持、比较完备的国内激励机制及外商投资激励机制，以推进创意产业的迅速发展。

(三) 韩国创意产业集群的发展特点与成功经验

韩国数字媒体城的发展模式是韩国创意产业集群的成功案例，其发展经验归纳起来主要有以下几个方面：

1. 凸显政府的主导作用

韩国实行的是政府主导型产业发展模式，其中政府在构建创意产业园区的整体发展思路、产业引导、市场保护、扶持大企业集团、对外贸易和投资的支持等方面发挥了巨大的作用。政府是创意产业园区的领导者，产业结构的设计者和重组者。自 1998 年开始先后出台了《创意产业发展推进计划》、《21 世纪创意产业的设想》、《电影产业振兴综合计划》等纲领性文件以及《创意产业促进法》等一系列法律法规，明确地把创意产业作为国家战略性支柱产业优先发展。政府还运用财政、税收、信贷等经济杠杆为创意产业集聚发展创造条件。如实行优惠信贷；提供各种政府专项基金，对经济效益优异的创意产业技术开发项目提供开发补助金；对扶植中小型风险企业进行技术开发做出明确规定。这些措施都是以数字信息技术升级带动产业结构高级化，使知识密集型的创意产业成为 21 世纪韩国的主导产业。

2. 强化专门机构的协调管理功能

韩国负责创意产业规划和管理的政府部门主要是文化观光部，该部设立了创意产业局、文化政策局、艺术局以及若干个创意产业振兴机构，形成了完善的组织管理体系。这些政府职能部门的业务基本涉及创意产业的各个方面。随着韩国政府对创意产业发展的高度重视，又增设创意产业支援中心及创意产业振兴院，这两个组织机构主要是在政策、资金、技术、信息、人才及销售等各个方面为创意产业提供全方位的综合支援，同时侧重于推动音乐、动漫等重点产业的发展，对创意产业的发展起着重要的协调推动作用。此外，韩国文化观光部还与其他部门合作建立一些相关行业协会或产业中心，通过统一协调、密切合作的管理机制，全力推动本国创意产业的均衡发展。

3. 实施集约化产业经营机制

韩国创意产业总体经营战略是通过集约化生产做大做强企业集团,目的是整合文化资源,实施集约化经营,形成集群竞争优势和外部规模效应,全面提高区域创意产业的综合实力。韩国十分注重"产、官、学、研"的联合协作,在创意产业园区内普遍实行研发、制作、培训、营销一体化的综合开发模式。这种模式优势在于如果某一产品在市场取得成功,会为其他产业带来附加值,可生成多种收入模式,创造出高效益,便会加大对创意产业的投资,反过来促进创意产业的发展,这就是创意产业链的优化带来的连锁效应。[①] 尤其是在动漫领域中,形成了包括立项、开发、制作、包装、市场推广在内的一个最为典型、最为完整的产业链,涉及动画、漫画、影视、游戏、音乐、玩具、文具、出版、服装等众多领域,如韩国的"流氓兔"漫画形象,自1999年设计出来之后,短短几年间就风靡全球,成为卡通电视、儿童玩具、服装饰物及手机游戏的主角,形成一个超过10亿美元的大产业。其他具有代表性的动漫人物也纷纷被改编为动画、游戏、电影、多种卡通形象,展现出"一源多用"的经营模式。[②]

4. 建立多方投融资机制

一方面,韩国政府加大财政投资力度,通过设立专项基金支持创意产业发展的重点领域和重点项目,利用信贷优惠、税费减免补贴及设立多种奖励等经济手段支持中小创意企业发展。另一方面,政府以立法的形式,构建文化金融平台,整合社会民间资金,建立官方和民间的"投资组合",实施多元化融资机制,鼓励其他大型企业集团投资创意产业,吸纳民间资金进入创意产业领域。在国家政策推动下,韩国出现网络融资、证券市场融资等新的融资方式,对创意产业的发展起到积极的推进作用。

5. 坚持海外市场扩展战略

韩国创意产业发展一直具有外向性特征,向海外市场扩展是韩国创意产业发展的国家战略。由于韩国国内地域面积和人口数量有限,使文化消费市场不足,产业带动效应弱。如果要把创意产业做大做强,促进创意产业大发展,必须瞄准国际市场。因而,韩国所有创意设计和生产制作都是

---

① 温景涛:《韩国文化产业发展研究》,硕士学位论文,吉林大学,2005年,第26页。
② 张隽:《探析韩国文化产业发展战略及启示》,《当代韩国》2009年夏季号,第44页。

立足国外市场,以中国、日本及东南亚地区的消费群体为重点进军国际市场。同时在生产领域加强国际合作,增加产品的国际性含量,并通过举办或参加国际性的商贸展销活动和文化会议,积极打造海外扩展的平台,推动韩国文化产品"走出去"。

第三节 中国香港和中国台湾的创意产业集群模式与经验借鉴

中国台湾和中国香港是中国创意产业发展最为成熟的地区,其发展经验对大陆创意产业发展将产生十分重要的影响。

一 中国香港创意产业集群的发展模式

(一) 中国香港创意产业的发展概况

中国香港创意产业在很大程度上受到英国的影响,其创意产业的含义与英国定义一致,即源自个人创意、技巧及才华,通过知识产权的开发和运用,具有创造财富及就业潜力的行业。香港大学文化政策研究中心以英国20世纪90年代末对创意产业的界定和分类为基础,根据香港的实际发展状况,在《香港创意产业基线研究报告》中将香港创意产业分为三大类11个行业。第一类是文化艺术类,包括艺术品、古董与手工艺品、音乐、表演艺术。第二类是电子媒体类,包括数码娱乐、电影与视像、软件与电子计算、电视与电台。第三类是设计类,包括广告、建筑、出版与印刷。然而,从广义的角度来思考,香港的博彩、会展、健身美容、新兴美食、文化旅游等,也是香港特区创意产业的主要组成部分。[①]

1. 中国香港创意产业的经济贡献

在经历了1997年亚洲金融风暴之后,香港特区开始进行新的经济发展规划和产业结构调整,把具有高附加值的知识密集型的创意产业作为发展重点。经过多年发展香港特区已进入创新驱动经济增长阶段,创意产业对地区GDP的贡献已超过15%,极大地促进了香港特区向知识型

---

① 何志平:《香港创意经济的发展战略》,载张晓明、胡惠林、章建刚主编《2005年中国文化产业发展报告》,社会科学文献出版社2005年版,第211页。

经济转型。目前，作为全球金融中心和创意大都市，香港特区创意产业处于世界发展的前端，已成为香港特区整体经济的重要组成部分，特别是近年来数码娱乐的兴起和设计业、出版业、广告业、影视业、唱片业的快速发展，使创意产业的经济地位得到不断提升，对香港特区经济发展的贡献率也越来越大。据统计，2008年香港特区创意产业实现增加值超过600亿港元，约占香港本地生产总值的4%，与创意产业有关的机构达3.2万家，从业人员超过17万人，占香港特区总就业人数的5.1%。香港特区创意产业已形成相当规模，在电影、电视、设计、动漫和数码娱乐等领域具有较大的国际影响力。[①]

从行业发展情况来看，香港特区是世界著名的四大印刷中心及三大华文出版设计中心之一。香港特区有印刷、出版及相关企业3989家，从业人员约3.69万人，印刷品出口总额为200.23亿元，年增长4.3%；其印刷、出版及有关行业产值占整个创意产业增值额的26.7%，排名第一。作为亚洲设计之都，全港拥有大小设计公司近2000家，1.2万人，其中约2/3的香港特区设计业务在港外。香港特区广告业收入2008年已达48亿美元，并创造超过3.2万个就业机会。香港特区软件及资讯服务业约有9800家供应商，就业人数占全港总人口的8%，仅互联网市场规模就达124亿美元，占香港特区GDP的5.9%，占整个创意产业产值的19.6%。香港特区是世界第三大电影生产基地，被誉为"东方的好莱坞"和亚洲的"梦工厂"，电影生产量和出口量仅次于美国位居全球第二位。香港特区拥有2866家电影机构，从业人员约2.96万人，电影票房收入达11亿港元。[②] 近十年期间，香港特区创意产业的平均年增长率6%，要远远高于生产总值年均增长率2.8%；创意产业的就业人数增长1.8%，高于总就业人数0.8%的年增长率。其中网络与电讯服务、电视广播与表演、软件与资讯科技为成长最快的领域，而迪士尼乐园、数码港、科学园以及西九龙文化中心等一批创意产业集聚区对香港创意产业的增长起着引领和扩张作用。

2. 中国香港创意产业的空间布局

香港特区包括香港岛、九龙、新界和离岛四个部分，目前共划分为

---

① 冯梅：《中国文化创意产业发展问题研究》，中国经济出版社2009年版，第10页。
② 香港电影网：《香港电影公司介绍》，http://www.56.com/h22/u_xianggangdianying.html，2012年9月20日。

18个行政区域。由于地理位置和历史发展原因,香港特区创意产业早已自行形成各自的集聚区,如IT、动画、广告集中在港岛的中西部,有2/3的设计公司设于湾仔、中环或西区等地;印刷、影视主要分布在东部,出版、广告和媒体公司多位于铜锣湾、测鱼涌及北角;影视、会展业等多集中于铜锣湾、尖沙角、荃湾区;新界沙田汇聚了体育、博彩等娱乐场馆与机构;世界著名的香港迪士尼乐园、香港海洋公园等休闲娱乐场所分别建在离岛大屿山和南区黄竹坑谷地;特区政府规划新建的数码港则集中在港岛南区贝沙湾,距中环CBD仅15分钟车程,现已汇聚微软、惠普、雅虎等上百家本地和海外资讯科技公司以及过万名专业人才,成为亚太区内领先的资讯科技枢纽。

香港中环是港岛开埠后最早开发的地区,也是香港特区的心脏。中环CBD是世界上著名的中央商务区,它位于香港岛中部的核心区域,北临维多利亚港,其地理位置优越并具有高效的交通系统和健全的基础设施。在该区域内集中了大量的银行、保险、投资等金融机构,数字媒体、广告、会展等创意行业,地产、信息、外企的总部以及其他各式服务机构。[①] 作为香港特区的商业中心区和金融贸易中心,中环的金融贸易和商业活动相当频繁,被称为"华尔街"的翻版。同时,这里也是文化活动的中心,艺术表演、创意设计、艺术品交易及休闲娱乐等创意产业活动十分活跃。荷里活道是香港特区著名的古董街,兰桂坊则成为具有国际知名度的娱乐场所,还有香港人自己的艺术乐园——SOHO区。这些创意产业集聚区体现着香港特区经济的主体趋势,是推动香港特区经济发展的重要力量。

(二)中国香港创意产业集聚模式

由于香港特区土地有限、房租费用高昂,成为香港特区发展创意产业最大的制约因素。电影需要放映场地,表演艺术也需要较多的场所,艺术家在这里生存,小小的一个工作室成本很高,跟伦敦、纽约不相上下。香港特区创意中心是探索一种适合本地创意产业发展的模式。"这里集聚了不同种类的艺术创意人才和创意团体,融教育、营运、展示等功能于一

---

① 蒋三庚:《香港中环CBD产业集聚原因及启示》,《首都经济贸易大学学报》2006年第3期。

体，只不过建筑形态上不是水平的而是直立的创意产业基地。"① 因此，香港特区创意产业集群模式表现为旗舰式模式和地缘式模式，前者如数码港、科技园、艺术中心和赛马会创意中心等集聚形式，后者如西九龙文娱艺术区、荷里活道古董街以及文化旅游区。这些模式各具特色，对于正在大力发展创意产业的地区，是相当有益的启示。

1. 香港艺术中心

香港艺术中心楼高16层，每层面积大约600平方米，总面积约1万平方米，其中展厅占用两个楼层，剧场占了三个楼层，放映院占了两个楼层。作为香港专责发展艺术的公营机构，香港艺术中心是香港特区唯一一间自负盈亏和非牟利的主要艺术场地和机构，一直以来，均没有接受香港特区政府的营运资助。

在香港艺术中心，有24家文化艺术团体和商店在其中营运，它们与艺术中心不仅是业主与租客的关系，更是共同推进文化艺术的伙伴。这种集群的运作模式，可以说是彰显了文化创意产业的"共事关系"。不同范畴不同性质的文化艺术机构和团体，相互之间又可以有协作关系，这是创意产业的特点，也是香港艺术中心的独特之处，因为这里集教育、营运和展示于一身。创意艺术中心是以旧工厂区的低租金及更优惠的政策，吸引那些对昂贵的写字楼租金望而生畏的创意工作者。约120个不同面积的工作室吸引了522个承租申请，超额"认购"近5倍。租户从事的艺术活动涵盖多个不同领域，涉及绘画、摄影、电影、雕塑、民间艺术、陶瓷与玻璃工艺、多媒体设计及录像艺术等等，因为租户来自不同的艺术范畴，将有助它们互相交流，从而启发创作灵感。

2. 香港数码港

数码港坐落于港岛南区钢线湾一带，占地24公顷，是香港特区的资讯科技旗舰。它是一个以资讯科技为主题，并集合写字楼、住宅、酒店、零售及娱乐设施于一身的综合发展计划，基本建设包括一幢五星级酒店、四座甲级智慧型写字楼以及零售、娱乐中心和高密度住宅。整个项目耗资158亿港元，由香港特区政府全资拥有。数码港是配合港区政府"数码21新纪元"信息科技政策而实施的项目，目的是吸引世界优秀的资讯服务

---

① 金敏华：《香港艺术中心"集聚"运作模式闯出文化创意产业发展新路》，《深圳商报》2008年3月24日第4版。

公司集聚香港特区，提升香港特区科技水平和培育本土人才。时任香港特区行政长官董建华提出，香港特区"要成为在发展及应用资讯科技方面的全球首要城市，尤其是在电子商业和软件发展上处于领导地位"。[①] 数码港的网络控制中心，是数码港的心脏地带，也是连接整个数码港的资讯科技大道。数码港的主要功能是为软件公司、IT专业人士、资讯服务和多媒体内容制作公司提供了完善和先进的资讯科技环境；广大市民提供与信息产业相关的文教设施，一个富于启发性和深度性的教室以及娱乐场地；为大学生提供实习平台，为资讯科技企业培养专业人才。目前，数码港已有包括美国通用电气资讯服务国际公司、思科系统、电信盈科、惠普香港公司、微软香港公司等众多电子、IT、资讯科技公司入驻，入驻率达到80%以上。香港大学与五家企业（机构）合作创办的"数码港学院"成为数码创意培训大本营，为年轻人提供更多的培训机会。

3. 西九龙文娱艺术区

西九龙文娱艺术区位于西九龙填海区最南端，是一块沿着海微微弯了一点的填海地。面向维多利亚港，正对着中环上环，由广东道伸延至西区海底隧道入口一带，北至柯士甸道，面积达40公顷。西九龙文娱艺术区是时任香港特别行政区行政长官董建华于1998年《施政报告》中宣布的大型发展计划，目标在于打造超级艺术馆群和文化地标，以此提升香港特区作为亚洲文娱艺术中心的地位。根据计划，西九龙填海区南端40公顷土地将发展成一个结合文化艺术、潮流消费及大众娱乐为一体的综合文娱场所，核心设施包括剧院综合大楼、演艺场馆、博物馆群、艺展中心及广场等，现已完成M+视觉文化博物馆、戏曲中心（戏曲剧场及茶馆）、附设户外剧场的自由空间、演艺剧场、当代表演中心、中型剧场、设有音乐厅及演奏厅的音乐中心、音乐剧院、大型表演场地及展览中心的建设，许多辅助设施包括驻区艺团中心、其他创意教育设施及多个为视觉艺术展览而设的展览馆也在建设之中。西九龙文娱艺术区将成为一个世界级的综合娱乐区，一个具有独特的地标设计及连贯的文艺设施，汇聚艺术企业和创意人才，吸引港内外游客，不仅能提供丰富的文娱艺术节目，而且能带来更多经济效益。

---

① 刘畅：《走近香港数码港》，荆楚网（http://www.cnhubei.com/200512/ca940477.htm），2005年12月9日。

西九龙文娱艺术区就是香港经历金融危机后开始向知识型产业的又一次转型，更确切地说，是香港特区文化内涵的一次增值。面对内地和亚洲众多城市的竞争，香港特区独有的经济和文化优势是越来越少了。这次向文化艺术方面的大发展，把艺术、文娱及消闲设施汇聚一起，吸引人流和汇聚艺术人才，可以说是要巩固香港特区的国际地位和向高端文化发展的大动作。

（三）香港特区创意产业集群的发展经验

香港特区是国际上最为成熟的创意产业集聚地区之一，香港特区创意产业集群的发展带动区域经济的增长，为我们提供了宝贵的经验。

1. 形成多元文化的融合和宽松自由的环境

香港社会高度开放和自由，极具包容性，有利于创意思想的碰撞，有利于创意人才进行大胆尝试和创新。由于历史渊源与地理条件的关系，香港形成了东西文化共存的独特环境，是一个多元文化汇集的国际大都市。多元化、国际化的生活方式以及富有艺术文化气息的环境，特别有助于创意人员获得创作灵感和创作题材，有利于创意、商业及科技的充分结合。

2. 建立完善的法制体系和市场运作机制，有效地保护知识产权和企业的公平竞争

香港企业可以自由交易、自主经营、免关税，对外资进入亦不限制，是世界上最自由的经济体系。这种体系使创意产业准入门槛低，企业运作具有较强的灵活性。[①] 但必须在法律允许条件下，尤其是保护知识产权及创意的原创性和独特性不被复制，使个人创造力价值能得到充分实现，这是创意产业发展的先决条件。

3. 拥有完备的融投资体系

充裕的资金、发达的商业文化为创意产业提供了良好的投资环境。香港作为世界金融中心和会展中心，资金来源渠道广，流经香港特区的资金也相当可观。香港特区自由贸易市场十分发达与成熟，使其对外直接投资远高于亚洲其他经济体。

4. 实施创意人才培养与引进机制

创意人才数量众多，为创意产业发展提供智力支撑。香港特区政府通过积极的人才培养战略和宽松的人才引进政策，使香港特区的高端人才大量集中。他们既熟悉本土化的运营策略，又具备国际化运营视野的优势。

---

① 王鹏：《香港文化创意产业发展对中国内地的启示》，《价格月刊》2007年第4期。

同时，香港特区在吸引世界各地创意人才方面极具竞争优势，创意人才每年的增长速度远高于其他产业。

5. 政府的主导性和行业组织的引导性相结合

在自由市场体制下，香港特区政府主要在宏观层面上，通过政策支持、法律保障为创意产业发展提供公平竞争的市场环境，通过规划设计重大项目，引导创意产业的发展方向。同时提供公共文化基础设施和相关服务，保障创意企业发展的公共效率。在具体管理和行业运作上，主要由行业组织和公共团体进行组织和协调。这些组织在创意企业发展中扮演多种角色，起着极为重要的作用。

二　中国台湾创意产业集群的发展模式

台湾当局经济决策的指导思想是整合地区资源，强化文化和科技结合，促成区域创意产业集聚，带动岛内经济全面发展。2002年，台湾当局颁布"挑战2008：'国家'重点发展计划"，提出"创意台湾"的目标与愿景，首次将创意产业纳入台湾地区整体经济发展的重点规划，以此推动文化与经济的结合，开创经济发展的新局面。

（一）中国台湾创意产业的发展概况

中国台湾使用的是文化创意产业的概念。2002年，台湾当局在《挑战2008："国家"重点发展计划》中将创意产业划分为出版、电影、广播电视、视觉艺术、音乐与表演艺术、文化展演设施产业、工艺、建筑、设计、广告、时尚设计、数字休闲娱乐、软件与资讯服务13个行业。[①]

1. 中国台湾创意产业的经济贡献

台湾当局发布的《2011年台湾文化创意产业发展年报》数据显示，2010年，中国台湾创意产业营业额达到6615.9亿元新台币，占GDP的4.9%，增长16.1%，远高于台湾地区整体经济的9.1%增长率（见表4-4）。其中广告业营业额为1328.4亿新台币，占总营业额的20%，居于首位，其他排在靠前的依次是广电业（1097.9亿）、工艺业（954.2亿）、出版业（886.7亿）、建筑设计（785.4亿），但从增长速度上看，工艺、文化设施及服务、时尚设计、工业设计均超过20%的增速。从就业人数上看，中国台湾共有创意企业5万多家，从业人员为17.1万，占全部就业人口的2.6%，就业人数同比增长3.6%。其中休闲娱乐服务业

[①] 宫承波、闫玉刚：《文化创意产业总论》，中国广播电视出版社2008年版，第106页。

提供就业5.1万个，占创意企业总就业人数29%；而广告业拥有最多的企业，已达历史最多的12743家，提供就业岗位2.7个。[①] 在中国台湾的创意产业中，最具有实力的是以影视、出版、演艺和流行音乐为代表的传统产业，以及以广告、时尚设计、软件设计服务等为代表的新兴产业，在创意产业发展中也占有重要的地位。

表4-4　　　　中国台湾创意产业产值与增长率一览　　单位：亿元新台币

类别	2007年	2008年	2009年	2010年
地区国内生产总值	129105	126201	124810	136142
地区国内生产总值年增长率（%）	5.4	-2.2	-1.1	9.1
地区创意产业产值	6174	6091	5698	6616
其中：媒体类	3440	3371	3165	3617
设计类	1457	1393	1305	1447
艺文类	834	899	758	1102
创意产业年增长率（%）	2.9	-1.3	-6.5	16.1
创意产业产值占GDP比重	4.8	4.8	4.6	4.9

从总体上看，中国台湾创意产业发展速度平稳，媒体类仍然占据主体，艺文类首次突破千万大关，增速达到45%，增幅最大。创意产业市场以内销为主，岛外市场仅占极少部分。城市是创意产业相对集中的地区，产值创造力强。

2. 中国台湾创意产业的空间布局

中国台湾创意产业集中分布在台北、台中、高雄、基隆、新北、台南、嘉义、花莲、新竹等地区，其中台北市集聚60%以上创意企业，创造70%以上的产值。近年来，台湾当局在经济发展过程中开始强调以知识密集产业作为产业结构转型之重要方向，走集约化发展途径。中国台湾创意产业集群的区域发展主要通过建立创意文化园区和科技文化园区两种途径。从空间布局上充分考虑岛内各区域之间均衡发展问题，因此，在台北、台中及台南三大区域内均规划设置创意产业园区及科技

---

① 台湾"行政院文化建设委员会"：《2011年台湾文化创意产业发展年报》，"国家"图书出版社2011年版，第12页。

园区。

按照台湾"行政院文化建设委员会"(以下简称"文建会")提出的设置创意产业园区规划,先后在台北、台中、嘉义、花莲、台南五市分别建立了华山创意文化园区、台中建筑设计与艺术展演园区、台南创意产业区、嘉义创意文化园区及花莲创意文化园区,作为台湾地区创意产业发展的重点示范基地与信息交流平台。这些园区大多位于城市的核心地带,五大创意文化园区将根据地域文化资源与都市功能,确立不同的定位。台北和台中创意文化园区被定位成都市型创意文化园区;嘉义、台南和花莲创意文化园区被定位成城乡型创意文化园区。都市型园区的设置着重考虑交通便利性等配套设施的条件,以文化消费环境的营造为主要目的。园区服务设施以创意制作环境及相关服务为主,创意工作坊、创意技术资源中心、展示交易中心、创意产业工作者联谊俱乐部、展演场地为建设基本方向。城乡型创意文化园区主要根据地域特性,以某个特定的产业为依托,结合创作型与消费型园区的特性,同时兼具创作与文化消费空间,强调体验、培植和商业的综合发展,包括创意产业展演设施、创意产业体验工坊、创意产品展售空间、茶馆、戏院、历史资料馆等为建设内容。在有限的园区空间内众多的上下游企业建立密切的产业分工与跨领域整合的架构,形成创意产业群落。从而塑造出新的文化环境,为企业提供国际创意文化交流平台,提高产业的附加价值。

科技文化园是台湾地区进行产业结构调整所做出的战略决策。20世纪70年代,中国台湾首先在北部地区建立以引导高科技产业发展为产业集聚区,即新竹科技园。现已发展成为中国台湾本土IC设计业及通信企业的聚集地,是具有国际化的高技术产业集群。入区企业370家,总营业额新台币8578亿元,其中园内信息产业产值位居世界第4位,IC设计产业则为全球第二,在世界上颇具影响力。因此被业界冠以"台湾硅谷"美誉。进入90年代后,为解决南部产业所面临的种种经济危机,台湾当局规划建设了南部科技园区。南部科学园区的设立除了必须考虑有助于带动科技产业的发展外,更被赋予了促进区域转型与区域平衡的重要使命。2009年,南科已有登记注册的厂商119家,实现产值为4610.47亿新台币,足见产业群聚可能带来的经济发展性。

(二)中国台湾创意产业集群的典型模式

"行政院文建会"推动"文化创意产业发展计划",自2003年起陆续创设台北、台中、嘉义、花莲及台南五大创意园区，这五个创意文化园区都是建立在废弃或闲置的酒厂厂房，属于政府大力培植的创意文化园区。因此，在城市政府规划中对各个园区产业都有明确的发展定位：台北华山园区属于艺术活动，主打流行时尚品牌；台中园区属于设计型的创意活动，主要以建筑、设计及艺术展演为核心；花莲园区为文化艺术与观光结合试验区；嘉义园区为传统艺术创新中心；台南多为传统工艺和创意生活类，将发展成创意生活产业的核心基地。这些园区各具特色，自成体系，规模化发展效益显著。

1. 台北华山创意文化园区

华山创意文化园区位于台北市忠孝东路、八德路、金山北路及市民大道之间的区域内，占地 7.21 公顷，是台北一个正在兴起的文创胜地。园区的前身为"台北酒厂"，创设于 1916 年，原为民营酒造厂。随着城市的快速发展，台北酒厂因地价昂贵，水污染问题严重，迁出市中心区。1997 年，一些艺术家发现台北酒厂废置厂房是一个非常理想的艺术创作空间，从而集聚创建了华山创意文化园区。2002 年起，文建会开始对闲置的酒厂进行旧空间活化再利用。将园区规划为包含公园绿地、创意设计工坊及创意作品展示中心的创意文化园区，目的在于提升国内设计能力、国民生活美学，提供一个可让艺术家交流及学习，甚而推广、营销创意作品的空间，成为推动台湾地区创意产业发展的旗舰园区。

华山创意文化园区隶属"行政院文化建设委员会"管辖，由民间台湾文创发展股份有限公司经营管理。该园区主要分为室内展览区及室外表演区。北边休闲区作为文艺表演活动和展示活动场地，区内集展览、表演、娱乐、餐饮于一体，功能多样。园区设施经常提供文艺界及附近社区居民使用。各个场馆可以提供租借举办展览、活动，四连栋建筑与艺术大街、华山剧场便是经常被用来举办展览活动的地点。

2. 台中创意文化园区

台中创意文化园坐落于台中市南区的 20 号仓库及邻近之台糖购物中心，北侧临复兴路，南接信义路，东面与民意街为邻，西边是合作街，形成一个封闭空间，面积约 6.188 公顷，可以建构一个兼具商业、艺文及信息平台等功能的园区，是典型的商住混合区模式。兴建于 1916 年的台中酒厂，经过历史变迁，1998 年 7 月 21 日，迁至台中工业区后，就一直处于闲置状态，部分厂房则充当储存库使用，而其他部分则因无人管理、整修而荒废。2002年，台湾"行政院"通过创意产业发展计划，希望将商业与文化艺术结合，建构具有台湾地区特色的创意产业，以扩大创意产业产值，形塑国民生活的文化质感。

台中创意文化园区建筑物以工厂为主，在建筑工法上较具特色者多为日据时期或光复时期。由于具历史建筑价值之工业遗产之整建工程与一般都市建筑新建工程的考量不同，工业遗产的活化再利用是必须针对建筑物历史、产业史、文化内涵及环境保育等因素进行研究，以便未来工法与用料的选择，在渐进的整修过程中，累积复合性的整体成果，注入新的刺激与活化因素，建构成为21世纪创意产业发展的基本模式。

3. 台南文化创意产业园区

台南文化创意产业园区位处台湾最南端，总面积仅有1.59公顷，原本是1901年所建的原台湾烟酒公卖局的旧办公厅舍建筑，后开发利用。虽然面积最小，但拥有台南丰厚的历史文化资产与城市文明，是最有潜力发展文创产业的地方。正因为所在地资源丰富，拥有古迹建筑和饮食文化，以及时间酝酿而生的独特生活氛围，再加上视觉艺术产业、工艺产业和设计品牌等时尚产业发展颇具规模，文建会将园区定位为创意生活产业象征性核心基地。

台南文化创意产业园区以"创意生活产业"为核心，并以"台湾创意生活空间"为定位，打造台南创意生活媒体中心，发展文化生活与产业环境之整合创新平台。综观台南旧酒厂所处之地缘条件、历史氛围与人文素养、设计创意的资源，该中心将以生活创意（设计及时尚设计产业）、食玩及游乐创意（文化及观光特色产业）以及技艺创意（文学、影音及动漫产业）三个创意生活面向，提供展示、推广、培育、销售的功能，以多媒体方式呈现创意生活，成为南台湾创意产业的整合创新平台，促进科技与创意的结合、提升视觉媒体创意人才水准、培育市场导向之专业人才及提升国际地位之目标。

（三）中国台湾创意文化园区的发展经验

1. 注重政策引导，实施多元化管理机制

台湾"行政院"提出"挑战2008：国家发展重点计划"，确定科技与文化发展的双主轴，选定了若干未来应该优先发展的创意产业，并拟定若干当局部门来推动"产业文化化,文化产业化"。① 表明中国台湾创意产业未来发展将依托科技和文化,通过文化资源整合,调整产业结构,确定重点发展产业,重组组织管理机构,实施新的运行机制。其主体方案是实施六大旗舰计划,即由"文建会"推动工艺产业计划,"新闻局"推动电视内容、电影及流行音乐产业计划,"经济部"推动数字内容与设计产业计划。"行政院"设文化创意产业发展指导委员会,研究文化创意产业发展目标及策略、咨询其他相关产业发展的事项。在具体运行机制上实施多元化管理方式,当局部门通过设立园区管理中心等机构形式直接参与管理,也可以是企业通过市场化运作管理,或采取官方与民间共同委托管理模式。

2. 实施差异化发展战略,推动创意产业集群化或集团化发展

中国台湾创意文化园区的空间布局选择综合统筹考量,既考虑区域之间均衡发展问题,又考虑创意产业的错位发展问题,主要基于资源、市场和技术三个位势因素。位势较高的地区,意味着高端市场较为发育,而市场普及和大众化程度则较低。因此,园区区位选择及产业发展定位均实施差异化战略。中国台湾创意产业主要集中在台北、台中及台南地区,西部和东部则较少。但是,创意产业集群数量多,分布广泛,产业运作的集团化趋势明显,如台湾地区最大的出版集团——城邦文化出版集团占据了台湾地区35%的图书市场和40%的消费杂志市场。

3. 城市改造与新经济密切结合,实施可持续发展战略

中国台湾创意文化园区均建在工业遗址上,这些旧时期的工厂所在区位是市中心精华地段,因为都市的发展,导致厂区发展受限及生产污水等环保问题无法解决,被迫迁移。然而这些厂区具有台湾地区近代产业历史上的特殊价值与意义,特别是园区所保存完整的日治时期制酒产业建筑群更是一座产业建筑技术的博物馆,又兼具都市整体发展的地标性意义,其空间性格与产业特色,是其重要的发展内涵。因此,台湾地区创意文化园区的空间设计一般具有四大基本功能:一是大型的都市休闲功能,整合大型开放空间的活动。二是学术文化功能,连接并支援学研资源及媒体艺术等相关需求。三是商业运作功能,通过居民购买力与交通便利性,支援大

---

① 金元浦:《当代文化创意产业的崛起》,文化产业网(http://www.cnci.gov.cn/news/design/news_3447_p3.htm),2006年12月31日。

量消费活动所带来的商业发展需求。四是文化创意活动所需空间，呼应创意产业化发展环境的需要，塑造区域独特的商业文化。

可以说，中国台湾创意文化园区整体发展计划，将废弃的工业设施与厂房逐步活化，增添新的向度及新的活动，或可改变工业时代"地点性"的空间特质，使其兼具文化活动与产业生产的文化创意园区。这种创意产业集群发展模式是有别于传统产业集群模式，也有别于其他国家或地区的创意产业集群模式，成为一种新的信息交流平台、创意展示平台和娱乐休闲平台。中国台湾创意产业正是凭借这种平台迅速腾飞。

第五章　中国创意产业集群的区域发展

中国创意产业发展虽然比较晚，但这个概念一经提出，就迅速在全国范围内扩展，成为区域经济发展的新方向。借鉴西方发达国家创意产业发展的成功经验，中国东部沿海一些经济比较发达的地区，如北京、上海、广东、江苏、浙江等省市率先在全国创建创意产业区，为创意产业搭建良好的发展平台，并已显现出巨大的规模效应。在国家政策的积极引导和发达地区的示范作用下，国内其他地区，特别是大中城市都积极投身到创意产业发展的热潮之中，中国创意产业的集群发展进程迎来了一个全新时期。这些创意产业集群以其完整的产业形态、超强的辐射功能以及灵活的市场运作机制，而成为区域经济发展新的增长点。

第一节　中国创意产业的总体发展概况

在工业化、城市化、国际化、现代化的高速发展时期，在全面构建创新型国家和可持续发展理念的倡导下，中国各地区创意产业发展迅速，已成为区域经济发展的重要力量，有的已成为当地的支柱产业。

一　中国创意产业的发展基础
（一）中国社会经济持续稳定地发展

中国改革开放已经经历了三十多个年头，在这一发展时期中，中国的经济发展取得了举世瞩目的成就，经济总量和人民生活水平都呈现稳定上升的趋势。在这几十年的发展过程中，中国国内生产总值（GDP）的年平均增长速度达到了9.6%左右（见图5-1）。国家统计局公布的数据显示，2006年中国的国内生产总值为216314亿元，增速为11.4%。到2011全年国内生产总值已达471564亿元，比上年增长9.2%，其中，第三产业增加值 203260 亿元，增长 8.9%，第三产业增加值比重为 43.1%。①2011 年，中国城镇居民人均可支配收入 21810 元，按可比价计算，比上年实际增长 8.4%；农村居民人均纯收入 6977 元，按可比价计算，比上年实际增长 11.4%。

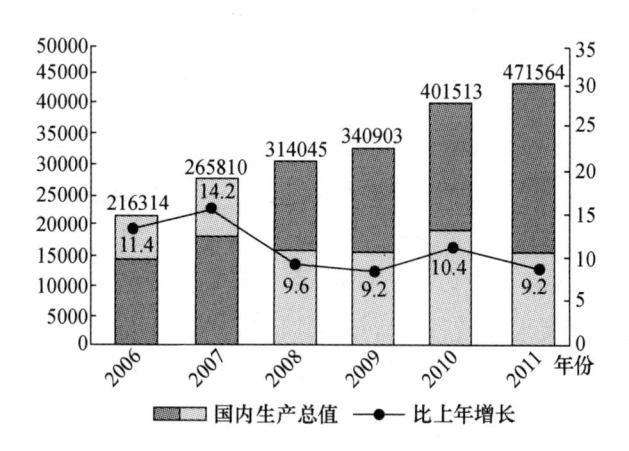

图 5-1　2006—2011 年国内生产总值及其增长速度

社会经济的持续稳定发展，为创意产业快速发展奠定了坚实基础。首先，中国居民收入的增加必然会促进消费支出的增长，而恩格尔系数的降低则从根本上保证了人们对创意产品消费的实际需求。其次，中国居民可掌握的闲暇时间较过去大幅度增加，在很大程度上提升了创意产业的发展空间。再次，随着中国高等教育的大众化，居民整体素质得到了很大的提升，具有艺术品位、高科技产品应用与鉴赏能力的消费者增多，构成了中国创意产业的广阔市场。目前，按照大约 4 亿城镇人口计算，中国城镇居民每年文化消费达 3796 亿元，农村居民文化消费每年总计达到 2520 亿元。中国文化部部长蔡武在"首届中国（深圳）国际文化产业高峰论坛"上指出，中国城乡居民文化消费需求总量将突破 7000 亿元。②

（二）管理体制改革的深入推进

随着中国经济体制改革的深入，政府职能进一步转换，国家及地方所

---

① 国家统计局：《中华人民共和国 2011 年国民经济和社会发展统计公报》，www. stats. gov. cn，2012 年 2 月 12 日。

② 赖少芬、吴俊：《中国文化消费需求将突破 7000 亿元》，新华网（http://news.xinhuanet.com/newscenter/2008-05/17/content_ 8190592. htm）。

属的文化经营性单位转企改制顺利推进，通过行业资源整合使这些企业成为中国创意产业领域的中坚力量，其市场主导地位得到强化。特别是2009年7月22日，国务院常务会议通过了《文化产业振兴规划》出台，首次从国家战略高度提出发展规划，创意产业也正式进入国家宏观视野。在《文化产业振兴规划》的引导下，各地政府对于创意产业显现出前所未有的关注，纷纷将创意产业提升到战略性新兴产业的高度加快发展，并制定相关政策予以推动和扶持。不仅创意产业发达的地区出台了一系列新政加快发展步伐，就是创意产业相对落后的中西部地区也将大力发展创意产业纳入当地政府发展规划，并结合当地实际以相关政策、文件予以确定，从而加快创意产业的发展。

（三）创意人才资源的不断积累

创意产业需要大量具有创新精神、较高文化水平的专业人才，其对人力资源的要求是比较高的。随着中国高等教育的迅猛发展，高校招生规模不断扩大，学科领域日趋多样化，专业人才培养与社会需求日趋紧密，创意产业的相关课程成为众多高校的热门课程之一。近年来，大量的具有专业技能和创新精神的专业人才进入创意产业领域，在一定程度上补充了创意产业对人力资源的需求。现代网络信息技术的发展，实现了人力资源在全社会范围内的快速流动，缓解了人力资源地域性分布不均的问题，从而保证了创意产业的人力资源的供给。同时，现代技术在世界范围内依托网络信息进行快速的传输，满足了创意产业人力资源与时俱进、终身学习的需求，保证了人力资源在长期内的有效性和高效性。

（四）社会投资资本的逐步增大

创意产业作为一个新兴的行业，具有一定的投资风险性，且投资的回收周期比较慢。因此，对资金的需求量比较大，且需要长远的社会投资资本。近年来，中国经济持续高速增长，经济总量已位居世界第二，在此背景下，资本的国际化流动不断增加，中国社会中的闲置资金总量呈现不断上升的趋势。而这些闲置资金迫切需要一个投资理财的渠道，传统的投资领域及投资方式在近年的经济环境中受到严重挑战。创意产业这一蓬勃发展的新兴行业必然吸引大量社会资金的涌入，保证了创意产业在资金上的需求。

（五）产业结构的优化升级

根据配第—克拉克的产业结构演进理论，社会经济的发展除了表现为经济总量的增加，更为本质地表现为产业结构的演进。产业结构演进依次经历以第一、第二、第三产业为主导的三个发展阶段。进入后工业化时代，世界各国第三产业均高速发展，特别是发达国家第三产业内部结构日益细化并不断向上游和下游两端演进，智力密集型产业比重上升趋势明显。随着中国环境友好型社会和可持续发展战略的提出，开始进行产业结构的调整，促进产业优化升级和经济的多样化发展，重点发展自然资源消耗低、产业附加值高的产业，特别是现代服务业、网络技术支持行业等新兴产业在中国取得了日新月异的发展，为中国创意产业的发展提供了重要的载体，在很大程度上促进了创意产业的发展和创意产业集群的形成。

（六）经济全球化和产业高端化的国际发展趋势

随着科学技术的迅猛发展，经济全球化和产业高端化趋势十分明显。由于国际竞争日益激烈，在新一轮世界经济结构战略性调整中，一些发达国家开始大力发展以创意产业为核心的高端产业，通过抢占竞争的制高点，而在国际市场上大获其利。1998年，英国布莱尔政府首次正式提出"创意产业"的概念之后，英国、美国、法国、澳大利亚、日本、韩国、新加坡等国家成为发展创意产业的先锋。这些国家的创意产业发展带来产出、就业和出口的增长，并形成各自的发展特色，同时，把本国的文化理念输送给世界各国，使其他国家的"文化安全"受到严重威胁。当中国加速传统工业发展时，这些国家已把创意产业上升为拉动经济发展的新兴产业与支柱产业，成为扩大对外贸易的主导型产业。如英国、美国、日本创意产业的产值占GDP的比重已经超过传统工业，成为该国支柱性产业和第一大出口产业。目前，创意产业已在全球范围内形成蓬勃发展之势，成为提升国家综合实力和国际市场竞争力的不可或缺的驱动力。

二 中国创意产业集群的基本格局

近年来，中国创意产业在各地均有很大发展，尤其是在各区域的中心城市正以前所未有的速度迅速崛起。以广州、北京、上海等地为代表的珠三角、环渤海和长三角等东部地区为国内创意产业发展的三极。此外，中部地区的湖南、湖北，西部地区的重庆、四川、陕西、云南也具备良好的发展条件和产业基础。

从创意产业整体发展态势来看，中国创意产业集群化发展趋势越来越明显。从区域发展格局来看，已初步形成了六大区域板块（见表5-1）。

一是环渤海创意产业集聚区：以北京为核心，延伸至天津、济南、青岛、沈阳、大连、秦皇岛、唐山等地。北京和天津两大直辖市作为全国的文化中心，拥有其他城市不可比拟的人才资源和文化资源优势，在文艺演出、广播影视、出版发行、艺术品交易等行业具有雄厚的产业基础，并已形成产业优势。二是长三角创意产业集聚区：以上海为核心，连接江苏、浙江两省的大城市，以创意设计、数字媒体、广告会展等行业为主体，建设一批创意产业园区。三是珠三角创意产业集聚区：以广州、深圳为龙头所形成的创意产业聚集区，成为全国唯一的"双核模式"，其动漫游戏、出版印刷、影视音像、广告会展等行业的发展水平居全国前列。四是"西三角"创意产业集聚区：由重庆、成都、西安三个西部大城市构成的经济区在工业设计、动漫、网络游戏产业等方面具有一定优势。五是"中三角"创意产业集聚区：以长沙、武汉、南昌为核心，依托长株潭城市群、武汉城市群和环鄱阳湖经济带三大区域经济体，形成中部地区规模最大、最具代表性的创意产业集聚区，其中，湖南的影视与动漫业、湖北的工业设计与信息产业、江西的数字出版与陶瓷艺术已形成独特的创意产业链。六是滇海创意产业集聚区：昆明、丽江、海口、三亚等地在影视、会展、艺术表演及文化旅游等行业独具特色。这些创意产业集聚区的出现极大带动了周边乃至全国创意产业的发展。

表 5-1　　　　　中国六大创意产业集群发展情况一览

区域	优势行业	代表性城市	发展状况
环渤海地区创意产业集群	文艺演出、广播电视、古玩艺术品交易	北京	拥有全国最多的高等院校，艺术团体以及创意人群，并已建成30个文化创意园区
		天津	已建创意产业园区42个，天津意库成为区域品牌
		青岛	已成为山东半岛创意产业的龙头，青岛酒吧文化带及青岛动漫艺术节享誉世界
长三角地区创意产业集群	工业设计、室内装饰设计、广告策划	上海	已建成75个创意产业集聚区，目标是要成为"国际创意产业中心"
		苏州	已成为长三角的创意产业生产基地，是上海创意产业链的延伸
		杭州	信息服务、动漫游戏、传媒、设计、文化休闲成为重点发展领域，形成"一合九园"创意产业集群

续表

区域	优势行业	代表性城市	发展状况
珠三角地区创意产业集群	广告、影视、印刷、动漫	广州	其天河区是广告、影视、媒体、IT等创意工作集聚区
		深圳	以印刷、动漫、建筑、服装、工业设计等为优势产业,目标是打造创意设计之都
"西三角"地区创意产业集群	广播电视、出版	重庆	数字传媒、动漫、网络等产业发展迅速,原创动画居西部第一
		成都	作为全国三大数字娱乐城市之一,全国首家网络动漫游戏产业基地已正式投入运营
		西安	以"政府推动、投资拉动、资源开发、旅游导向、板块推动"为基本模式,形成七大创意产业集聚区
"中三角"地区创新产业集群	网络、动漫、游戏	长沙	形成"动漫湘军、出版湘军、影视湘军"等品牌,其创意城市特色有着特殊的地位
		武汉	动漫、工业设计、软件与服务外包装为优势产业,打造"中国数字创业之都"
		南昌	环鄱阳湖经济带为中心,印刷出版、工艺美术、数字传媒优势突出
滇海地区创意产业集群	影视、服装、旅游	海口	着力打造会展、体育健身、文化旅游、民族表演等产业,形成文化旅游中心和生态旅游中心
		昆明	以绘画、音乐、雕塑、民族舞蹈等传统艺术形成基础,打造都市复合型创意产业集聚区
		丽江	拥有世界文化、自然、非物质文化三大遗产,已成为影视、表演等活动的中国历史文化名城和中国优秀旅游城市
		三亚	世界小姐总决赛、南方新丝路中国模特大赛等诸多选美在此举办,"美丽的经济"成为主角

　　从宏观层面来看,中国创意产业集群的发展布局显现出与经济发展相似的阶梯状。第一阶梯是东部发达地区,即以珠三角、长三角及环渤海地区三大城市圈为主的沿海地区。北京、上海、深圳、广州等城市的创意产业集群最为集中,产业规模最大,构成了东部地区创意产业的核心区。因此,东部地区是中国创意产业的先导部队和发展主体,是进军国际、实现中国创造的主力军。第二阶梯是以武汉、长沙、郑州、太原、合肥等中心

城市构成的中部创意产业发展地区。这些城市的创意产业结构相对完整，产业布局相对集中，中心城市辐射功能明显，并充分利用丰富的文化资源，大力发展创意产业。第三阶梯是西部欠发达地区，是以重庆、成都、西安为中心构成的"西三角"及云南昆明、海南三亚、广西桂林为主体的区域性产业集群。① 西部地区的创意产业结构相对单一，产业布局比较分散，区域特色十分鲜明，创意产业发展空间巨大，已成为中国创意产业发展的重点区域。

在中观层面上，创意产业集聚区多数分布于北京、上海、天津、广州、深圳、重庆等全国的大城市（省会城市及副省级城市）以及周边的城市，这些城市具有良好的创意产业发展基础，其创意产业规模和集聚程度基本代表了中国创意产业集聚发展的总体水平。根据创意产业的产值总量、资产总额、创意企业数、就业人数等指标情况，将中国各大城市创意产业发展程度大致划分四个层次（见图5-2）。其中，北京、上海的创意产业综合排名居全国前2名，处于第一层次；天津、重庆、广州、深圳、杭州、南京、武汉、成都、西安处于第二层次；沈阳、长沙、昆明、青岛、苏州、大连、南昌、海口、福州、南宁、郑州、太原、长春、哈尔滨处于第三层次；其他省会城市和副省级城市处于第四层次。

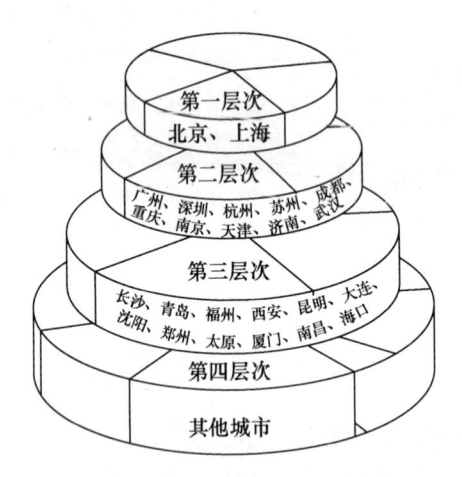

图5-2 中国副省级以上城市创意产业发展梯次结构

---

① 金元浦：《中国文化创意产业发展的三个阶梯与三种模式》，《中国地质大学学报》（社会科学版）2010年第1期。

三 中国创意产业集群的发展特征与基本态势

(一) 创意产业成为区域经济新的增长点

中国社会科学院蓝皮书显示,2010年中国创意产业法人单位实现增加值11052亿元,占GDP比重为2.75%,创意产业对GDP的贡献率为3.41%,拉动GDP增长0.36个百分点。创意产品出口近850亿美元,占全球市场的20.8%。根据国家统计局数据显示,2004—2010年创意产业增加值占GDP比重从2.15%上升到2.75%,创意产业增加值年均增幅22%,远高于同期GDP增长速度。2010年中国创意产业法人单位共有244697个,创意产业从业人员1132万人,从业人员增加186万人,增长18.6%,创意产业从业人员占全部从业人员的比重为1.48%,占城镇从业人员的比重为4.0%,占全国从业人员的比重提高了0.21个百分点。[①]从总体上看,中国创意产业的增长速度远远高于全国GDP的增速,也超过了其他传统产业的增速,并在推动相关产业、拉动社会就业、促进区域经济发展等方面发挥积极的作用。目前,北京、上海、广东、湖南、云南五省市的创意产业增加值已占本地区GDP的5%以上,成为本地区的支柱性产业,形成了东部先行,中部、西部快速追赶的基本态势。

(二) 创意产业集聚成为发展的大趋势

从国外经济发展的成功经验来看,产业集群具有强大的整体竞争优势,是区域经济发展的重要特征。近几年来,随着经济全球化和文化市场的不断扩张,产业集聚成为创意产业发展的主要模式。北京、上海是中国创意产业发展起步较早,而且创意产业集聚模式比较成熟的地区,成为中国创意产业发展的"领头羊"。在其示范带动效应下,其他各地也都着手建设或规划建设一批创意产业集聚区,在空间布局上形成了创意产业经济带或区域板块。这些创意产业集聚区不仅能形成强大的规模效益和群体竞争优势,而且成为推动区域经济,特别是城市经济发展的重要力量。

(三) 创意企业成为创意产业集群的主力军

在创意产业集群发展过程中,通过专业化市场分工和完整的产业链,使集群内企业紧密合作,群体优势和品牌效应日益凸显。随着创意企业数量增加和规模不断壮大,企业逐渐成为创意产业集群的主力军,特别是新

[①] 根据国民经济和社会发展统计公报、国家统计局网、中国文化产业网公布的信息收集整理。

兴产业的不断涌现，大量充满创新活力的企业通过产业渗透，使处于传统产业中的企业顺利摆脱了其结构转型和产业升级的困境。在北京的 CRD、上海的田子坊、杭州的 LOFT 等创意产业集聚区中，以艺术家、设计师等个人创意为核心建立的各类小型创意企业或个人工作室随处可见。[①] 这些中小企业在集群中形成强大的社会网络，并在创意产业市场中占有一席之地。

(四) 创意产业集群显现出非均衡发展态势

从区域布局来看，中国创意产业集群存在着东、西部发展的不平衡性，东部及沿海地区的创意产业已经迈入加速发展期，西部和农村及边远地区的创意产业还处于起步阶段，甚至启蒙阶段。东部、中部、西部三大区域的创意产业发展水平总体上，呈现东高西低的态势。从对 GDP 的贡献看，东部地区实现的增加值占 4.17%，中部地区占 3.73%，西部地区占 1.86%。[②] 中部、西部地区创意产业与东部地区相比，无论在人才、资本、技术基础、产业规模上，乃至于品牌、品质、市场价值的创造上都存在着很大差距。从文化企业数目和人员的数量来看，东部地区占全国 2/3 以上，从增加值来看，东部占 3/4 左右，远高于中部、西部地区。[③] 从创意产业的结构分层看，出版发行业、广播影视业、艺术表演业、创意设计及旅游业等传统行业仍是创意产业的主体，网游动漫业、文化休闲产业、会展业等新兴产业已具有一定规模，但仍然很弱小。目前发展较好的创意产业集群大都位于大城市，创意产业对城市的特殊文化与品质存在很强的偏好，对根植于特定城市的文化特质的挖掘与利用是发展城市创意产业集群标志性和品牌性的关键。[④]

(五) 创意产业集群的人文根植性特征明显

集群的人文根植性就是强调集群内企业之间，以及企业与其他机构之间的关系网络建立在本地化网络基础上，企业被锁定在特定的社会文化环

[①] 张京成、刘光宇：《中国创意经济发展新阶段的新思考》，载中国科学技术研究会编《第六届中国科技政策与管理学术年会论文集》，2010 年，第 646 页。

[②] 根据国民经济和社会发展统计公报、国家统计局、中国文化产业网公布的信息收集整理。

[③] 李南玲、王攀：《国家统计局首次发布文化产业统计数据》，新华网（http://news.xinhuanet.com/newscenter/2006 - 05/19/content_ 4573221. htm）。

[④] 杨海梅：《城市创意产业及其集群化分析》，硕士学位论文，西北大学，2008 年，第 26 页。

境中。集群性文化资源不仅仅在空间地理上集聚，更重要的是它们具有很强的地域性联系。这种地域性包括政治、社会、经济、文化等各方面。与传统产业集群不同，创意产业集群属于知识密集型企业的集合体，对原材料和劳动力的依赖性并不强，但对区域内的人文环境有着较强的根植性。创意产业的集群的产生一般起源本地区独特的历史文化积淀和社会氛围。深厚的文化积淀、浓郁的艺术氛围、开放的文化元素、多元的城市文化气质及宽容的城市文化态度，对于创意灵感的迸发具有重要的意义，是创意产业集群产生和发展的基础。[①] 在创意产业集群的形成过程中，由于"知识黏性"的存在使知识和信息可以准确地在上下游企业间传递，而这种传递必须建立在相同的文化背景和统一的制度体系，形成良好的区域性缄默知识。通过构建共同文化与意识形态下的社会网络，避免集群外的企业轻易进入，从而提高创意产业集群的核心竞争力。

（六）新兴创意产业集群的发展势头强劲

随着现代高科技的发展，以数字化生产、网络化传播为主导的新产业形态正在崛起，如动漫、网络游戏、数字媒体等新兴的创意产业在中国取得了长足的发展。仅网络游戏业已有注册的游戏玩家3112万，在产业规模上已达244.3亿元，游戏出口量超过2000万美元，年增长率为11.5%，占国内市场份额的64.8%[②]，已经成为国内市场的主导力量。创意产业园区是创意产业中最具活力和竞争力的市场主体，能有力地促进产业链的延伸和产业能级的提升。在近几年各地制订的促进创意产业发展计划中，以创意设计、动漫、网络游戏、数字媒体等新兴产业成为重点发展领域，创意产业集聚区如雨后春笋般迅速发展，集团化趋势日趋明显。截至2011年年底，上海已建立创意产业园区92家，入驻园区的创意产业类企业8231家，其中园区产出672.8亿元。北京共建设30个创意产业集聚区，已覆盖到16个区县，涵盖了文化创意产业的全部行业领域，增加值达到1489.9亿元。深圳市已经拥有了48家文化创意产业园区基地，年产值超过500亿元，增速为20.5%，华强科技等十家领军企业平均增速超过30%。其他城市也把创意产业集群作为经济发展的重要载体。但目前中国

[①] 蒋三庚、张杰、王晓红：《文化创意产业集群研究》，首都经济贸易大学出版社2010年版，第53页。

[②] 中国游戏工作委员会、IDC数据公司：《2006年度中国游戏产业报告》，中国游戏产业网（http://www.cgigc.com.cn/201009/79650630131.html），2010年9月28日。

创意产业仍以文化表演、古玩艺术品、影视广播、出版等传统的文化行业为主体，创意产业的组织形式一直处于小规模、分散化状态，现代大型创意企业寥寥无几，至今尚没有一家创意企业能够跻身全国500强企业，更不用说世界大企业行列之中了。另外，中国目前正处于工业化中期阶段，拥有自主知识产权的新技术很少，还没有形成独立的核心技术体系，特别是在软件开发方面的水平还比较低，很难实现这些技术向创意产业领域的扩散。这使得中国在垂直型的国际创意产业分工格局中，尚处于低端位置，新兴产业的发展受到制约。

第二节　中国创意产业集群的区域比较

中国是一个地域辽阔、人口众多、文化深厚、资源丰富、区域差异比较大的国家。从宏观上看，中国分为东部、中部和西部三大区域，再具体划分为东北、华北、华东、华南、华中、西北、西南等区域；按经济区域划分可分为珠江三角洲、长江三角洲、西部金三角地区、环渤海三角洲以及东北地区、中原地区、西部边境地区等经济发展区。本章中的区域概念是融合了地理因素、经济因素和历史因素在内的、以行政区为核心的经济发展区。这些区域的创意产业受地理环境、经济状况、文化历史等众多因素的影响，其发展重点和定位各不相同，集群化程度和水平也存在很大差异。

一　中国东部、西部地区创意产业集群的发展状况

从区域来看，中国东部、中部和西部不仅是一个地理概念，还是一个经济概念，它表明不同地区社会经济发展水平的差异。因此，人们习惯上把中国划分为三个不同的经济区域：即经济发达的东部地区、经济发展次发达的中部地区和经济欠发达的西部地区。近几年来，中国创意产业发展迅速，逐渐成为区域经济的重要组成部分，已经成为优化区域经济结构的重要"催化剂"，特别是发达地区的创意产业占GDP的比重超过5%，成为支柱性产业。但由于中国社会经济发展呈现出地域性的特征，总体上表现出中国东部、中部和西部三大区域发展上的差异。这是中国社会经济发展状况和水平的现实反映，这种差异也相应地形成了三大区域创意产业发展的不同特点与模式。

(一) 东部地区创意产业的发展状况

东部地区主要包括长三角、珠三角、环渤海三角洲等沿海省区。这些地区经济发达，科技发展水平高，居民消费升级快，创意产品需求市场大，创意产业发展迅速，国内市场占有率高，其产业规模居全国前列，创意产业对整体经济发展的支撑作用显著增强。中国创意产业发展较快的城市大多数分布在东部地区。首都北京重点打造6大创意产业中心，30个创意产业园区。2010年，北京创意产业总收入达7442.3亿元，实现增加值1697.7亿元，占全市地区生产总值的12%，现价增速13.9%。[①] 其中软件与信息服务业总规模占全国的1/3。作为"长三角"地区核心城市——上海已建设75个创意产业园区，产业规模庞大。2010年上海创意产业统计数据显示，上海创意产业从业人员为108.94万人，实现总产出5499.03亿元，比上年增长14.2%；增加值高于全市GDP增幅5.3个百分点，占上海生产总值的比重为9.75%，对上海经济增长的贡献率达到14%，已成为上海市的支柱产业。其中创意设计、网络信息业和软件与计算机服务业增加值等新兴产业发展迅猛。广东目前拥有创意产业园区（示范基地）118个，其中国家级创意产业示范基地12个。2010年，广东创意产业增加值为2524亿元，占全省GDP的5.6%，其中平面媒体、广播电视、数字出版、印刷出版等产业规模均位居全国首位。数字出版产值占全国的1/5，动漫产值约占全国的1/4，网络游戏年收入约占全国的1/3，自主研发制造的电子游艺游戏设备生产占全国的2/3，仅广州、中山两地的电子游戏设备生产在全球市场份额就超过1/5。[②] 江苏省创意产业的总体规模、发展速度和发展潜力，均列全国三甲。2010年统计年报资料显示，创意产业实现增加值为1186.87亿元，年增幅30%，增量占GDP的3%，对GDP的贡献率却近5%。江苏创意产业园区（基地）有91家，其中26家属高新技术类创意园区。[③] 广播、电视、电影服务、文化艺术服务等行业增长快速，其中一批骨干企业已经成长为中国创意产业

---

① 李洋：《北京文化创意产业2011年总收入预计超9000亿元》，中央政府门户网站（http://www.gov.cn/gzdt/2011-12/14/content_2019638.htm）。
② 李文龙：《广东文化产业增加值连续八年全国第一》，中国创意产业网（http://www.cnci.gov.cn/content/2011330/news_62295.shtml）。
③ 江苏省统计局：《科学技术引领江苏文化产业快速发展》，江苏省统计局网（http://www.jssb.gov.cn/tjxxgk/tjfx/sjfx/201202/t20120220_110732.html）。

的行业标杆，入选全国创意企业30强的企业数量居全国第一。

东部地区创意产业的发展具有以下几个特点：第一，创意产业规模大、效益高，产业集群化趋势明显，对地区经济拉动作用大。第二，创意产业行业种类比较齐全，产业链比较完整，产业体系完善，产业关联效应突出。第三，创意产业投资渠道广泛，金融资本活跃，资本市场成熟度高，各种社会资源在市场运作机制的运作下相互融合，多种元素共同发展。第四，创意产品科技含量高，进出口活跃，在国际市场占有率很高。

（二）中部地区创意产业集群的发展状况

中国中部地区包括湘、鄂、皖、豫、赣、晋等省份，占全国面积的28.4%，共有城市133座，其中特大城市5座，大城市13座。总体上看，中部地区发展速度不及西部、实力不如东部现象，被称之为"中部塌陷"。但中部地区地处中国内陆腹地，地理位置优越，区域内交通发达，具有承东启西、联络南北、辐射八方之功能，拥有丰富而廉价的劳动力及充足的原材料，是中国实现区域经济发展新格局的重要组成部分。

中部地区具有悠久而深厚的历史文化底蕴，以黄河文明与中原文化为特色的历史文化，博大精深，源远流长；众多历史悠久、风格独特的民间艺术与民间文化已成为世界文化遗产。河南的中原文化、山西的晋文化、湖南和湖北的湘楚文化、江西的红色文化和道教文化、安徽的徽文化，这些丰富的文化资源成为中部地区发展创意产业的重要基础。[1] 特别是随着国家"中部崛起"战略的实施，中部地区在接纳东部地区的产业转移过程中，逐渐调整产业结构，促进传统产业转型，为创意产业集群发展带来了一种机遇。

湖北重点发展文艺演出、传媒出版、创意设计、休闲娱乐、文化旅游、文化物流六大优势创意产业，积极培育和扶持区域性创意产业集群，建设一批以大型文化集团为龙头的，以科技园区为载体的创意产业集群，进而形成年产值过千亿元的超大产业区块。据统计，湖北省创意产业增加值由2006年的286.03亿元增加至2009年的695.95亿元，占全省的GDP比重从3.77%上升至4.40%。[2] 武汉作为中部中心城市，形成超大产业区块和产业群落，其中东湖文谷集聚了创意设计、影视制作、动漫游戏、数字出

---

[1] 梁君：《中国区域间文化产业发展差异研究》，《经济纵横》2012年第4期。
[2] 姚德春：《湖北省文化产业增加值成倍增长》，新华网（http://www.hb.xinhuanet.com/newscenter/2011-10/26/content_ 23984566.htm）。

版、演艺娱乐、民间工艺等创意产业,成为国内外著名的创意产业园区。

湖南的创意产业发展一直走在全国前列,是国内五个已经实现创意产业成为支柱性产业的省市之一,创造了享誉全国的"广电湘军"、"出版湘军"、"动漫湘军"等文化品牌。"十五"期间,湖南省提出了"一区三带"与"四轮驱动,两翼齐飞"的区域产业发展布局。经过多年努力,以长沙为核心的创意产业中心区已凸显创意产业高地效应;以京广线、潇湘南和大湘西为重点的三个特色产业带形成了区域拉动效应;以广电、出版、动漫、娱乐四大产业为龙头形成四轮驱动效应;以国有资本为主导、以民营资本与外资为重要补充形成较为完整的创意产业市场体系。全省以长沙和周边市州相呼应的集群化产业空间格局已经形成,以广电、动漫、出版、报业、文化休闲娱乐、文化旅游和会展业为主体的创意产业增长迅速。据统计,2010年湖南省创意产业总产值达1868.49亿元,增加值达827.56亿元,占GDP的比重达5.2%,创意产业对全省经济增长的贡献率为7.8%,拉动GDP增长0.9个百分点,连续五年保持20%以上的增速,成为名副其实的支柱产业。[①] 长沙市的强势创意产业主要表现在广电、出版、娱乐休闲、演出、动漫、民间工艺等行业,创意产业总产值占整个湖南省的一半以上,已经成为国内重要的区域性文化产业中心。

河南、山西、安徽等地区,历史文化底蕴非常深厚,蕴藏着丰富多彩的民俗文化资源,如戏剧艺术、剪纸艺术、绘画艺术等优势相当明显。这些区域文化资源为发展创意产业提供了基础性资源条件,并且具有做强、做大的潜力,如郑州以嵩山少林寺为背景,发展武术产业,成为郑州市发展创意产业的先头兵,在全国甚至全球范围内推出"少林品牌"。山西通过整理民间文化,构建独特的"三晋民间民俗文化体系"。在从能源大省向文化强省实现全面转型的进程中,推出了一批创意文化产品、重大项目和文化战略品牌,如具有山西特色的"华夏文明看山西"、平遥古城文化旅游精品、乔家大院影视基地等。

中部地区创意产业发展的主要特征:第一,文化资源丰富,资本、技术和信息等资源相对匮乏;创意产业领域的传统行业优势明显,创意产业的未来发展空间大。第二,中小企业居多,产业集群的辐射力集中于少数

---

① 杜平:《2010年湖南文化产业增加值827.56亿》,《湖南日报》2011年12月29日第3版。

大城市，产业链条不完整，区域品牌难以形成。第三，创意产业的市场化运作和社会化进程缓慢，政府主导作用明显，创意产业集群多集中在政府规划的创意产业园区内。第四，创意产业结构与传统制造业及服务业相适应，仍以劳动密集型和资本密集型产业为主导，中心城市成为区域创意产业聚集的重要基地。

(三) 西部地区创意产业集群的发展状况

本章所指的西部地区，主要是指新、青、藏、宁、甘、陕、川、渝、滇、黔、蒙、桂共有12个省区（直辖市）。这些省市地形地貌独特多样，生物物种丰富，自然风光秀丽迷人，自然资源独树一帜，旅游业发展得较为成熟。同时，这些地区既是中国少数民族最为集中聚居的地区，也是民族文化资源相对富集的地区。在漫长的历史发展过程中孕育了丰富多样、异彩纷呈的民族文化和民族风情。这种独有的文化资源成为西部地区发展创意产业的重要基础。

近年来，西部许多地区已将发展创意产业上升为实现社会经济跨越式发展的战略高度来认识，并立足于本地资源优势，积极引进技术、资金、人才和管理模式，做强做大创意产业，形成西部地区特有的创意产业发展模式和空间格局。四川省提出"规模化"战略，推动产业链条的聚合，强化区域间的资源整合，做强创意产业集团，打造创意产业集群；省会成都充分利用区域优势，大力发展以网络和动漫游戏产业为主导的新兴产业，并积极打造"中国西部动漫游戏之都"。2010年四川省创意产业实现增加值521亿元，占GDP的比重为3.03%。[①] 陕西省加快产业集聚，构建中国西部的创意产业高地，形成以文化旅游为龙头，广播影视、新闻出版、演艺娱乐为重点，软件服务、研发设计、建筑设计、网络文化、会展广告为支撑，时尚消费、咨询策划等共同发展的产业格局。同时，积极探索地域特色和西部风情的影视作品创新，精心打造"影视陕军"品牌。2011年，陕西省全年实现创意产业增加值374.86亿元，比上年增长30.2%，占GDP的比重为3.03%，比同期GDP年平均增长速度高出16.9个百分点。[②] 重庆市重点发展建筑设计、文化传媒等六大类创意产业的研发、生产、销售，已形成了创意设计、网络动漫、出版发行、广播电视、

[①] 张珏娟、常雄飞：《四川文化产业发展纪实》，《四川日报》2012年3月31日第4版。

[②] 刘国英：《陕西文化产业增势强劲2011年增加值达374.86亿元》，《陕西日报》2012年5月7日第4版。

咨询策划、演艺娱乐等优势服务产业，以及印刷包装、当代艺术品生产等优势创意产品制造业，呈现出以国有资本为主导，民营资本日益融入的产业格局，创意产业增加值和市场竞争力在不断提升。2010年，重庆市实现创意产业增加值238.75亿元，较2009年增长26.9%，全市创意产业增加值占GDP的比重达3.0%。[1]

作为全国最大的少数民族聚居地的广西、云南，依托自身文化资源优势，建设民族文化大省，积极发展创意产业。在深入挖掘民族文化资源的基础上，通过市场化运作，不断扩大产业链，使创意产业成为拉动本地区经济增长的重要力量。2011年，云南创意产业继续保持着快速增长，全省创意产业增加值达534亿元，占GDP的6.11%，成为全国5个创意产业增加值占GDP比重超过5%的省市之一。[2] 2010年，广西创意产业实现增加值180.21亿元，同比增长26.89%，占全区地区生产总值的比重为1.68%。[3] 广西、云南还通过民族文化资源开发，打造区域品牌。例如，作为国内首部大型实景歌剧《印象刘三姐》，以及之后的《云南映象》、《印象丽江》成功上演，每年实现票房收入达到4500万元以上，成为享誉国内外的文化品牌。它不仅拉动少数民族地区文化旅游业的发展，而且也为欠发达地区开发利用文化资源提供了一个经典范例。

西部地区创意产业发展的主要特征：第一，以挖掘和开发利用独特的自然景观和丰富的民族文化资源为主导思想，以原生态的产业项目为特色品牌和表现形式，依托文化多样性寻求差异化发展。第二，新兴业态发展慢而且不均衡，地区差异明显，多以会展业、表演业、旅游产业为主要突破口，以传统产业为主要产业形态。第三，创意产业集群总量少、规模小，且比较分散；创意产业增加值总量小，占GDP比重较低。

二 中国东部、西部地区创意产业发展的综合实力比较

反映区域创意产业发展状况的指标很多，本章选取创意产业单位数量、从业人数、产业增加值占GDP的比重及从业人员人均资产拥有量及

---

[1] 廖雪梅：《2010年重庆文化产业占GDP比重3.0%居全国中上层》，《重庆日报》2011年11月30日第3版。

[2] 周丽：《2011云南文化产业增加值达534亿占GDP比重6.11%》，中国创意产业网（http://www.ccitimes.com），2012年5月22日。

[3] 赖荣生、李雁、李滨凤：《广西文化产业发展现状、存在的主要问题及其对策》，《广西经济》2012年第4期。

人均营业收入数额来反映其在区域经济中的位置。

（一）创意产业产值总量的区域比较

近年来，中国各省区市以产业结构调整为主线，积极推动区域文化资源整合，构建创意产业集聚区，通过实施重大项目带动战略，着力培育大型龙头企业，创意产业呈现持续健康发展的良好局面，特别是中西部地区创意产业增速很快。

表 5-2　　　　2010 年中国各省区市创意产业产值情况一览

地区	GDP 总量 数量（亿元）	增长（%）	排序	创意产业增加值 数量（亿元）	占 GDP 比重（%）	排序
全国	397983	15.7		11052	2.75	
广东	45472.83	12.2	1	2524.0	5.6	1
北京	13777.9	10.2	13	1692.2	12.3	2
上海	16872.42	9.9	9	1673.7	9.8	3
江苏	40903	13.5	2	1384.5	3.4	4
山东	39416.2	12.5	3	1260.0	3.2	5
浙江	27100	11.8	4	1056.1	3.9	6
湖南	15902.12	14.5	10	827.5	5.2	7
河南	22000	12	5	780.0	3.4	8
湖北	15806.09	14.8	11	695.9	4.4	9
福建	13800	13.8	12	579.6	4.2	10
辽宁	17500	13	7	566.0	3.2	11
四川	16898.6	15.1	8	521.0	3.4	12
河北	20197.1	12.2	6	470.0	2.76	13
吉林	8579	13.7	22	430.0	4.9	14
云南	7220	12.4	24	440.0	6.1	14
安徽	12263.4	14.5	14	400.0	3.3	15
天津	9108.83	17.4	20	303.0	3.33	16
陕西	10021.53	14.5	16	285.9	2.85	17
山西	9088.1	13.9	21	280.0	3.1	18
重庆	7890	17.1	23	238.0	3.0	19
江西	9435	14	19	229.5	2.43	20
黑龙江	10000	12.5	17	210.0	2.1	21

续表

地区	GDP 总量 数量（亿元）	增长（%）	排序	创意产业增加值 数量（亿元）	占 GDP 比重（%）	排序
广西	9502.39	14.2	18	180.2	1.68	22
贵州	4593.97	12.8	26	112.2	2.44	23
内蒙古	11620	15	15	105.0	1.08	24
海南	2052.12	15.8	28	43.3	2.1	25
甘肃	4100	11.5	27	35.5	1.34	26
新疆	5418.81	10.6	25	17.9	0.33	27
青海	1350.43	15.3	30	14.0	1.66	28
宁夏	1643	13.4	29	—	—	—
西藏	507.46	12.3	31	—	—	—

资料来源：国家统计局网发布《2010年中国国民经济和社会发展统计公告》及各省区市统计局网以及中国创意产业网发布的相关信息公告。

2010年，全国创意产业增加值总量为11052亿元，占全国GDP总量的2.75%。其中，东部地区平均占本地区GDP总量的4.17%，高于全国总体水平；中部地区平均占本地区GDP总量的3.27%，略高于全国总体水平；西部地区平均占本地区GDP总量的1.86%，低于全国总体水平。按省区市比较，广东创意产业增加值达到2524亿元，居全国首位，北京、上海、山东、江苏、浙江等省市紧随其后，创意产业产值均突破1000亿元大关。北京创意产业增加值占GDP比重最高，达到12.3%，上海为9.8%，云南为6.1%，广东为5.6%、湖南为5.1%。北京、上海、云南、广东、湖南等省市创意产业增加值占国内生产总值的比重均达到5%以上，成为当地新的支柱性产业。浙江、福建、吉林、湖北、四川、江苏等省创意产业增加值占本地GDP的比重均明显高于全国总体水平。中部地区的江西省创意产业增加值最低仅为2.1%，云南虽然创意产业规模总量不大，但增加值所占比重较高（6.1%），位居西部首位，新疆的比例最小，不到1%。总体上看，创意产业实现增加值超过1000亿元以上的6个省市，均为东部地区，合计占全国创意产业增加值总量的2/3以上；超过500亿元以上的有湖南、湖北、河南、福建、辽宁5省份，其中，东部省市占据前2位，中部地区有3个省区市，西部地区没有一个省区市达到500亿元以上，不足100亿元的省区为海南、甘肃、青海、新疆、西藏、宁夏暂无具体数据。可见，创意产业区域差距十分明显。

（二）创意产业综合竞争力的区域比较

从创意产业单位数量的地区分布看，东部地区占全国总数的62.65%，中部地区占19.59%，西部地区占17.76%，东部地区远高于中西部地区。按省区市划分，创意产业法人单位数量超过10000个的省市有广东、浙江、北京、上海、江苏、山东、四川、福建和辽宁，其中除四川外，其余均为东部地区。就从业人员分布情况看，全国创意产业从业人数占全部就业人口的1.32%，占城镇就业人员的3.76%。东部地区占全国创意产业从业人员总数的65.87%，中部地区占19.65%，西部地区占14.48%，创意产业从业人员的东西地区差异更大。全国创意产业从业人员人均资产拥有量为18.62万元，人均营业收入数额为17.25万元。① 高于全国平均水平的省市，除四川、山西外，均属于东部地区。可见，东部地区创意产业规模和综合实力具有明显的优势，中西部地区则创意产业发展水平较低，产能不足。

从创意产业园区的地区分布看，目前中国已建或在建的创意产业园区已超过1200个（见图5-3），按数量多少分为三个阶梯，东部地区的广东、上海、江苏、山东、北京及中部地区的安徽省，数量均超过了50个园区，进入第一梯队，其中广东和上海位列前两名；第二梯队为河南、福建、河北、湖南、四川、湖北、陕西、天津、辽宁等省市超过30个园区；而第三梯队青海、宁夏、新疆、西藏等省份少于10个园区。② 在创意产业园区密集的地区，与城市化和市场化程度走势基本一致，呈现出创意产业园区发展与地方经济发展水平紧密相关。

在文化部已批准的214家国家级示范园区（或基地）中，从行业分布来看，传统工艺类为47家，演艺娱乐类为43家，文化旅游类41家，其比例分别为22%、20%和19%，列入前三甲；这三类示范园区的数量，占园区总数的61%。创意设计类（含动漫游戏）为30家，出版发行类为18家，影视类为11家，其他为24家。按省级行政区分布来看，广东（20家）、北京（17家）、四川（12家）、上海（11家）、辽宁（10家）

---

① 王亚南、高玉亭：《以国家统计标准分析各地文化产业发展成效》，中国网（http://www.china.com.cn/culture/txt/2007-02/27/content_7875191_2.htm）。

② 《2012全国各省市文化创意产业园区数量比较》，中国文化创意产业网（http://www.chinadaily.com.cn/hqpl/zggc/2012-04-23/content_5746304.html）。

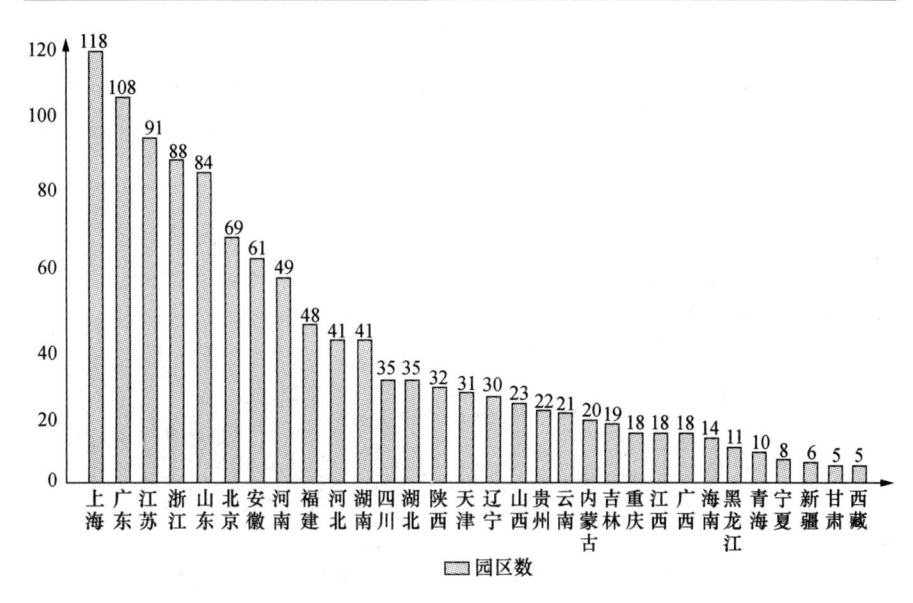

图 5-3 中国各省已建或在建创意产业园区示意

等示范园区数量居全国前 5 位。除四川外,其他 4 省市均属于东部地区。而海南、新疆、西藏、青海、宁夏 5 省区,都只有 2 个示范基地,落后于全国其他地区。

根据刘强(2010)的统计分析①,中国各省(区市)按创意产业综合竞争力分值进行排序(见图 5-4)。

根据图 5-4 的相关数据,可以直观地看出三大区域创意产业竞争力的总体情况,据此将中国 31 个省区的创意产业竞争力发展状况分为四个层次:

第一层次:北京、上海、广东,为最高发展水平地区;

第二层次:浙江、江苏、天津、山东,为较高发展水平地区;

第三层次:福建、湖南、湖北、河北、河南、山西、江西、安徽、重庆、四川、陕西、广西、云南、内蒙古、辽宁、吉林、黑龙江,为中等发展水平地区;

第四层次:贵州、新疆、海南、甘肃、宁夏、青海、西藏,为较低发展水平地区。

---

① 刘强:《中国文化产业发展水平的区域比较》,硕士学位论文,东北财经大学,2010 年,第 22—23 页。

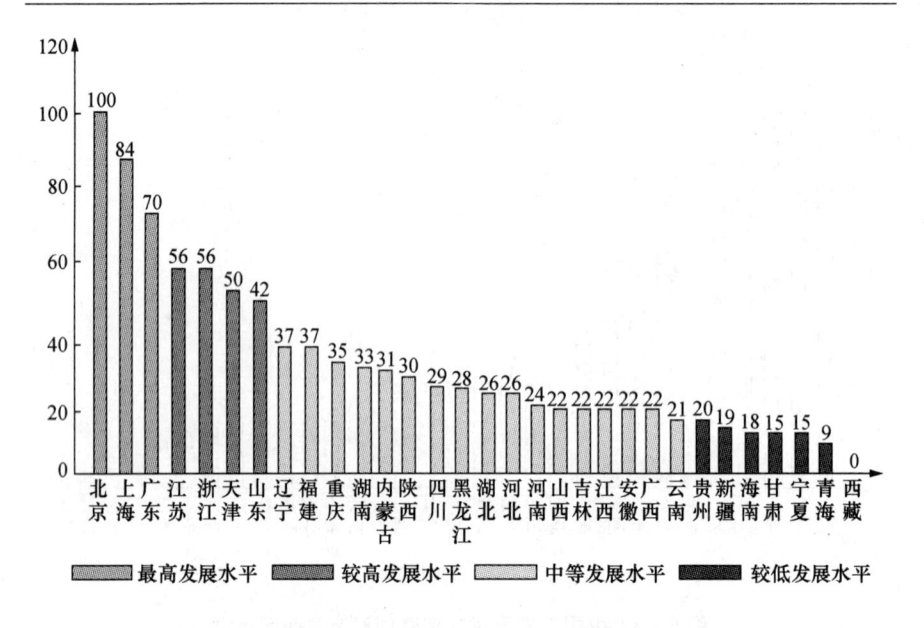

图5-4 中国各省（市区）创意产业发展综合实力排名

数值（从左到右）：北京100、上海84、广东70、江苏56、浙江56、天津50、山东42、辽宁37、福建37、重庆35、湖南33、内蒙古31、陕西30、四川29、黑龙江28、湖北26、河北26、山西24、吉林22、安徽22、广西22、云南22、贵州21、新疆20、海南19、甘肃18、宁夏15、青海15、西藏9

图例：最高发展水平　较高发展水平　中等发展水平　较低发展水平

处于第一集团、第二集团的北京、上海、广东、浙江、江苏、天津、山东7个省市，均为东部沿海地区。这些省市是中国最为开放和经济最发达的地区，也是中国经济实力的象征，以及中国与世界各国交流的桥头堡。在这一区域里多种文化交汇，各种思想繁衍，由此促进了创意产业的蓬勃发展。第四集团中除了海南省以外都是西部的省区，由此可以看出，创意产业竞争力的发展与经济发展有着密切的联系，也是随着地域的自东向西逐步减弱。因此，西部地区应高度重视创意产业发展，要根据现有的自然资源、文化习俗和传统工艺进行文化资源开发，形成具有西部特色的创意产业集聚区，同时带动相关产业发展，从而促进地区创意产业的协调发展。

三 中国东部、西部地区创意产业集群的发展模式与发展格局比较

在中国一些经济发达、国际化程度较高的大城市，城市发展与创意产业发展紧密联系在一起，并以大城市为核心，以城市群为载体，构建创意产业经济带或创意产业圈。这些创意产业圈在发展创意产业方面起到了非常重要的作用，特别是对区域经济发展的促进作用更为明显。以广东、上海、北京等地为代表的珠江三角洲、长江三角洲和环渤海经济带成为国内创意产业发展的三极，中部地区湖南、湖北、西部地区的重庆、四川、陕

西、云南也具备良好的产业基础,成为新的增长区域。

(一)创意产业集群的发展格局比较

东部沿海城市是中国创意产业发展较为成熟的地区,形成一些较为集中的创意产业带,这些创意产业带与这些地区的城市群发展密切相关。东部地区的珠三角城市群、长三角城市群、环渤海城市群是中国最早也是目前最成熟的三大城市群。这些城市产业基础雄厚、创意人才资源丰富,是创意产业集群最发达的地区,其创意产业园区可以说是星罗棋布。以上海、南京、杭州、苏州、宁波等为代表的长三角城市群,以及以北京、天津、青岛、大连等为代表的环渤海城市群,近年来充分利用自身的区位优势加快创意产业发展,已成为中国创意产业发展最快的地区之一,尤其是在一些科技含量高、附加值大的新兴创意产业及文化服务领域形成强劲的发展势头。以广州、深圳等城市为主形成的珠三角创意产业带,其特点是充分利用开放的市场经济环境与国际创意产业进行对接,并与港澳地区的创意产业发展形成互动关系,积极参与创意产业市场化竞争,创意产业呈现集团化发展趋势,产业化程度较高,极大地增强了市场竞争力。东部地区创意产业经济带或创意产业圈更多的是依托城市群来发展,形成了多核化发展格局。

中部地区的长沙、武汉、郑州、太原、南昌等省会城市,依靠自身区位优势和资源优势,结合本地产业结构和文化资源特点发展创意产业,带动中部地区创意产业的崛起。例如,湖北省共有13个地级市(州),大中城市14个,全省共建设(或在建)创意产业园区68个。仅在武汉市7个中心城区中,建成和规划在建的创意、设计、旅游、动漫等各种创意产业园区已达34个,占湖北省创意产业园区总数的一半以上。[①] 同时,武汉在国内享有盛誉、市场化程度较高的报刊业和出版业发展的基础上,打造中国中部地区现代传媒中心,并依托光谷动漫产业园、光谷动漫城建立武汉(国家)动漫产业基地。武汉涌现出许多大型创意产业集团,民营企业异常活跃,初步形成了一个以公有制为主体、多种所有制共同发展的创意产业新格局。长沙围绕着"文化名城、休闲之都、创意中心"的定位,通过打造知名文化品牌做强做大创意产业。在广播电视、出版印刷、数字传媒、娱乐休闲、动漫、广告设计及民间工艺等优势产业,建设一批

---

① 严运涛:《创意之花争艳江城文化产业园》,《湖北日报》2009年10月18日第5版。

特色创意园区（或创意街区）。目前，已建成重要创意产业园区 13 个，成为带动全省、领先中西部、辐射全国并具有较强国际影响力的现代化区域性创意中心。可见，中部地区创意产业集群偏重于省会城市，集聚范围有限，形成的是单极化发展格局。

中国西部有 12 个省区市，是中国少数民族最为集中聚居的地区，地域广阔，自然环境优美，文化资源丰富，在发展创意产业方面对大中城市的依附性则相对较小。在西部众多城市中，仅重庆、成都、西安西部三大城市，充分利用在科技信息、人才和文化资源等方面的优势，大力发展以影视、广告咨询、网络和动漫游戏为主导的新兴创意产业，并建设一批创意产业区，具有一定的产业集群影响力。西部地区创意产业集群主要是依赖当地的丰富多样的自然资源和具有民族特色的文化资源，而这些资源更多地分布在广大的农村地区，特别是集中在少数民族集聚区，城市相对较少。这也体现出西部地区与东部地区在创意产业发展上的明显不同。因此，西部地区多以独特的自然资源、丰富的文化资源与传统的民间工艺、旅游业结合发展创意产业，形成一种合而为一的关系，形成两者间的互动，创意产业集群发展也呈现出多元化和差异化的态势。这种产业格局也是西部地区创意产业的一大特点。

（二）创意产业集群的发展模式比较

相比较而言，东部地区创意产业集群模式是以"科技＋创意"为主，科技成为主导因素；中部地区创意产业集群模式是以"文化＋创意"为主，传统历史文化引导着创意产业的发展方向；西部地区创意产业集群模式是以"资源＋创意"为主，丰富而又极具特色的自然资源和民族文化资源为西部地区提供良好的基础条件。这三种不同的发展模式，正是东部、中部和西部地区依据自己的发展条件和社会需要而做出的一种现实选择。

东部沿海地区经济发达，产业基础好，产业体系完整，市场成熟度高，已进入后工业化阶段，又具有文化科技、网络信息、国际贸易、人才和资金等方面优势。因此，在创意产业发展战略上侧重于产业价值的提升，即注重发展科技含量高、创意理念先进、品牌价值大的产业领域，也就是说，东部地区创意产业发展重在依托高新科技和个人创造所形成的知识成果对社会的贡献率和影响力。主要表现为两个方面：一是与数字技术相结合的内容产业，这是知识经济时代出现的创意产业的新形态；二是以提供知识服务为主的文化创意活动。这些从形态到内涵都已不同于传统的创意产业。①

西部地区地域广袤，经济发展极不平衡，科技文化相对落后，工业化和城市化程度低，但西部地区却蕴藏着极为丰富的文化资源，民族风情浓郁，民间文艺多姿多彩，是文化资源的富矿区。因此，西部地区在创意产业发展战略上主要依托本地区丰富的自然资源和独特民族文化资源，构建创意产业相对完整的产业链，形成资源型创意产业集聚模式，带动相关产业及区域经济发展。例如，大型原生态歌舞《印象刘三姐》、《云南映象》与《丽水金沙》等，不仅形成具有浓郁地方特色的文化品牌，而且带动旅游、餐饮、运输及工艺品等产业迅猛发展，取得了良好的社会效益和可观的经济效益。这都是西部地区独特的文化优势带来的，成为在民族文化资源开发上的成功案例。

从创意产业的市场运作方式来看，东部地区和西部地区明显表现出不同的特点和模式。东部沿海地区地处中国改革开放的前哨，市场经济和对外贸易十分活跃，决定了东部地区主要是通过市场机制来推动创意产业，创意产业与市场经济结合得非常紧密。特别是东部地区的资本运营显得更加多元化，民营资本在创意产业中非常活跃，实力强且影响力大，是市场主导模式的典型表现。相比较而言，西部地区创意产业市场化程度低，资本运营能力弱，产业信息滞后，更多的是依靠政府推动作用来发展创意产业，形成了以政府主导为主的创意产业集群模式。近年来，重庆、四川、陕西、云南等少数西部省市，创意产业发展迅猛，创意产业集聚化趋势非常明显，规模效益开始显现，其中一个重要原因就是政府在创意产业园区的规划建设当中扮演着非常重要的角色。政府把发展创意产业纳入政府总体规划当中，并在人才引进、资本运作、服务平台建设等诸多方面给予政策和资金支持。

一般来说，中部地区经济水平和科技实力比不上东部沿海地区，自然风光不如西部地区丰富多彩，更缺少独特的少数民族文化资源，所以，中部地区在承接东部地区产业转移的过程中，更多地引入高新技术和创意理念，充分开发和利用本地历史文化资源和自然资源，走"文化+创意"型的创意产业发展道路。相比较而言，东部沿海地区创意产业规模大，产

---

① 中国海洋大学国家文化产业研究中心：《中国东部沿海城市与中西部城市文化产业模式比较》，中国文化产业网（http://www.cnci.gov.cn/content/2008128/news_35887_p3.shtml）。

业集群发展更成熟些，高科技与文化资源结合密切，重点发展科技含量高的新兴创意产业。中西部地区创意产业发展较晚，高新技术与传统文化资源结合尚缺乏连接点。发展优势产业主要集中在传统艺术表演、休闲旅游、工艺美术品制造、家用视听设备制造等科技含量比重较低的劳动密集型产业，而新兴创意产业规模较小。但不管东部地区还是中西部地区，只要坚持因地制宜，发挥比较优势，吸引适宜本地发展的项目和人才，创意产业的发展自然会走出一条与众不同的特色之路。

四 中国东部、西部地区创意产业集群非均衡发展的区域差异性分析

实践表明，无论是从创意产业发展水平，还是从创意产业发展模式和区域布局来看，东部、西部地区都表现出极大的差异性。这种差异既有各地区对创意产业认知的主观差异性，也有各地区经济发展水平、自然资源和历史文化的客观差距。

（一）创意产业集群区域差异性的表现

1. 历史文化背景的区域差异性

长期以来，各地区由于处于不同的自然环境和历史文化背景下，受到社会政治、民族宗教以及经济条件等多种因素的影响，在中国形成了具有地域性特点的文化板块。例如，东部地区根植于长三角地区的吴越文化和珠三角地区的岭南文化，重商轻农，讲求实效，赋予了该地区开放、创新的文化优势，随着改革开放的政策扶持不仅带来东部沿海地区经济高水平增长，而且促使东部沿海地区的地域文化普遍向现代文化方向转化，文化资源得到有效开发，成为文化产业化的先行先试地区。而中原地区传统的地域文化是在小农经济的基础上形成的，以儒家文化为核心。其根基决定了它的主要特征：重农轻商、重义轻利、中庸和谐、安于现状，进取意识和冒险意识严重不足。西部地区是中国少数民族最为集中的地区，具有民族文化独特、文化积淀深厚、民族风情浓郁的特点，为西部创意产业的发展提供了坚实的基础。但在整个西部文化心态体系中，"守土重迁"的封闭保守意识、"夜郎自大"的地方圈观念、"四平八稳"的小农意识等，使西部农牧类型文化在信息文化时代显得极不协调。[1] 思想观念保守落后，对市场信息反应慢，常常错过发挥政策效益的最好时机。

---

[1] 颜荟：《中国文化产业区域差异化发展现状与战略调整》，《科技创业月刊》2008年第12期。

2. 经济发展水平的区域差异性

东部地区地处沿海，交通便利，具有对外经济贸易与文化合作交流的区位优势，加上东部沿海地带劳动力素质高、科技实力强、思想意识超前，在经济发展上占有明显优势。中国实施改革开放以后，国家实施由东部沿海地区逐步向中西部腹地展开的梯度推进战略，充分发挥东部地区经济发展的先导与示范作用。完善的市场环境、高技术和高资金支撑，极大地促进创意产业在东部沿海地区的迅速发展。相比之下，中西部地区大多为内陆地区，由于在地理区位上的劣势，自然条件"先天不足"，导致人才、资金、科技信息和文化交流的不畅，特别是科技与人才资源的匮乏严重制约了创意产业的开发能力，也阻碍了中西部地区经济的发展，而社会经济和思想意识的落后进而导致了发展创意产业的消费市场滞后。此外，东部经济发达地区的文化需求和消费能力高于中西部地区，文化消费所呈现出来的地区差距将进一步加剧地区之间创意产业发展的不平衡。

3. 扶持政策与运作机制的区域差异性

东部沿海地区经过改革开放 30 多年的实践探索，已形成了较为成熟的政策法规制度和完善的市场化运作体系。中西部地区则由于自然条件和社会发展历史的原因，其改革开放进程相对缓慢，市场化程度较低。同时在创意产业市场化运作方面的认知程度存在差异，各省区市对制定创意产业发展规划和相关政策制度的步伐快慢不一，政策支持力度差异也很大。如浙江省早在 1999 年就提出发展创意产业，并出台了《浙江省建设文化大省纲要（2001—2020 年）》，成为全国第一个省级文化建设指导纲领。北京发布的《北京市文化创意产业分类标准》，则成为中国最早完成创意产业指标体系的城市。中西部地区的山西省、陕西省分别出台了《山西省建设文化强省发展规划纲要（2003—2010 年）》和《陕西省文化产业发展纲要》，成为中西部出台相关规划较早的省份。从时间上看，东部地区在创意产业发展规划方面至少比中西部地区早 5 年。东部地区不仅在文化体制改革、实施文化市场化运作机制等方面先行一步，而且在创意产业发展的支持力度上，东部地区也要远远超过中西部地区。随着改革的不断深化，东部地区创意产业市场越来越成熟，创意产业集聚度也越来越高，创意产业的区域发展差距将有继续拉大的趋势。中西部地区对创意产业的地位和作用认识不足，缺乏对创意产业市场的培育，政策扶持力度较弱。一些省份对创意产业缺乏具体的实施办法，甚至对国家已经出台的一些政策还没有全面落实到位。有的地方政府部门用计划经济的手段管理市场经济行为的惯性仍存在，政府过多地干预创意产业经营管理，企业难以形成真正的市场主体和法人实体。这也就再次加剧了区域创意产业的不均衡性。

4. 创意人才资源的区域差异性

东部地区高等院校密集，并集中了全国大部分国家级的科研院所，高等院校每年为创意产业及相关产业输送大批创意人才。同时，良好的城市氛围和优越的生活条件也会吸引大批的海内外优秀人才来此工作。中西部地区只有重庆、西安、成都、武汉等少数城市拥有高校较多，创新研发能力较强，其他地区则缺乏创意人才培养条件，也很难留住高层次的创意产业人才。以2006年为例，当年全国共有普通高等学校1552所，其中东部地区有普通高校689所，占全国普通高校总数的44.39%；西部地区有普通高校375所，占全国的24.36%，东部地区是西部地区的1.82倍。普通高校共有本专科在校生1108.56万人，其中东部地区有本专科在校生516.19万人，占全国总数的46.56%；而西部地区只有本专科在校生235.4万人，占全国的21.24%。[①]不仅如此，东部地区高校设置创意产业专业比中西部地区要早很多年，其专业数量和毕业生数量也多于中西部地区。这种专业人才的分布失衡也是形成创意产业集群区域差异的重要因素。

（二）创意产业集群的经济增长空间

中国人民大学文化创意产业研究中心发布的《中国省市创意产业发展指数（2011）》显示，2011年中国区域创意产业综合发展格局基本未变。广东、北京、上海、江苏、山东仍居于全国前五位，浙江、天津、四川、辽宁、福建位于6—10位。其中，四川首次进入前10名；但产业影响力（产业绩效）方面，四川、陕西、湖南、安徽等中西部地区凭借创意产业良好的社会效益及不断提高的经济效益进入前10；产业驱动力（产业发展环境）序位变化较大，创意产业发展相对薄弱的省市区由于政府高度重视与支持，产业驱动力上升较为快速。产业驱动力指数排名前

---

① 侯耐荣：《中国东西部高等教育发展不均衡的比较分析》，《医学教育探索》2007年第3期。

10 的中西部地区省市占 7 个。从中国省市区创意产业发展指数（2011）的整体态势来看，中国各省市区创意产业发展指数年增长速度基本上全部呈现正增长的态势；在增长率最快的 10 个省市区中，有 5 个位于中西部地区。①

从前文数据分析结果可以看，东部地区很多省市创意产业的年创意产业总收入很高，但实现增加值占本地 GDP 比重却不高，甚至有些地区低于中西部一些省市，比如山东和浙江的创意产业增加值超过 1000 亿元，增速分别为 19%、20%，低于同期全国年均增长率（24.2%），而增速较快的省市大部分位于西、中部地区。此外，东部地区的辽宁、天津、福建、海南等省的创意产业增加值总量少，且占 GDP 比重小，甚至低于中西部很多省市。这或许意味着东部地区创意产业产能过剩，产出效益下降，这与中国东部与中西部地区经济发展不平衡的形势基本一致。同时也意味着在未来一段时间，由于东部地区的创意产业资本过于集中，资产收益下降，逐步成为企业资本的主要输出地，而中西部地区具有极其丰富的文化资源和巨大的经济发展空间，其投资机会则好于东部地区，成为吸纳投资的最佳区域。

值得注意的是，改革开放之初，国家在推进东部沿海地区经济发展的同时，也对东部沿海地区的创意产业发展给予极大支持，使东部地区在资金、税收和对外贸易等诸多方面享受到更多的扶持政策，创意产业发展较快。但近年来，国家已把战略视角从改革开放前哨转移到中西部腹地，先后实施了东北振兴、中部崛起、西部大开发三大区域发展战略，无疑为中西部地区的社会发展带来了更多的机遇，同时也提升了创意产业的发展空间。特别是随着国家扶持政策向西倾斜，东部沿海创意产业的一部分行业领域也开始向中西部地区转移，为中西部地区发展创意产业带来战略机遇。因此，中西部地区的省市政府部门应抓住机遇，深化改革，科学制定创意产业发展规划和区域布局，全面整合区域文化资源，积极建设创意产业集聚区，提高本地区创意产业在全国的重要地位和影响力。

---

① 赵婀娜：《文化产业发展指数：产业增速前十中西部居半数》，中国科技网（http://www.stdaily.com/stdaily/content/2011-11/15/content_378793.htm）。

第三节 中国主要城市创意产业集群的区域差异性

随着中国创意产业发展规划和扶持政策的陆续出台，全国大部分城市都十分重视创意产业发展，创意产业的地位也得以加强。从全国范围来看，有2/3以上的大中城市都提出建设文化创意城市，省会城市一般都在经济和社会发展"十一五"及"十二五"规划中把发展创意产业列为重点领域，有的还上升为城市发展战略加以实施，而北京、上海、深圳、南京、重庆等少数城市更是专门编制创意产业"十一五"或"十二五"发展规划，用以指导创意产业总体规划和长远发展。由于各地区的地理位置、经济发展水平、产业基础及文化资源等因素存在差异，导致各大城市之间创意产业集群的发展程度和发展模式也有很大不同。

一 中国主要城市创意产业集群的总体状况

中国创意产业集聚区主要集中在大城市及周边地区，多数分布于北京、上海、天津、重庆四大直辖市和省会城市以及青岛、大连、苏州、厦门等一批副省级城市，这些城市创意产业发展基础比较好，发展速度快，产业规模大，基本代表了中国创意产业发展的总体水平。

（一）中国主要城市创意产业的综合数据对比分析

根据相关统计数据，作为创意产业的四项基本指标，创意产业的增加值与占GDP比重、法人单位数、就业人数、资产总额及年营业收入可以基本反映一个城市创意产业的发展情况。

表5-3 2010年中国部分城市创意产业数据列表

城市	资产总额（亿元）	营业收入（亿元）	企业数量（个）	就业人数（人）	增加值（亿元）	占GDP比重（%）
北京	54670.14	8865.88	127339	1841230	1692.2	12.3
上海	26954.88	5466.42	81827	1282744	1673.79	9.75
天津	6142.37	582.62	19047	301761	340	4.5
重庆	3279.57	747.88	20532	332099	238.75	3.0
南京	4629.91	909.02	12356	248246	265	4.3

续表

城市	资产总额（亿元）	营业收入（亿元）	企业数量（个）	就业人数（人）	增加值（亿元）	占GDP比重（%）
杭州	6788.79	1275.06	23581	380286	702	11.8
青岛	1913.33	611.91	15993	251186	436.3	7.7
广州	9481.26	2803.69	31872	640644	880.1	8.3
深圳	16490.69	2402.57	27194	638910	531.3	6.84
长沙	1834.15	493.16	6264	177159	453.84	10
武汉	9393.75	836.15	18681	343190	303.2	5.5
成都	3946.95	1311.64	14352	375585	136	4.8
西安	1320.89	531.85	8368	247702	151.02	5.54
昆明	3333.04	387.11	8203	153254	153.92	8.51
大连	1742.99	425.10	14943	191655	140	3.2
厦门	1069.11	259.34	7285	130709	145	7.0
南昌	493.37	242.48	3315	108047	72.3	3.3
海口	771.23	94.47	4334	58665	43.2	2.6
西宁	481.95	49.41	1461	33932	7.9	1.7

资料来源：张京成：《中国创意产业发展报告（2011）》，中国经济出版社2011年版。

统计数据显示，北京、上海、广州、深圳、杭州、重庆的创意企业数量超过2万家，其中北京、上海数量最多，成为全国创意产业企业最密集的城市；就业人数过百万的城市有北京、上海，拉动当地就业增长成绩显著。企业数量和就业数量相对较低的城市是兰州、西宁、海口、南宁、太原等中西部地区城市。在创意产业资产总额和营业收入方面，北京和上海依然占据前两位，深圳、广州紧随其后，武汉、成都分别位列中西部地区城市之首。但创意产业收入不足100亿元的省会城市中均为西部地区，说明这些城市创意企业规模小，企业创收能力低。

从行业上看，除北京、上海在创意产业的各个行业处于明显优势外，影视文化类行业最发达的城市是西安、杭州、广州、武汉、长沙等，其中西安和长沙在中国主要城市中属于第三集团，但在影视业排名进入前七位，说明这两个城市在影视业方面优势突出。电信软件类行业比较发达的城市是广州、深圳、济南、杭州、成都、南京、西安等，"设计之都"深圳在设计服务类行业排名第一，杭州位居第二。广州、杭州、武汉、沈阳在展演出版业具有一定优势，而休闲娱乐业广州、深圳、杭州、长沙等城市较为发达，昆明、海口、大连会展业发展势头良好，产业规模初步形成。

按照张京成在《中国创意产业发展报告（2011）》的数据分析，可以看出中国主要城市的创意产业发展情况大致呈现四个层次的金字塔状分布。北京和上海作为中国创意产业的先行者，综合排名位居前两位，组成中国创意产业的第一集团军；广州、深圳、杭州、南京、天津、武汉、成都、重庆、济南、青岛、苏州11个城市组成第二集团，这些城市已经具有一定的发展优势，正处于稳步发展阶段；福州、西安、长沙、沈阳、昆明、郑州、太原、南宁、长春、哈尔滨、大连、厦门等组成第三集团，这些城市已具备一定的发展基础，处于成长阶段；石家庄、乌鲁木齐、贵阳、南昌、海口、兰州、呼和浩特、西宁、银川、拉萨、桂林、三亚、珠海等为第四集团，这些城市创意产业基础相对薄弱，尚处于萌芽阶段。①

（二）中国主要城市创意产业园区的分布情况

作为推动创意产业发展的重要载体和创意产业集群的表现形式，中国创意产业园区21世纪初发端于北京、上海等大城市，随后这种创意产业集群形式，在全国各地如雨后春笋般快速发展，各省市的创意园区发展呈燎原之势。截至2011年年初，全国已建成的具有一定规模的各类创意产业基地、园区已达到350个，其中由国家文化部命名的共有6家国家级创意产业示范园区、4家国家级创意产业试验园区和204家国家创意产业示范基地（见图5-5）。这些国家级的创意产业基地、园区在全国各省市区都有分布，其中东部地区共有89家，占基地总数的41.6%；中部地区共有47家，占基地总数的21.9%；西部地区共有56家，占26.2%；东北地区共有22家，占基地总数的10.3%。②

从数量上看，北京、上海拥有国家级创意产业示范园区数量最多，名列前两位；广州、深圳、杭州、长沙、天津、西安、沈阳、武汉、成都、哈尔滨等名列前茅。从行业上看，软件和动漫产业基地集中分布于中东部地区的中心城市，以及成都、西安等西部区域中心城市。11家国家级软件产业基地主要分布在北京、上海、西安、南京、济南、成都、广州、杭

---

① 张京成：《中国创意产业发展报告（2011）》，中国经济出版社2011年版，第724—725页。
② 王建：《以规划为引领，推动区域文化创意产业战略崛起》，赛迪顾问（http://blog.sina.com.cn/s/blog_492be8c20100z9gc.html），2011年11月17日。

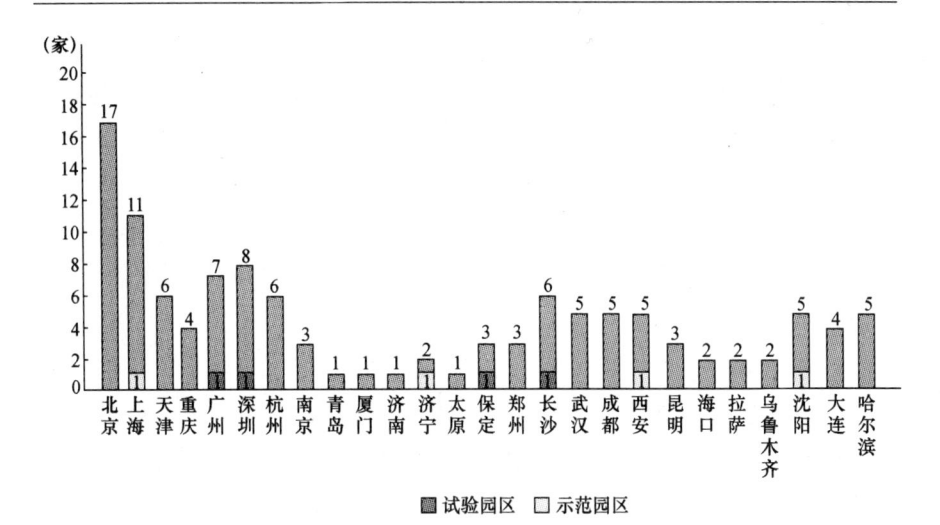

图 5-5 中国部分城市获得国家级创意产业园（或示范基地）

资料来源：文化部文化产业司发布数据，文化部网站，http://www.mcprc.gov.cn/sjzz/whcys_4769/。

州、长沙、大连、珠海等东部经济发达城市及中西部区域中心城市。8 个国家数字出版基地主要分布在上海、重庆、杭州、长沙、武汉、天津、广州、北京等科技和文化融合能力强的城市。76 家艺术表演及传统手工艺品制作基地，中西部地区有 42 家，占总数的 55.3%；59 家文化旅游基地，中西部地区有 35 家，占总数的 59.5%。[①] 可见，西部地区除重庆、成都、西安三大中心城市建立的创意产业园区具有动漫、软件设计、数字娱乐等行业外，大部分城市的创意产业园区是以文化旅游、艺术表演及传统手工艺品制作等为主体。

目前，一批较为成熟的创意产业园区集聚效应明显，培植了大批龙头企业，并依托这一优势，逐步形成创意产业高地，在经济和社会文化领域产生显著的综合效益，成为中国创意产业跨越发展的"助推器"。国家级示范园区（基地）已经催生出华强、保利、盛大、华侨城等一批具备较强实力、竞争力、影响力和自主创新能力的大型创意企业（集团）。汉王科技、暴风影音等北京龙头企业大多落户创意产业集聚区。浙江省东阳市

---

① 王建：《以规划为引领，推动区域文化创意产业战略崛起》，赛迪顾问（http://blog.sina.com.cn/s/blog_492be8c20100z9gc.html），2011 年 11 月 17 日。

横店影视产业实验区则集聚了浙江 2/3 的电视剧制作机构，包括华谊兄弟、华策影视等国内首批文化上市企业。据统计，2010 年，国家级文化产业示范园区（基地）总收入 2500 亿元，总利润逾 365 亿元，共获得 16626 项自主知识产权。①

（三）中国城市创意产业园区的特点与趋势

通过对全国创意产业示范园（基地）在各大城市分布情况的分析，可以看出：

1. 创意产业园区主要集中在东部沿海城市

北京的新闻出版、广电影视、软件、动漫全国领先；上海的创意设计、影视制作、时尚消费及休闲娱乐业优势明显；深圳作为中国现代平面设计的发源地，依托高新技术，重点发展以自主知识产权为核心的数字内容产业，现已拥有一批以 A8 音乐、腾讯、华强科技、华视传媒等为代表的文化科技型企业；杭州已形成动漫、游戏制作、出版发行等优势产业；天津、南京、苏州、青岛、大连等城市也均有各自优势产业，创意产业集聚化趋势明显。

2. 创意产业园区发展具有路径依赖性

总的来说，中心城市比一般城市在经济发展过程中具有强大的优势与巨大的发展空间，对于创意产业发展更具吸引力。中国城市创意产业首先聚集于大城市或区域中心城市，然后随着大城市周边地区经济的迅猛发展和消费市场的需求扩大，在大城市的辐射作用下创意产业也逐渐扩散到城市周边地区；此外，随着房屋租金上涨和土地空间限制，创意产业在城市中心区的发展受到制约，逐渐由城市中心区向城市郊区迁移，形成创意产业集聚区。

3. 创意产业园区运行机制更具灵活性

投资主体多元、运营模式多样，是中国创意产业园区发展建设的一个显著特点。目前中国创意产业园区还没固定统一的发展模式，政府主导型园区和企业主导型园区最为普遍，前者主要由政府统一规划、投资、管理，如无锡（国家）数字电影产业园是国家广电总局、江苏省和无锡市共建的国内首家以数字电影拍摄和后期制作为主题的产业园。后者则以市

---

① 冯源等：《文化产业园区成为文化产业跨越发展"助推器"》，新华网（http://news.xinhua08.com/a/20120507/951568.shtml/）。

场为导向，自负盈亏，如南京垠坤公司从 2006 年起以租赁经营的方式运作文化产业园区，已取得巨大成功。由于创意产业园区开发建设需要投入大量的人力、物力和财力，两种发展模式在近年来出现了合流趋势。

二 东部主要城市创意产业集群发展

东部地区以北京、天津、上海、南京、杭州、苏州、广州、深圳、福州、厦门、济南、青岛、大连等大城市的创意产业发展最为显著，其城市间的创意产业集群发展模式既有相同之处，也有很大的差别，以下仅以北京、上海、深圳三大城市创意产业发展模式为代表进行简要归纳总结。

（一）北京创意产业集群的发展

自 2004 年北京市政府制定经济战略规划将创意产业作为其重点发展领域至今，短短的几年时间内创意产业已经成为北京市仅次于金融业的第二大支柱产业，并呈现出广阔的发展空间。2010 年，北京创意产业实现增加值 1692.2 亿元，比上年增长 13.6%，占北京 GDP 的 12.3%，对 GDP 增长的贡献率达 12.45%，吸纳劳动力就业 114.8 万人，占全市总就业人数的 11.5%。[1] 目前，北京市创意产业继续保持良好的发展势头，形成了全方位、多层次的创意产业发展格局，广播影视、广告会展、新闻出版业、软件、网络及计算机服务业、运动休闲、旅游、艺术品交易、广播电视、广告会展等行业得到了全面的发展。

截至 2011 年，北京市已经认定 30 个创意产业园区，分布在全市 16 个区县，涵盖了创意产业九大门类，不仅集中了全市大部分的创意产业资源，而且成为创意产业发展的重要空间依托。从地域分布上看，中轴线是北京历史文化区，以历史文化旅游为特色；北端以奥运体育、演展文化为重点；南端为国家新媒体产业基地，以影视、动漫游戏、数字出版为基础；左翼是中关村科技教育创新中心和石景山数字娱乐体验中心；右翼是以大山子为中心的现代艺术区和国际传媒贸易中心。从地域分布上看，朝阳区创意产业园区最多，建有 8 个，涉及原创艺术、艺术品交易、广播影视、新闻出版、设计服务、旅游休闲等；海淀区有 3 个园区，功能集中在软件、网络、计算机服务及出版业；东城、西城、丰台、石景山、通州各 2 个，其中石景山区的 2 个集聚区功能也主要集中在数字娱乐、计算机服

---

[1] 北京市统计局：《北京市 2010 年暨"十一五"期间国民经济和社会发展统计公报》，北京统计信息网（http://www.bjstats.gov.cn/xwgb/tjgb/ndgb/201102/t20110221_196297.htm）。

务业领域，通州区的原创艺术和出版发行业区位优势明显；其他9个区县各有1个产业园区，这些区县依据自身资源条件进行不同的功能定位。从产业布局上看，软件网络和计算机服务业园区数量最多，占总数的20%，集中了北京市绝大多数的高科技创意资源，分别是中关村创意产业先导基地、中关村软件园、中关村科技园区雍和园、北京数字娱乐产业示范园和中国动漫游戏城。文化艺术行业的集聚区有5个，集中了全市大部分文化艺术资源，分别是北京798艺术区、北京宋庄原创艺术与卡通产业集聚区、前门传统文化产业集聚区、首都音乐创意产业集聚区和北京音乐创意产业园；新闻出版行业集聚区有3个，即国家新媒体产业基地、惠通时代广场和北京出版发行中心；广播影视业集聚区有中国（怀柔）影视基地和北京CBD国际传媒产业园2个集聚区，成为广播影视资源集聚地；北京DRC工业设计创意产业基地、北京时尚广场、北京大红门服装服饰创意产业集聚区为设计服务行业集聚区；北京潘家园古玩艺术品交易园和玻璃厂历史文化创意园区为艺术品交易集聚区；北京顺义国展产业园是北京最大的会展业集聚区；其他的均为旅游、休闲娱乐业集聚区。

近年来，北京创意产业集聚区在创造创意产业产值和吸纳就业等方面取得巨大成就。2010年创意产业园区共创造产值1000亿元，其中软件、网络及计算机服务业的增加值为710.5亿元，占全市创意产业增加值的47.7%，共有从业人员45.1万人，占创意产业就业总数的39%。无论在产值、增速及占GDP比重，还是吸纳就业数量方面都处于北京创意产业之首，成为名副其实的第一支柱行业。北京作为全国新闻出版中心，其新闻服务和数字出版集聚区已汇聚了新华社、凤凰新传媒等众多媒体单位，北京出版集团、中印集团数字印务公司、北京神州鸿儒文化发展有限公司等大型出版印刷企业，以及汉王公司、中文在线等一大批优秀电子出版企业。2009年，"汉王电子书"销量达到26.6万台，占据国内市场90%以上的份额。中国（怀柔）影视基地作为"中国影都"，其影视生产能力占全国的60%。以北京古玩城、潘家园古玩市场和天雅古玩城为主体的潘家园古玩艺术品交易区年交易总额逾36亿元。[①] 广告会展、创意设计、休闲娱乐、旅游业等的产值也稳步增长，显示出强大的集群竞争力。而且

---

① 曲灵均：《北京成为全球最大文物艺术品交易中心》，国际在线（http://gb.cri.cn/27824/2011/01/17/541s3126958.htm）。

北京的特有的产业定位使其形成特有的成熟影视产业集聚区。北京市创意产业九大领域中，艺术品交易、软件网络、旅游休闲娱乐、设计服务四大领域增长较快，高于创意产业平均增速。目前北京有创意产业企业12.7万家，其中规模以上企业有6812家，实现收入4081.9亿元，占总收入比重高达90.6%，同比增长16.6%。收入在亿元以上的单位共有667个，实现收入3382.5亿元，同比增长24.6%，占全市规模以上创意产业收入的75.5%。[①] 创意产业对于北京经济的贡献十分明显。

(二) 上海创意产业集群的发展

近年来，上海通过政府宏观指导，企业主体运作，院校智力推动，社会广泛参与，形成了良好的创意产业发展合力，成为推动创意产业发展的动力。据统计，上海创意产业增加值从2004年的493亿元增至2010年的1673.79亿元，占全市GDP比重从5.8%提高到9.75%，实现增加值增长15.6%，对上海经济增长的贡献率达到14%，从业人员为108.94万人，人均贡献的增加值为12.09万元。[②]

目前上海已在新闻出版、广播影视、文化艺术、数字娱乐等领域，集聚了一批具有较强实力的创意企业，研发设计、建筑设计、文化传媒、咨询策划和时尚消费五大创意产业门类的规模获得快速增长，创意产业已成为上海经济增长的亮点，是上海城市和产业转型的支柱产业之一。

为了实现创意产业内部资源的优化整合，提高区域经济竞争力，上海市扩大创意产业集聚范围，加快创意产业集聚化的发展步伐，其示范、辐射和推动作用为地方经济的发展做出了巨大贡献。统计显示，2011年市级授牌的上海市创意产业集聚区已达89个 (其中园区52个)，全市创意产业集聚区的总计入驻企业6110家，从业人员大约11.47万人，全年营业收入约为780亿元，同比增加20%，营业收入422.2亿元，同比增长84%。[③] 上海创意产业园区分布在全市各个区县，先后建设了上海张江文化科技创意产业基地、8号桥、田子坊、M50、尚街、红纺、2577大院等

[①] 苏民：《北京创意产业优势显现 亿元以上单位收入占比达七成五》，《经济日报》2011年10月30日第3版。

[②] 李茜：《文化创意将成上海支柱产业 "十二五"期末占全市生产总值12%左右》，上海金融网 (http://www.shfinancialnews.com/)，2011年9月23日。

[③] 杜平：《上海文化产业园区达52个 园区呼唤更多创意集群》，《文汇报》2012年5月2日第5版。

11家国家级示范创意产业集聚区。这些集聚区产业导向明确，服务平台优良，具有良好的产业集聚效应和品牌效应，已逐步形成具有鲜明区域特色的空间格局。上海创意产业区在空间格局上主要形成了三个圈层：苏州河沿岸圈层、黄浦江沿岸圈层和大学周边圈层。[①] 沿苏州河形成的创意产业集聚区是依托老厂房、老仓库发展而成上海第一批创意产业区，主要集中在上海内城的CBD商务区和内环线之间区域；沿黄浦江沿岸形成的创意产业集聚区主要以发展研发设计、会展、广告和时尚消费设计为重点，为上海第二批创意产业区；依托同济大学、上海交通大学的专业人才优势而集聚形成的创意产业园区，成为以产学研结合为一体的创意产业园建设的典范。

上海将创意产业与历史建筑保护结合起来，突出"时尚"与"科技"，形成了政府引导、市区联动、市场运作、中介服务的发展路径。

（三）深圳创意产业集群的发展

深圳作为中国改革开放的试验区，依托经济特区的政策优势和移民城市的特殊文化背景，在市场机制的作用下，迅速发展和壮大创意产业，成为全国创意产业发展的"排头兵"。自2003年深圳市提出"文化立市"的发展战略以来，深圳依托区位优势，发挥"文化+科技"、"文化+金融"、"文化+旅游"特色，坚持政府推动和市场运作相结合、制度创新和研发创新相结合、扩大产业规模与提升产业层次相结合，依靠科技创新和文化创意发展数字出版、数字传媒和数字娱乐三大新兴产业，并带动相关产业发展。近年来，深圳已形成48家创意产业园区，集聚大量以数字内容为主体的企业，其实现营业收入占全部创意产业的比值越来越大，创意产业园区成为深圳创意产业发展的重要平台。

《2011年深圳市创意产业发展状况》白皮书显示，2011年深圳创意产业增加值为2200.82亿元，同比增长24.25%，占深圳GDP的19.13%；从业人数为141.12万人，同比增长26.67%。互联网、网游、电子商务、新闻出版、广播影视业产值稳步增长，继续处于全国大中城市前列。其中互联网产业增加值（全口径）1380.72亿元，同比增长18.9%，占全市GDP的比重为12%。软件产品收入1050.2亿元，软件出口134.6亿美元

[①] 肖雁飞：《创意产业区发展的经济空间动力机制和创新模式研究》，博士学位论文，华东师范大学，2007年，第87页。

(约849.8亿人民币),同比增长10%,占全国的比重近50%;图书、报纸、杂志收入1312.3亿元;广播电视事业收入52亿元。① 同时,深圳创意产业区域聚集程度日益提高,已建设一批具有国际竞争力的自主创新和科技孵化的创意产业基地。

目前深圳市已经拥有了48家创意产业园区,年产值超过亿元,涵盖了创意设计、文化软件、动漫游戏、新媒体和文化信息服务、数字出版、影视演艺、文化旅游、非物质文化遗产开发、高端印刷、高端工艺美术等创意产业的重点领域。从创意产业的空间布局上看,深圳市共有846家创意产业相关企业,其中罗湖和福田两个区集中了732家,占企业总数的86.5%,形成深圳创意产业的核心区;南山和盐田两区共有114家,创意企业数量少且分散,形成了边缘地带。② 深圳市的深南大道、南海大道、宝安北路、宝安南路、北环大道、彩田路等几条主干道是深圳最繁华的商业中心和消费者市场,也是创意产业主要聚集区。其中约有1/4的创意企业集聚在深南大道周围,成为创意企业最密集区域;其他几条主干道周边的创意企业密度也很高,对深圳市创意产业发展具有重要的影响。

深圳创意产业发展的一条重要经验就是依靠市场机制,创新机制体制,加强文化资源和企业资本融合,坚持走以民营企业为主体、多种投资主体共同发展的创意产业发展之路。

三 中部、西部主要城市创意产业集群发展

(一) 长沙创意产业集群的发展

长沙市创意产业发展定位是"文化名城、休闲之都、创意中心"。近年来,长沙创意产业得到了巨大发展,呈现出结构进一步优化,对经济增长的贡献率进一步提升,经济规模和贡献率在全国省会城市中仅次于杭州、广州,居第三位,在中部省会城市中处于领先。据统计,2011年从事创意产业活动的各类经营单位发展到6.22万个,比上年增长10.7%,直接提供的就业岗位达58.4万个,比上年增长11.9%,占全社会从业人员总数的12.5%。经营单位的迅猛增加,为长沙市创意产业的快速增长奠定了坚实基础。2011年,长沙市创意产业总产出1180多亿元,比上年增长24.7%,占全市GDP的10.1%;创意产业增加值达550多亿元,比

---

① 文博会:《深圳版权产业快速增长 141万人创造2200亿产值》,《深圳特区报》2012年5月19日第3版。

② 刘展展:《深圳市文化产业空间布局及区位因素研究》,《特区经济》2009年第3期。

上年增长21.9%，创意产业对经济增长的贡献率达19.4%，创意产业已经成为长沙经济发展的支柱性产业。① 以"动漫湘军"、"出版湘军"、"影视湘军"为代表的核心创意产业是长沙创意产业的特色和优势，在全国范围内具有较大的影响力，对长沙新兴创意产业和其他相关产业的发展起着重要带动作用。

长沙市创意产业发展较早，并逐步走向专业化、规模化和多元化，形成一批特色创意产业园区。现已建成重要的创意产业园区13个，主要集中在出版发行、媒体传播、卡通动漫、广播影视、休闲娱乐、广告会展及文化旅游等行业领域。从创意产业结构上看，网络、广告会展等新兴创意产业比重提升，创造的增加值188.93亿元，占全市创意产业增加值的比重达41.6%；以新闻出版、广播影视、文化艺术为主体的传统产业创造的增加值90.79亿元，占20.0%；其他相关产品生产和销售创造的增加值174.12亿元，占38.4%。长沙创意产业逐步形成了传统创意产业与新兴创意产业竞相发展的态势。同时，非公有制经济所占比重不断提高，非公有制经济单位（包括个体户）55772个，占单位总数的99.2%，实现总收入832.73亿元，占总收入的87.8%②，逐步形成多种所有制经济共同发展的新格局。从创意产业集群依托区位类型看，一是依托长沙国家高新技术开发区等科技园区来发展创意产业园，享受科技园区的扶持和优惠政策，沿袭原有的开发区管理模式。这种模式能有效利用原有的资源和设施，如建在高新区麓谷园的国家动漫游戏产业基地及高新区星沙科技园的金鹰卡通创意产业园。二是开辟新区发展创意产业基地。这种模式有利于拓展空间，形成规模优势，如岳麓区的长沙文化艺术产业园及雨花区的湖南创意产业园。

从地理布局上看，长沙市已形成芙蓉新闻出版产业发展区、星沙特色创意产业发展区、雨花版权交易及创意体验区、麓山创意设计与文化旅游区以及青竹湖文化休闲旅游区五个具有特色的专业集聚区。其中雨花区的湖南创意产业园规模最大，是具有湖湘特色的"文化新城、创意基地"。园区内拥有长沙新广电中心、长沙出版物交易中心、长沙报业文化新城等

---

① 中商情报网：《2011年长沙文化产业产值超过千亿元》，http://www.askci.com/news/201202/11/111655_26.shtml。
② 湖南省统计局：《长沙市文化创意产业实现大发展大繁荣》，湖南省统计局（http://www.stats.gov.cn/tjfx/dfxx/t20110901_402752877.htm）。

功能区，是出版发行及出版服务产业集聚区。岳麓区的岳麓山大学城文化艺术集聚区集聚了画廊、艺术工作室、设计公司及艺术培训机构等210多家，是创意人才和消费群体最集中的区域。长沙麓谷卡通动漫创意园以长沙高新技术开发区为依托，集聚了三辰集团、宏梦公司、山猫公司、哆咪七彩公司、金鹰卡通集团、湖南科技公司、盈博科技公司等动漫企业，形成了原创动漫产业体系。开福区的金鹰影视文化城媒体传播产业集聚区依托金鹰影视基地、世界之窗、海底世界、国际影视会展中心、湖南广电中心和月湖文化园，形成了影视传媒、娱乐观光的现代传媒产业集聚区。芙蓉区创意产业园区以长沙报业中心、湖南省新华书店集团、唯楚文化书城、定王台书市为代表，形成了以经营报刊书籍、音像制品、教育培训、文化休闲、工艺品及办公用品为主体业务的书刊音像产业商贸集聚区。长沙县创意产业集聚区以黄花工业区为依托，形成了以长沙印刷科技产业园、湘绣城为代表的创意产业示范基地。黄花印刷科技产业园目前已拥有印刷、包装装潢、纸业、制版等各类企业32家，建成一个集产前、产中、产后互为连贯的印刷产业链，具有强大的书刊印刷、商务印刷的印务中心及采购、仓储、发运功能于一体的物流中心。

（二）武汉创意产业集群的发展

武汉自2001年全面启动文化体制改革，先后出台一系列政策措施，培育和发展创意产业。多年来，武汉市重点打造"中国数字创意之都"，加快发展创意设计、动漫、软件与服务外包等战略性新兴产业，已初步形成以创意设计为主导，以数字内容为核心的创意产业体系。近年来，武汉市创意产业发展迅速，创意产业对全市经济增长的贡献率稳步提升，已成为带动、活跃武汉经济的重要因素之一。2006—2010年，武汉市创意产业增加值从127亿元增长到303亿元，创意产业增加值占GDP的比重从4.9%提高到5.5%，年均增长19%，不仅高于全市GDP增长速度，同时也超过第三产业增速。创意产业已成为武汉市支柱性产业。

从创意产业领域看，武汉市的创意设计、数字出版、动漫网游、现代传媒等具有产业优势。目前，武汉现有各类创意设计机构500多家，设计人员1.1万人，已形成铁道设计板块、桥梁设计板块、船舶设计板块、勘探设计板块、水利设计板块、汽车设计板块、电力设计板块和钢铁设计板块八大创意设计集群。这些集群主要集中在中北、中南路及珞珈路一带，在不到10平方公里的区域内集聚众多的设计机构，设计水平和产能规模均位于全国前列，仅次于北京、上海。一个真正意义上的"中国设计之都"已见雏形。武汉出版业也位居全国大中城市前列，湖北长江出版集团和武汉出版集团为龙头的一批大型企业集团成为出版产业主体，其中产值过亿元的企业 11 家，百余家企业产值超过千万元。同时，一大批产业特色突出的中小企业迅速崛起，形成一支重要力量。

从创意产业集群布局看，根据武汉市"以国家级开发区为核心，以中心城区为主体，以新城区为依托"发展战略的总体规划，相继建成了涵盖数字出版、创意设计、动漫网游、现代传媒等多个行业的创意园区 21 家，其中科技型创意园区 7 家，入驻企业 1525 家，吸纳就业人数近 8 万人。[①] 一批文化型与科技型创意园区，集聚效应大力彰显，成为带动武汉创意产业的主导力量。武汉东湖开发区与经济技术开发区作为国家级开发区充分发挥创意人才和科技研发优势，已建成武汉市文化科技融合发展的核心示范区，其中中国光谷创意产业基地、江通动画工业园、珞珈创意园、楚天 181 文化创意产业园、马湖创意产业园、"汉阳造"文化创意产业园等为代表的创意产业集聚区已初具规模，成为闻名国内外的创意园区品牌。位于东湖开发区的中国光谷创意产业园现已汇集全省动漫、游戏产业核心资源，重点发展动漫、游戏、互联网、数字出版、新媒体、创意设计、影视后期、动漫衍生品等相关产业，集聚各类科技型创意企业 157 家，拥有自主知识产权 462 项，2011 年实现经营收入 15.6 亿元，成为武汉创意企业最大的集合区，也是国内科技创意型企业最密集的地区之一。[②] 位于武汉经济技术开发区的华中地区首家国家级数字出版基地——华中国家数字出版基地，发展新兴业态，打造云翻译与汉语言教学推广、数字出版发行、网络增值服务、三网融合、动漫网游、工程设计、数字演艺、科技文化会展、高科技文化装备、文化地理与智慧旅游十个特色优势产业集群；已有中国移动、清华同方、腾讯等 20 余家国内知名企业入驻，年产值达 100 亿元，关联产业收入达到 1000 亿元。[③] 同样坐落在经济开发

---

① 熊金超、黎昌政：《武汉大力发展文化创意产业打造"创意之都"》，新华网（http://www.hb.xinhuanet.com/2012-05/13/c_111940425.htm）。
② 王娟：《文化和科技融合示范基地武汉跻身全国三甲》，《长江日报》2012 年 5 月 19 日第 2 版。
③ 熊金超、黎昌政：《武汉大力发展文化创意产业打造"创意之都"》，新华网（www.hbxinhuanet.com），2012 年 5 月 13 日。

区中的江通动画工业园汇聚江通动画、拇指通、诺克斯、超级玩家等一批龙头企业和众多相关企业,动画片年制作能力及企业总产值均列入全国动漫企业十强,动漫产业成为创意产业有生力量。

从总体上看,武汉创意园区多是集孵化、原创、展示、交易为一体的复合性产业园,动漫基地园区、软件开发设计园区和艺术设计园区占有较大比重,其发展模式以政府主导型园区和企业主导型园区两种形式为主,其中政府主导型园区占据多数,国有企业集团在广电、报业、出版印务等行业中是绝对主力,而民营企业则在创意设计、游戏动漫、软件开发及培训服务等领域扮演重要角色。总之,武汉创意产业园区已呈现出差异化、特色化、区域化的总体发展态势。

(三) 西安创意产业集群的发展

西安位于中国版图的中心,是西部中心城市之一,发展创意产业具有良好的区位优势和产业基础。作为拥有丰富文化资源的历史名城,西安与其他城市不同,创意产业发展具有其鲜明的区域特色,如反映汉唐盛世的历史文化区域、表现伊斯兰风情的民族区域、彰显现代科技魅力的动漫产业基地等创意产业集聚区,共同构成西安创意产业的独特风采。多年以来,西安一直坚持以市场为导向、以资本为纽带、区域整合、板块推动的创意产业发展思路,重点发展广播影视、文化娱乐、新闻出版、文化旅游、广告、会展等行业,形成了彰显特色、优势互补、错位发展、互利共赢的发展态势。特别是在建设国际化大都市历史性机遇的推动下,西安创意产业开始进入新的发展阶段。2010年全市实现创意产业增加值184.03亿元,占生产总值的比重为5.7%,较上年提高0.2个百分点;创意产业总资产377.39亿元,较上年增长19.4%;全市共有创意企业法人5267个,单位从业人员10.4万人,个体经营户4万家,从业人员8.48万人,创意产业增加值的增速为19.1%,高于地区生产总值的增速4.6个百分点。[1] 创意产业已经成为西安经济社会发展的重要组成部分,西安作为全国重要的创意产业集聚区和创意产业中心正在迅速崛起。

多年来,西安创意产业以规模化、集约化的方式发展,尤其注重与高新技术、旅游等相关行业的关联嫁接,重视创意产业的开放性、多层次

---

[1] 西安统计局:《西安文化产业实力继续增强投入有待增加》,陕西经济信息网(http://www.sei.gov.cn/ShowArticle.asp?ArticleID=215430),2011年8月11日。

性，初步建成了曲江、高新、经开、浐灞、临潼、秦岭北麓和城墙景区七大创意产业板块；培育了广播影视业、文化娱乐业、新闻出版业、文化旅游业、文物及文化保护业和广告业为发展重点的六大行业，创意产业立体化布局已经确立。从行业发展状况看，影视、出版、印刷、文化娱乐、文化旅游等传统产业仍然占据主导地位，彰显了西安作为传统文化大市的产业规模和实力。但网络、游戏、广告、会展等新兴产业增长快速，年均增速高于传统产业，成为吸纳就业人员较多的行业。从创意产业区域发展看，西安市内九区创意产业增加值持续占到全市的94.4%，且发展势头强劲；比邻的四县则相对较弱，仅占全市的5.6%。全市各经济开发区成为西安创意产业发展的先行地区，其中曲江、高新、经开三个开发区最具典型性。从创意产业区域板块来看，各大创意产业板块亮点纷呈，示范效应初步显现。一是作为国家级文化产业示范区的曲江新区板块，主要以文化旅游、影视、演艺、会展等为发展方向，已经建成了大唐芙蓉园、大唐不夜城、法门寺文化景区等一批重大项目，创造了"文化+旅游+城市"的创意产业发展"曲江模式"。二是以网络运营、游戏开发、动漫制作等为主要发展方向的高新区板块，已经形成数字内容、现代传媒、研发设计、建筑设计、文化艺术设计与交易等创意产业群体。高新区聚集了西安85%的动漫、游戏、影视制作企业，其中包括文化部认定的5家国家级动漫企业、2家重点文化产品出口企业，动漫游戏总产值达6亿元，出口额1000万美元，同比增速为40%。三是以出版传媒、创意设计、印刷包装产业为主要发展方向的经开区印刷包装产业基地板块。目前入区企业已达36家，实现年销售收入34亿元，使该基地成为中国西部规模最大的印刷包装产业中心。四是浐灞生态区板块以"都市型生态区"为目标定位，重点发展以创意产业为主体的现代服务业。五是临潼秦唐文化区板块，重点建设秦文化园区、唐文化园区、仰韶文化园区等文化园区，延伸秦唐文化内涵，开发古文物市场价值，打造临潼"秦风唐韵御温泉"文化旅游品牌中的精品。还有以宗教文化旅游为主题的秦岭北麓板块，以及具有北方风格、皇城气派的西安城墙景区板块。

从创意产业集群发展模式看，西安注重文化与高新技术、旅游等相关行业的关联嫁接，强化市场主导、政府引导、企业推进的运行机制，选择以创建主题创意产业园区为主，商旅文联合开发为辅的创意产业发展路径，形成功能定位合理、区域特色明显的创意产业空间布局。

(四) 成都创意产业集群的发展

成都市重视发展创意产业,确定了传媒、创意设计、文博旅游、演艺娱乐、文学与艺术品原创、动漫游戏和出版发行七大重点领域,并通过创意行业的大规模资源整合和产业再造,初步形成以园区化、楼宇化为载体,以骨干企业为支撑的创意产业体系,具备了比较成熟的产业组织形态,以及一定规模的产业基础。2011年,成都市创意产业实现增加值约330亿元,增长28%,占全市地区生产总值的4.8%,超过地区生产总值增速。[①] 目前,创意产业的从业人员占全市从业人员总数的2.6%。成都创意产业发展规模已成为西部地区领先的标杆城市。

从产业结构上看,新闻出版、广播影视和文化演出三个传统产业领域,仍占有主导地位,其中出版业在成都具有较为成熟的市场和产业基础,是最具规模的创意产业。出版业经营收入占创意产业总收入的1/3以上,其中图书出版和报刊出版比重最大。数字娱乐业是成都创意产业中经济贡献最为显著的新兴行业。成都市是全国三大数字娱乐中心,网络游戏、手机游戏、视频游戏、动漫、数字音乐业已形成完整的产业体系和一定规模的企业集聚。目前,已汇集数字娱乐相关企业和机构210家,从业人员约3万人。仅2009年的网络游戏销售收入超过25亿元,同比增长120%,居于中西部地区城市的领先地位。

从空间布局上看,成都现有13个创意产业集聚区,按地区划分呈现出中心区、近郊区和远郊区的圈层式特征。在城市中心区依托传统艺术品市场和商业中心消费市场,形成了蓝顶艺术中心、红星路35号、成都珠宝创意设计产业园、西村创意产业园、送仙桥古玩艺术城、送仙桥古玩艺术中心等以当代艺术为主题或艺术品交易的集聚区。其中红星路35号是成都首座大型创意产业园区,是一个集科技、影视、艺术、广告、出版和设计产业于一体的综合性创意产业发展基地,现有100余家国内外创意企业入驻,成为成都市CBD旧城改造的成功案例。近郊区集中了浓园国际艺术村、许燎源现代设计艺术博物馆、猛追湾RBD创意中心、北郊"198"片区、"成都东村"(东部新城创意产业综合功能区)、锦江数字出版传媒产业基地以及国内首个由工业旧址改建的以音乐为主题的成都东区音乐公园。其中锦江数字出版传媒产业基地以三色路为轴心,打造传媒

---

① 郭锐川:《文化产业已成长为成都优势产业》,《成都商报》2012年4月9日第4版。

产业大道,及毗邻锦江河的滨河文化休闲产业带,形成了较完整的印务产业链。四川日报印务中心、成都日报社印刷厂、成都博瑞传播股份有限公司、四川新华彩色印务有限公司、四川联翔印务有限公司和华侨新苑六家新闻出版印务企业的入驻,形成了较完整的传统出版、印务、发行、物流产业链。[①] 凸显数字出版传媒产业集群发展的态势。远郊区域主要有东郊工业高新区的数字娱乐软件园,园内聚集了IBM、Intel、盛大、金山、腾讯等国内外知名电子软件与数字娱乐企业;成都东郊工业文明博物馆是利用旧厂房改造而成的主题博物馆式的创意产业园区;北村艺术区、三圣乡画意村都是艺术群落式的创意产业集聚区,成为融创作、交流、展示、拍卖销售为一体的创意产品交易集散地。

成都创意产业集群的形成模式以"艺术家+企业家"、"政府+艺术家"和"政府+企业家+艺术家"三种集聚形式为主,形成政府主导,企业主体,社会参与的多主体互动运行机制。"艺术家+企业家"模式多以艺术家和企业共同发起形成的艺术群落,这是成都创意产业自发集聚的独有模式;"政府+艺术家"和"政府+企业家+艺术家"强调政府与艺术家或企业家以创意产业的定位和取向,共同投资开发建设的特殊区域,多以旧城改造区或高新技术开发区形式体现。

四 中国主要城市创意产业集群的区域发展综述

从总体上看,中国各主要城市的创意产业集群已经形成了一定的规模,对区域经济的拉动作用十分明显。北京、上海、深圳、长沙、武汉、西安和成都都是中国创意产业相对比较发达的中心城市,创意产业集群规模大,地域分布广,行业涵盖多,产业体系相对完整。从上述七个典型城市创意产业集群发展情况看,各城市表现出一些共同特点:一是都建立在良好地域文化基础上,特定文化、传统和习俗等地域文化将根植于城市区域,并深刻影响创意产业的发展定位和集群模式。二是都强调高新技术产业与创意产业紧密结合,通过高新技术产业,促进创意产业快速而持久地发展。加强高新技术产业和创意产业的互动能在一定程度上构建起个性化的产业模式,生成创意产业园的自身特色和产业竞争优势,进而促进区域竞争力的提升。三是注重政府政策引导和市场主导的融合,在各地创意产

---

① 冯立:《成都锦江:打造数字化出版传媒产业基地》,《成都日报》2009年12月14日第4版。

业园的建设发展中，政府首先进行园区规划和引导资金的注入，再通过政策吸引民营资本介入，鼓励社会广泛参与。四是注重区域差异化发展，立足地域文化资源优势铸就特色品牌。各地区都根据区域特定的文化资源和人力资源明确创意产业的主导产业或重点发展领域，所形成的创意产业集聚区不仅凸显地域特色，而且打造区域品牌，成为城市文化展示的一个窗口。

但这些城市由于经济发展的不平衡性、文化消费的区域差异性，导致创意产业的发展规模、集群模式和运行机制等方面各不相同。东部沿海地区聚集了大量的人才资源，建立了完善的资本运作体系，具有良好的文化消费环境和较强的信息技术基础，创意产业发展起点高，影视、出版、艺术品等传统产业升级快，软件研发、网络出版、动漫游戏、新媒体等新兴产业成长空间大；文化艺术、民间演出、手工艺和民俗旅游等传统业态主要分布在中西部城市和边远地区；现代出版、广电影视、报刊等规模化生产的文化业态在东西中部具有经济文化发展优势的省会城市都有分布。东部三大城市凸显市场引导作用，中西部四城市更多依靠政府主导力量。前者是自下而上式发展模式，属"艺术家+企业家"型集群居多，艺术家部落分布较广，民营资本投资比例较大；后者是自上而下式发展模式，属"政府+开发商"型占集群总量的比重较大，政府搭建平台，招商引资，企业市场运作。当然在现阶段，混合型模式逐渐成为一种发展趋势或主流模式。

在上述城市的创意产业集群形成和发展过程中，各市依据自身的发展条件，形成了具有不同特色的创意产业集群发展模式。如北京"三旧改造"模式——旧城改造型集群模式、北京中关村模式——高校（研究所）支撑型集群模式、上海资本打造模式——成本导向型集群模式、武汉创意社区模式——消费市场拉动型集群模式、成都主体多样化模式——生态环境体验型集群模式、西安商旅文联合开发模式——开发区产业簇群型集群模式，以及深圳的市场引导模式和长沙政府主导模式。这些类型的创意产业集群在上述城市中都会有所体现，应该说每一个城市的创意产业集群类型都不是单一的，而是多样的立体式集群组合体，更重要的是各市都从本地实际情况出发，探索不同的发展道路，对当地的创意产业发展起到了良好的推动作用。

第六章　中国创意产业集群的区域经济空间

创意产业在中国起步较晚，但发展势头强劲，集聚化发展趋势也很明显，北京、上海、南京、杭州、广州、深圳、西安、成都、长沙、武汉、昆明等区域中心城市都形成了一批特色鲜明的集聚区。目前，中国已初步形成环渤海创意产业区、长三角地区创意产业区、珠三角地区创意产业区、"西三角"地区创意产业区、中部地区创意产业区和滇海地区创意产业区六大创意产业区域板块。

第一节　环渤海地区创意产业集群的区域性分析

环渤海地区也称为"环渤海经济圈"，是指辽东半岛、山东半岛和环渤海滨海经济带所组成的广大经济区域，区域面积为 76 万平方公里，总人口 2.24 亿。该区域内城市包括北京、天津两大直辖市及辽宁、河北和山东三省范围内的沈阳、大连、济南、青岛、石家庄等 130 多个大中小城市，同时延伸辐射到山西及内蒙古中东部，分别约占全国国土面积的 13.31% 和总人口的 22.2%。目前，这些城市构成了一个庞大的城市群，形成了广播影视、艺术表演、出版印刷、现代媒体、艺术设计、软件开发、数字娱乐、会展、旅游及艺术品交易等创意产业体系。创意产业已成为环渤海地区综合经济体系的重要组成部分，也是该区域经济发展新的增长点。

一　环渤海地区创意产业集群的发展状况

环渤海地区创意产业集群是以环渤海地区为腹地范围，以创意产业为主体，通过北京、天津、济南、青岛、沈阳、大连等中心城市辐射力形成的区域综合体。该区域地处东北亚前沿，交通网络发达，区位优势明显，且具有深厚的文化积淀，密集的人才资源，雄厚的产业基础，强大的消费市场需求，使环渤海地区创意产业发展具有良好的资源优势和现实条件，有利于转化为创意产业的发展优势和集聚空间。

(一) 环渤海地区创意产业集群的发展优势

环渤海地区具有发展创意产业的众多优势，这些优势有助于该地区调整优化产业结构，形成创意产业集聚，促进社会经济的可持续发展。

1. 自然资源和文化资源

环渤海地区拥有丰富而独特的自然资源和深厚而广博的非物质文化遗产，为环渤海地区发展创意产业奠定了突出的比较优势。从文化内涵上看，环渤海地区是农耕文化、草原文化与海洋文化的融合区，其首都的京城文化、天津的津卫文化、河北的曲艺文化、山东的孔子文化、辽宁的满清文化等，成为中华文化发展史上具有象征意义的重要部分。北京京剧、吴桥杂技、沧州武术、唐山皮影戏、杨柳青年画、东北二人转和大秧歌等饮誉世界。环渤海地区拥有世界自然与文化遗产9处（占全国的36.3%），国家重点风景名胜区30处（占全国的60%），国家级自然保护区与国家级森林公园105处（占全国的25.5%）。而且该区域是贯通南北东西的交通枢纽之地，也是公路、铁路、航运最稠密的地区，并占有约全国1/3的海岸线。丰富的自然资源和文化资源，以及良好的区位条件，成为环渤海地区开展省域合作，推动创意产业发展的重要条件。

2. 创意人才资源和科技创新能力

环渤海地区具有丰富的人才优势和强大的科技实力，综合科技创新实力居于全国各地区第一位。该区域聚集了数量众多的国内外最著名的高等院校、全国顶级的科研院所、最具实力的企业集团，拥有近300所院校和约占全国1/4的科研人员，是世界上为数不多的高等教育密集区之一，也是国内最大的智力密集区。其中北京、天津、沈阳汇集了全国著名的艺术院校，一批高新技术产业园区汇集成"双核多轴"结构的高科技产业带。这些高校和科技园区本身就是一个丰富的创意人才资源库，其智力资源储备在全国居于领先地位，为创意产业发展提供了重要的智力保障。

3. 经济实力与消费水平

环渤海地区是中国经济发展速度较快、消费水平相对较高的区域。环渤海地区各省（区）市的人均GDP均超过5000美元，人均收入居全国前列。北京和天津人均地区生产总值已突破1万美元大关，进入生活富裕城市行列。环渤海地区经济持续增长，居民生活水平不断提高，对精神文化需求也随之增加，创意产业消费市场进一步扩大已成为必然趋势。

4. 产业基础和政策扶持

环渤海地区一直是中国重要的工业基地，传统工业基础优势突出，电子信息、网络通信、新材料、绿色能源等新兴产业也发展迅猛，并形成了大批高新技术产业集聚区。同时，该区域也是外商企业在中国北方投资最密集的地区，外向型经济发展迅猛。在国家实施可持续发展战略的背景下，老工业基地的升级改造成为区域经济发展的必然要求。北京率先提出"实施创意产业路线图"，迁工厂出城，引创意进驻，并给予极大的政策支持。东北老工业基地振兴战略、天津滨海新区开发等列入国家总体发展战略，使沈阳、大连、天津乃至中国北方地区的创意产业迎来难得的发展契机。

(二) 环渤海地区创意产业集群的发展规模

近年来，环渤海地区创意产业高速增长，产业规模日益壮大，产业体系较为完整，已形成一个以北京为核心，以天津、济南、青岛、沈阳、大连、唐山、秦皇岛为强力支撑点，包含影视传媒、出版发行、文娱演艺、文博会展、文化旅游、软件设计与信息等主导产业群的环渤海创意产业带。创意产业产值占国民经济生产总值比重较大，其中北京已达到12.3%，青岛为7.7%，天津、济南、沈阳、大连接近5%，成为环渤海地区经济的主导产业和拉动区域经济发展新的增长点。

北京是全国最早提出发展创意产业且发展最快的地区，凭借其深厚的文化积淀和雄厚的科技支撑，成为创意产业实力全国位居第一的城市。2010年实现增加值1692.2亿元，占全市生产总值的12.3%，同比增长13.6%，高于GDP增速，对GDP增长的贡献率达12.45%。北京市已经认定30个创意产业园区，分布在全市16个区县，涵盖了创意产业九大门类，不仅集中了全市大部分的创意产业资源，而且成为创意产业发展的重要空间依托。软件、网络及计算机服务，新闻出版，广播、电视、电影，设计服务为其四大主体行业，不仅是北京创意产业发展的支柱，在全国也具有举足轻重的地位。

天津位于环渤海经济圈的中心，是中国北方地区最大的沿海开放城市和近代工业发源地。近年来，天津市抓住产业结构调整的机遇，重点发展设计服务、咨询策划、软件与信息服务、动漫游戏、文化传媒、创意体验等六大领域,并充分挖掘和利用城市工业遗存建筑建设一批创意产业园区,创意产业集群化格局初步形成。2010年,全市已建成和在建创意产业园区或集聚区共计42个,其中天津意库创意产业园等6个国家级产业基地具有一定规模;全市共有创意企业法人单位1.9万个,从业人员达30.17万人,其中设计服务类和咨询策划类两大行业所占比重最大;2011年创意产业实现增加值达到600亿元,占全市GDP的比重超过5%。目前,全市各类文化企业近1.9万家,从业人员30万人,年均增速分别达到13%和7%。[①] 文化用品、设备及相关产品的生产和销售行业是全市创意产业的主体。

济南地处环渤海经济区和京沪经济发展轴上的重要交会点,是环渤海地区南翼和黄河中下游地区的中心城市,也是中国历史文化名城和国家创新型城市之一。为发展创意产业,济南市出台一系列鼓励和扶持政策,设立每年2000万元的创意产业发展专项资金,扶持具有示范性、导向性和自主创新能力的产业项目,引导社会力量兴办创意产业,促进创意产业结构优化升级和集群化发展。目前,济南创意产业实现增加值达129.4亿元,占全市GDP的4.3%;共有创意企业的法人单位数近万家,吸纳就业人数达10万人[②];已建、在建创意产业园区(基地)达30多个,并已在齐鲁软件园、建邦大厦和大学科技园建成3个国家级动漫游戏产业基地,共吸纳动漫企业70余家,占全市动漫企业50%以上,园区基地的集聚效应初步显现。

青岛作为沿渤海经济群的重要城市,是山东半岛的发展龙头和国内最具有经济活力的城市之一,以其得天独厚的资源优势和雄厚的经济实力,引领山东半岛创意产业的发展。2010年,青岛创意产业实现增加值436.3亿元,占全市GDP的7.7%;全市已建立青岛达尼画家村、创意100产业园等21个创意产业园区(基地),总投资达148亿元,总建筑面积约280万平方米,形成集约化发展模式,初步显现创意产业集群效应。

沈阳是中国最重要的重工业基地,素有"东方鲁尔"美誉,也是东北地区最大的国际大都市。作为东北政治、经济、文化、交通、信息中心,发展创意产业是振兴沈阳老工业基地的重要举措。2010年,沈阳已

---

① 陈建强:《天津:"五个一套"振兴文化产业》,《光明日报》2012年4月17日第9版。
② 祝蕾:《济南文化创意产业:"彩蝶"起舞泉水之都》,《济南即时报》2010年7月10日第6版。

建立沈阳"123"创意产业园、明发创意产业园、CO 蓝古、辽宁邮电创意产业园、华强文化科技产业基地、棋盘山创意产业示范园区等园区，其中沈阳"123"创意产业园是东北第一家创意产业园区，引入企业 100 家，实现产值 10 亿元。通过构建"园区 + 基地"的集群模式，将沈阳打造成东北区域性创意产业中心。

大连作为东北地区最大的港口城市，是辽东半岛沿海经济带的金融中心、航运中心。近年来，大连经济一直保持高速增长势头，城市的经济功能也由生产型向综合服务型转变，并利用创意产业推动先进制造业和现代服务业发展。2010 年，大连创意产业实现增加值 140 亿元，占全市 GDP 的 3.17%，其中，设计服务、咨询策划、电信软件成为主体行业。目前，大连已在市区及开发区建设完成星海创意岛、15 库大连创意产业园、大连创意孵化园、大连普利创意产业基地等一批具有一定规模的创意产业园区，其中被文化部认定国家级创意产业示范园区（基地）有 4 个，包括设计、咨询、会展、网络软件、文化旅游等，入驻企业多为"嵌入型"。

唐山地处环渤海湾中心地带，是环渤海新型工业化基地和环渤海经济圈的重要支撑点。唐山作为依靠传统产业发展的资源型城市，发展创意产业对优化产业结构和城市转型至关重要。"十一五"期间，重点打造以休闲旅游、影视、动漫、演艺、印刷为重点创意产业链，以及工业文化和海洋生态文化品牌。秦皇岛是连接东北和华北两大经济区的结合部，素有"京津后花园"之美誉，拥有长城、滨海、生态等良好的旅游资源。在推进创意产业的进程中，着力发展广播影视、演艺娱乐、婚庆会展、数字出版、休闲旅游等产业，实施"数字化引领、结构化升级"工程，提高产业层次和产品附加值。2010 年，秦皇岛已建立北戴河五凤楼创意产业园区、山海关古城产业园区、海港开滦路历史文化街区、抚宁国际婚庆文化产业旅游城、昌黎黄金海岸文化产业带等 10 个创意产业区，形成"一体两翼"基本格局和"旅游 + 文化 + 生态"发展态势。

总之，北京作为全国政治、经济、文化中心，已成为环渤海创意产业的增长极；而天津、济南、青岛、沈阳、大连是环渤海经济区创意产业发展的中坚力量，其创意产业产值所占当地 GDP 比重较高，而且人均创意产业的 GDP 值远高于环渤海经济区的总体平均水平，创意产业对当地及环渤海经济区 GDP 总值影响均较大，对环渤海经济区乃至全国文化经济的发展起到了较大的推动作用。

二 环渤海地区创意产业集群的特点与布局

环渤海地区创意产业集群呈现出城市转型战略化、产业发展特色化、发展模式多元化等发展趋势。

(一)环渤海地区创意产业集群依托重工业城市,促进城市转型和产业升级的战略意义重大

环渤海经济区拥有北京、天津、沈阳、大连、济南、青岛等特大城市和100多个大中小城市,特别是集中了天津、沈阳、大连、济南、唐山等全国重要的重工业城市以及资源型城市,形成了以沈阳为中心的中国最大的工业基地——辽宁老工业基地和以北京、天津、唐山为三角顶点所构成的中国第二大综合性工业基地——京津唐工业基地。两大工业基地拥有钢铁、煤炭、机械、化工、电子、纺织等传统的重工业体系。作为传统老工业城市,天津、沈阳、唐山等老工业城市的产业结构都是以第二产业尤其是制造业为主,制造业对城市经济的贡献率均在50%以上,在其经济体系中处于绝对的龙头地位。这些资源工矿型城市曾是中国近代工业的摇篮,但依靠重工业和资源性产业发展的单极增长模式和粗放型经济增长方式,也曾让这些城市付出过巨大的代价,成为制约城市发展的"瓶颈"。传统的发展模式不仅严重污染了城市环境,而且单一的产业结构也使这些城市一直处在产业链的低端,造成城市发展滞后,使城市逐步丧失了可持续发展的基础。[1] 在中国建设创新型国家、实施可持续发展战略的大背景下,传统产业的发展必须依托科技创意,实现产业结构的升级。环渤海地区必须将创意产业引入到对物质资源,特别是传统工业的升级、改造之中。以"创意"这一原动力为核心,进一步降低消耗,提高效率,为消费者提供更高的使用价值。以创意产业为代表的绿色经济将成为未来环渤海地区的重工业城市经济增长的主要力量。

实践证明,创意产业以其独特的科技文化创新性和强大的产业带动力,在推进区域经济快速发展中发挥着巨大的作用。例如,随着天津滨海新区建设被纳入国家发展战略,着力改变产业结构和城市功能单一的现状,成为天津树立北方经济中心地位,实现滨海新区进一步发展的内在要求。而随着天津六号院、凌奥、意库等一批创意产业集聚区的投入运营,天津经济发展被注入了新的活力,极大地推动天津从制造业城市向服务型

---

[1] 刘炜:《环渤海地区创意产业发展战略研究》,《商业研究》2010年第7期。

和消费性城市的快速转变。沈阳依托国家创新型城市建设，结合周边城市资源已经枯竭的现状，正积极推进城域经济一体化。在沈阳经济区获批"国家新型工业化综合配套改革试验区"后，沈阳经济区和沿海经济带的建设将以新兴产业为主体，全面推进产业结构调整，加快形成"低消耗、低排放、高效率"的经济发展模式，创意产业成为沈阳城市产业升级和功能提升的加速器。

（二）环渤海地区创意产业集群依托海滨城市，海洋文化与城市品牌结合紧密

环渤海经济区拥有天津、大连、青岛、烟台、威海、秦皇岛等一批滨海城市，海洋文化与海洋资源十分丰厚。依托美丽海洋风光和海洋文化资源（如海洋历史文化、海洋竞技文化和海洋饮食文化），发展影视、会展、文化旅游、休闲度假等创意产业，增强海洋经济竞争力，是沿海城市的共同愿望。

从行业发展上看，以海洋文化旅游资源为依托，提高滨海旅游的文化含量是旅游产业的主要发展方向。海洋历史文化和民俗文化开发与旅游业相结合成为环渤海城市创意产业集群的重要途径，如山海关古城景区、北戴河文化产业群、大连金石滩公园、青岛唐岛湾海上嘉年华、威海刘公岛风景区等。举办品牌性的大型文化活动是环渤海会展产业发展的新亮点。如山海关长城节、北戴河情侣文化节、昌黎干红葡萄酒节、青岛国际海洋节、大连国际服装节、大连啤酒节等品牌性的文化活动，成为发展创意产业的主要形式。

从地区来看，大连是以海洋为最大特色的海滨旅游城市。大连拥有丰富的海洋生物、海洋旅游资源等，千姿百态的海蚀地貌，造就了享有"地质博物馆"美誉的金石滩公园；老铁山因黄渤海分界线和蛇岛生物资源引世人注目。同时，大连地区分布众多的历史遗迹，拥有丰富的海洋文化资源及渔家民俗文化风情。大连充分地开发和利用这些资源，精心打造"亲海、游海、读海、品海、玩海、赶海"的旅游品牌，并辅之以多种形式的海洋文化节庆活动[1]，大大提升了城市的文化品位。其中，大连的国际服装节、长海钓鱼节、赏槐会等大型会展与文化活动，成为大连创意产

---

[1] 郭庆祝、吕世欣：《海洋文化在大连城市发展中的战略考量》，《海洋信息》2008年第1期。

业发展的品牌项目。

青岛坐落在美丽的黄海之滨，青岛的海岸线被评为世界上最美的海岸线。迷人的海景和浓厚的海洋文化底蕴是青岛的两大特色，这也是青岛发展以滨海观光娱乐为内容的海洋文化创意产业的重要因素。青岛海洋文化创意产业主要门类包括涉海影视业、滨海演艺业、滨海娱乐业、滨海文化旅游、海洋节庆、海洋民俗、海洋主题公园、海洋工艺品业、休闲渔业等，特色十分鲜明。以海洋节庆为例，青岛有周戈庄祭海节（又称田横祭海节，已成为中国北方最大的祭海仪式）、青岛国际海洋节（这是中国唯一以海洋为主题的节日）、金沙滩旅游文化节（享有"亚洲第一滩"美誉）、青岛海军节（拥有中国最大的海军博物馆）、青岛天后宫民俗庙会、胶南琅琊文化节等，成为国内海洋节庆活动最多、特色最鲜明的城市，对青岛城市知名度提升起到重要作用。据初步估算，2011年青岛市创意产业增加值超过500亿元，占全省总额的41%。青岛全年接待国内外游客4870万人次，实现旅游总收入667亿元，同比增长15%以上。[①] 可见，青岛海洋文化产业已成为创意产业主要力量，青岛蓝色经济更是强有力地带动了青岛社会经济的发展。

威海有着被称为"玉带"的千里海岸线，并分布着刘公岛、西霞口、成山头、银滩、大乳山等众多知名景区点，仿佛一颗颗"珍珠"，串联起来，就是一条独具特色的滨海度假带。近年来，威海高度重视发展滨海旅游业，把滨海旅游业作为国民经济的支柱产业来抓，全力打造以"畅享蓝色休闲之都打造文化旅游强市"为主题的威海标志性的旅游文化项目和多元化、多样性旅游文化服务，并充分利用"山、海、泉、城、岛"等资源优势，对威海海洋文化内容进行组合包装。形成了以"幸福海岸"为主线，以海洋文化为灵魂，以滨海生态、渔家民俗、温泉疗养、田园风光为板块的蓝色休闲产业格局。

秦皇岛居于环渤海经济圈中心地带，是全国著名的集山、海、关及佛教文化为一体的历史文化名城。北戴河是举世闻名的休闲度假胜地，以长城入海著称的老龙头及历史文化名城山海关景区，把长城文化与海文化完美地结合在一起。这里的地域文化和海洋文化积淀丰厚，创意产业发展基

---

① 姜姗：《文化产业成青岛新的支柱性产业　增加值超过500亿》，《青岛财经日报》2012年5月3日第5版。

础良好。几千年来，秦皇岛沿海地带就有以秦始皇、曹操、康熙等为代表的古代封建帝王来拜海、探海，以毛泽东主席为代表的近代伟人及名人住在这里的感海、悟海，留下了大量文化积淀，因而被称为"中国文化名海"。这里地域文化历史悠久且特色突出，孟姜女故事传说、昌黎地秧歌、昌黎民歌、抚宁吹歌四项民间文化都已经被列入国家非物质文化遗产目录。[①] 近年来，秦皇岛建设了山海关古城文化产业园区、北戴河文化创意产业园、昌黎葡萄酒文化产业园、柳河山谷干红文化产业园、抚宁南戴河国际娱乐中心文化园、秦皇岛数据产业基地、秦皇岛·国际婚庆文化产业旅游城、青龙南山满族文化园和海港区开滦路历史文化街区九大创意产业园区，助推创意产业蓬勃发展。

素以"黄金海岸、人间仙境"的美誉著称于世的烟台，位于山东半岛东部，是环黄渤海经济圈的重要城市之一。这里，"山、海、城"一色，"岛、林、泉"相融，有着浓厚的人文历史底蕴及淳朴的民俗风情。烟台现有古遗址、古墓群、古城址、古建筑、近现代纪念地的纪念建筑等各类文物单位800余处，其中有中国最早的海军基地蓬莱水城和驰名中外的蓬莱阁。这里既有八仙过海民间传说，秦始皇登山望海、徐福东渡扶桑的历史故事，也有八仙传说、长岛渔号、渔灯节等海洋民俗活动。海洋非物质文化遗产丰富，海洋民俗节庆极具特色。此外，烟台的国际葡萄酒节、海阳沙雕节、栖霞苹果节、长岛妈祖文化节等会展产业展示了烟台创意产业发展态势。

（三）环渤海地区创意产业集群以北京为核心区域，呈现阶梯式发展格局

环渤海地区创意产业集群发展首先是从区域的核心北京开始，逐渐形成区域增长极，通过区域增长极的扩散和辐射作用，使环渤海城市群创意产业形成一定的梯度。在梯度转移作用下，利用城市创意产业发展的扩散和辐射作用带动整个环渤海地区创意产业的发展。

北京处于环渤海区域"龙头"地位，具有足够的吸引力、辐射力和增长力。北京是一座享誉世界的东方古都和历史文化名城，文源深、文脉广、人才足、科技强，发展创意产业具有得天独厚的优势。特别是经过"十一五"时期的大力推动和快速发展，创意产业已经成为首都经济的重

---

① 田国安：《"非遗"，将我们的精神寄托》，《秦皇岛日报》2010年9月14日第6版。

要支柱产业和新的经济增长点。北京创意产业的产值总量和增速都居于全国各大城市第一位。2006—2010 年，北京创意产业年均增长率达 20.3%，超过同期地区生产总值增速 5.1 个百分点，显示出强劲的增长潜力，现已成为仅次于金融业的第二大支柱产业。从产业构成来看，目前，北京在文艺演出、新闻出版、广播影视、文物艺术品、设计服务、旅游会展等行业整体实力雄厚，主要文化产品和服务的规模、质量和影响力位居全国前列。如北京集聚了 40% 以上的图书出版和音像出版单位，2/3 以上数字电影后期制作企业，全国一半以上的电影来自于北京。北京还是全球最大的中国文物艺术品交易中心，现有文物艺术品拍卖机构和文物经营单位均居于全国首位，文物艺术品交易总量约占全国的 80%。[①] 目前，北京有创意企业 12.7 万家，收入在亿元以上的单位共有 667 个，实现收入 3382.5 亿元，北京市文化航母优势正逐步显现。

相比较而言，作为中国四大直辖市之一的天津市，在全国 60 个城市中创意产业综合排名第 8 位，与北京（排名第一）还有很大差距。2011 年，天津创意产业实现增加值 450 亿元，占 GDP 比重的 5%。创意产业增加值仅占北京创意产业增加值的 1/4。创意企业数约为 1.9 万家，就业人数 30.17 万人，企业数和就业人数均不足北京的 1/6。在工程设计、软件和信息服务、动漫游戏等领域有一批龙头企业，建成和在建创意产业园区 42 家，但被确定为市级以上的创意产业示范区仅有 9 家。沈阳市作为东北最大的城市，着力推进产业升级和结构调整，以大项目拉动创意产业迅猛发展，2011 年创意产业实现增加值达 280 亿元，居东北三省首位。2011 年，大连创意产业增加值仅为 230 亿元。沈阳和大连的创意产业集群总数尚没有北京市多，企业数和就业人数不足北京的 1/5，沈阳、大连在全国 60 个城市中创意产业综合排名分列第 15 位和第 16 位。2011 年，青岛创意产业实现增加值 510 亿元，占 GDP 的比重为 7.7%。济南市创意产业呈现加速发展的态势，创意产业增加值从 2008 年的 91.5 亿元增加到 2010 年的 185 亿元，占 GDP 的比重达到 4.7%，对省会经济发展的支撑带动作用显著增强。唐山市 2010 年创意产业实现增加值 49 亿元，比上年增长了 36%。2011 年，秦皇岛市创意产业实现增加值 39 亿元，同比分别

---

① 李洋：《北京文创业今年总收入预计超 9000 亿》，《北京日报》2011 年 12 月 13 日第 4 版。

增长 34.4%，占全市 GDP 的比重分别为 3.8%。以上城市创意产业增加值的总量尚没有北京一个城市多，况且除青岛外其余各城市创意产业增值速度较低。北京市的创意产业发展程度和竞争力远远高于环渤海城市群的平均水平，可以产生很强的集聚和扩散效应。

可见，环渤海地区创意产业的极化现象明显，创意产业集群的单核式发展模式还将持续发挥作用。即以北京为环渤海创意产业发展的增长极，逐步发展壮大，显示其极化效应和扩散效应。当极化效应发展到一定阶段后，扩散效应进一步加强，形成巨大的辐射作用，带动天津、济南、青岛、沈阳、大连等次级区域的创意产业进一步发展。通过城市体系的作用，使得创意产业由这些高梯度地区向区域内的低梯度地区转移扩散，从而形成了明显的环渤海地区创意产业的区域发展梯度。

第二节 长三角地区创意产业集群模式的区域性分析

长江三角洲地区区域范围（简称长三角）一般指以上海为龙头，与南京、杭州、苏州三大城市构成的核心区，连接江苏、浙江部分地区共 16 个市形成南北两翼的一个扇形区，面积 10.02 万平方公里，约占全国国土面积的 1%，人口约占全国的 6%。长三角地区是中国最大的都市连绵区，基本已形成了由特大城市、大城市、中等城市、小城市、县城和小城镇等组成的多元化的"金字塔"形的等级规模城市群落，形成了世界第六大城市群。在国土面积 1% 的经济区域内，创造了全国近 1/5 的国内生产总值和 1/3 的出口创汇，成为中国经济发展的增长极。

一 长三角地区创意产业集群的发展状况

长三角地区是中国最大的经济核心区，在中国经济、社会发展中具有举足轻重的地位。作为中国经济最发达的区域之一，长三角地区凭借海派文化兼容并包的城市精神、雄厚的经济基础和巨大的消费市场，在发展创意产业方面具有较大的优势。

长三角地区创意产业起步较早。自 20 世纪 90 年代，上海已开始注重创意产业的发展，并以世博为契机全力打造中国的"创意之都"，其创意产业发展水平一直走在全国前列，而浙江早在 2003 年第一个提出建设文化强省的目标,并制定了创意产业发展规划。江苏以南京、苏州一线城市为代表,创意产业增加值已超过 GDP 增幅,成为长三角地区新的经济增长极。目前,上海、江苏、浙江的创意产业正随着城市群建设而在加快融合,已形成以上海为核心,以宁、杭、苏为主体,辐射并带动着周边区域创意产业发展的"黄金三角"格局,创意产业集聚区的发展已成为长三角地区经济增长强大的引擎。

上海在长三角地区创意产业带中具有突出地位。2011 年,上海创意产业实现增加值 1923.75 亿元,比上年增长 13%,对上海经济增长的贡献率达到 15.5%。上海创意产业从业人员 118.02 万人;在上海创意产业十大门类中,工业设计实现产值 685.71 亿元,增加值 187.45 亿元,增长率 37.6%,成为增长速度最快的产业门类。动漫产业产值约为 63 亿元,同比增长 23.7%。网络游戏产业 2011 年产值达到 149 亿元,同比增长 24%,约占全国网络游戏产业的 30%。① 目前,上海已在新闻出版、工业与建筑设计、数字娱乐、数字传媒、时尚消费、文博会展和咨询策划等领域集聚了一批具有较强实力的创意企业,并已建设 81 个创意产业园区,入驻企业超过 6110 家,从业人员 11 万余人,无论是产业规模还是产业增长速度,均位于全国前列。创意产业已成为上海经济增长的亮点,是上海经济发展的支柱产业之一。

浙江依靠市场体制优势和民营经济实力,培育一批有影响的创意企业,影视制作、动漫网游、文化旅游、包装印刷等行业在国内已形成优势,创造了全国著名的"横店模式"和"西溪模式"。2010 年全省创意产业实现增加值达 1800 亿元,占 GDP 的 6.6%。全省有 50 多家创意企业产值超过 1 亿元以上,有 6 家企业产值已超过 10 亿元,居全国前列。杭州作为长三角南翼的中心城市和中国八大古都之一,提出"创意杭州"、"数字杭州"、"动漫之都"、"休闲之都"等建设目标,确立了信息服务、动漫游戏、现代传媒、设计服务、文化会展、艺术品、文化休闲旅游和教育培训八大重点产业,其软件开发、动漫游戏、服装设计、工艺美术等行业发展在全国处于领先地位,成为拉动经济增长的主要力量。2010 年,杭州创意产业实现增加值 702 亿元,占全市 GDP 的 11.8%,年增幅为

---

① 曹玲娟:《上海文化创意产业跑赢 GDP 2011 年增加值 1923.75 亿》,《人民日报》2012 年 8 月 24 日第 4 版。

16.2%，高于全市 GDP 增速 4.2 个百分点，成为杭州重要的支柱性产业。① 其中，动漫游戏业发展态势迅猛，杭州共有 202 家，年生产原创动画片 3.5 万分钟，实现营业收入 18.27 亿元，年产量已跃居全国第一。目前，杭州已建设西湖数字娱乐产业园、LOFT49、唐尚 433、A8 艺术公社、西湖创意谷、高新区国家动画产业基地等 18 个创意产业园区，形成模式多样、风格各异的园区格局，其对城市经济和社会发展的贡献也在稳步上升。2010 年，创意产业园区共集聚相关企业达 1437 家，吸纳就业人数 2.31 万人，实现营业收入超过 42 亿元，增幅达 25.1%。② 杭州依托丰富的文化资源和在经济、科技、人才方面的优势，带动周边地区乃至环杭州湾地区的创意产业发展，形成城西电子信息交易区、滨江高新文化产业区、富阳与桐庐的特色文化制造业区、绍兴文化旅游区等③，成为浙江创意产业最重要的集聚区。

江苏省在动漫、出版、发行、电影、工业设计、文化旅游等领域具有一定的产业优势，创意产业的集群化发展趋势明显，其产业规模和增长速度都居于全国前列。2010 年，全省创意产业实现增加值达 1384.5 亿元，占 GDP 的 3.4%。南京是中国六朝古都，是长三角地区重要的产业城市和经济中心，软件设计、动漫、影视、工业设计等是南京创意产业的优势产业。早在 2006 年南京市提出构建"文化智慧创意中心"的发展目标，围绕"三都、两城、一圣地"安排创意产业布局，同时结合旧城区功能改造和高新科技园区建设推动创意产业集聚区的发展。目前，南京已形成了以城市文化资源为资本、以市场需求为导向、以民营企业为主体、以政府政策支持为轴心的创意产业集群发展模式。全市创意产业园区主要分为综合创意产业园（基地）、当代艺术创意产业园、动漫网游创意产业园、影视创作基地、民间工艺创意市集等 10 余个类别，共计建设 42 个创意产业园区，成为全国发展速度最快、数量最多的省会城市。南京创意产业园区现已形成一定规模经济和错位发展的基本格局。如工业设计依托鼓楼高校

---

① 杭州统计局：《发展势头良好 结构优化明显——2010 年我市服务业发展情况简析》，杭州统计调查信息网（http://www.hzstats.gov.cn/web/infoopen/show_news.aspx?id=35199&code=A034-2011），2011 年 2 月 3 日。

② 张京成：《中国创意产业发展报告（2011）》，中国经济出版社 2011 年版，第 178—179 页。

③ 朱旭光：《长三角文化产业集群模式的三维分析》，《经济论坛》2009 年第 4 期。

国家大学科技园区形成江苏省规模最大、实力最强的工业设计中心;而动漫及软件产业集中在江东软件园及紫金山周围,产业规模在国内仅次于北京、上海,是长三角地区重要的动漫产品生产基地,创意产业已成为南京经济增长的重要推手。2011年,南京创意产业实现增加值265亿元,占全市GDP的4.3%,增速达39.5%,创意企业的法人单位达12356个,就业人数达24.8万人。[①] 其中设计策划类和电信软件类企业在营业收入、企业数与就业人数上都占有较大比重,软件设计销售额居于全国第五位,"中国软件产业名城"初见端倪。地处长三角地区中心的无锡,曾是中国乡镇工业的发祥地,铸造了"华夏百强县"神话,目前仍位列中国十大经济活力城市之中,其创意产业发展也很强势。全市共建成无锡国家数字电影产业园、国家动画产业园、国家动漫振兴基地、国家工业设计园、山水城科教产业园、江苏软件外包园等23个国家级及省市创意产业园(基地),其中年产值超过10亿元的有5个,集聚效应日益彰显。

二 长三角地区创意产业集群的发展优势和布局特征

(一)长三角地区创意产业集群的形成条件和比较优势

长三角地区具有发展创意产业的良好基础和优越条件,主要体现在以下几个方面:

1. 长三角地区自然环境优美,人文积淀厚实,体制环境相对宽松

长三角地区位于中国东海岸线的中点,大陆海岸线长近千公里,长江优良岸线600公里,由上海港、南京港、宁波港、张家港、镇江港等10多个沿海沿江港口组成中国最大的港口群,成为中国对外文化交流和国际贸易的重要门户。江浙一带素有"鱼米之乡"、"丝绸之府"、"旅游之地"之称,南京被称为中国"四大古都"、"文物之邦";杭州更是享有"人间天堂"的美誉。与其他区域相比,长三角具有集"黄金海岸"和"黄金水道"于一身的区位优势,及面向国内外两大市场的经济条件,蕴藏着极大的发展潜力。长三角地区的江东文化、吴越文化及海派文化有着深厚的历史底蕴和文化积淀,成为中国特有的区域文化,并呈现出多样化发展的趋势。长三角地区都市圈80%以上的城市是中国历史文化名城,有76项文化项目列入《世界遗产名录》和国家级非物质文化遗产名录中,占全国总数的14.2%。受经济发展的推动,长三角地区的体制环境

---

① 韶静:《南京文化创意产业发展如何"突围"》,《江苏商报》2012年1月13日。

在全国范围内而言，是相对宽松和开放的。城市发展软环境的逐步优化，为生产要素的流动和重组、企业的迁入提供了有利条件，极大地增强了城市的吸引力和辐射力。

2. 长三角地区经济发达，地区产业升级与创意产品消费市场活跃，处于发展创意产业的黄金时期

长三角地区用占全国1%的面积，创造出了近1/4的全国国内生产总值，这是中国任何地区难以比拟的经济实力。2009年长三角地区实现生产总值达59711亿元，比上年同期增加了5000多亿元。区域经济总量占全国的比重达到17.8%。在长三角地区16个城市中，GDP超过千亿元的城市已达15个，平均增速达11%，高于全国经济增速2.3个百分点，其中11个城市的经济增速为两位数。依据发达国家的实践经验，人均国内生产总值达到3000美元时，是创意产业加速发展的重要阶段。长三角地区众多城市均已达到或超过3000美元，居民的消费结构发生根本性转变，人们追求生活质量和精神享受，对创意产品的需求量迅速增加，也带动创意产业领域的扩展。

3. 产业结构向高层次转化，呈现大都市带的产业特征

长三角地区一些大中城市已经进入后工业化阶段，开始进入由低端产业向高端产业升级，由传统劳动密集型向知识密集型产业转型的发展时期。因此，长三角地区第三产业发展速度快于第一、第二产业，第三产业占GDP比重大幅提升。2009年，长三角地区的服务业增加值占GDP的比重首次达到45.8%，高于全国3.2个百分点。上海、南京和杭州三个长三角大城市，第三产业均占半数以上，上海更是接近60%。第三产业扮演着引领角色，第一、第二、第三产业结构依产业规模大小均呈"三二一"布局。① 长三角地区的产业结构特征表明第三产业迅猛发展，对人力资源、资金、技术、信息等生产要素的集聚功能强，因而可以产生强烈的辐射作用，是带动长三角创意产业集群升级发展的发动机和推进器。

4. 长三角地区教育科技实力雄厚，高层次人才密集

在产业转型的跨越式发展过程中，人力资源将成为长三角地区创意产业发展的决定性因素。长三角地区高校云集，拥有足够的智力资源和科研

---

① 徐寿松、郭奔胜、陈刚：《长三角经济调整成效初现 增长动力由外转内》，中国共青团网（http://www.ccyl.org.cn/newscenter/news/201002/t20100220_335671.htm）。

力量。长三角地区共有高等院校 174 所，占全国总数的 12.5%；有研究所和其他科研机构达 1000 余家，总体科研水平居全国前列。长三角地区经济的活跃吸引着来自全国各地的人才，人才群优势正出现经济与社会发展的"马太效应"。科研技术队伍有 150 多万人，科技人员占全国 40% 以上，专利拥有量占全国 1/3 以上，成为中国颇具活力的高科技走廊，显示出旺盛的发展后劲。正因如此，这一地区才成为高新技术的摇篮，成为创意企业的集聚地。

（二）长三角地区创意产业集群的发展特点与布局

长三角地区创意产业集聚区是以上海为核心，以南京、杭州、苏州为主体结构的区域综合体。创意产业发达城市或区域具有强大的极化效应，形成独有的块状结构，并通过辐射效应和扩散效应，带动周边地区的创意产业发展。

1. 依托区域专业化分工，形成块状经济集聚

块状经济是依托区域专业化分工所形成的以县域（市、区）经济为经济单位，具有产业集群特征的区域经济形态，是长三角地区经济发展的重要支撑，也是创意产业发展的强有力的助推器。块状经济分布于长三角地区各区域，主要集中在环杭州湾、苏南地区及温台沿海地区，在地理版图上形成块状明显、色彩斑斓的"经济马赛克"。

从创意产业的行业上看，影视制作、动漫游戏、出版印刷、文具生产、艺术品业等成为产业集聚效应最为明显的行业。以浙江省为例，全省共有文化产品制造业集群 86 个，占全省制造业产业集群数的比重为 10.25%，其中，工艺品及其他制造业集群 36 个，印刷业和记录媒介的复制集群 32 个，文教体育用品制造业集群 18 个。[①] 创意设计业多集中在杭州、宁波地区，印刷产业多集中在温州、台州等地，金华、丽水等地则集中了较多的文体产品和工艺品集聚区块。文化产品制造业成为浙江创意产业中的优势产业，全省创意产业从业人员主要集中于制造流通领域。如义乌文化小商品制造业、云和木玩具制造业、宁海文具制造业、桐庐制笔业等产业集群，在全国乃至全球都有重要的影响。

从创意产业的区域布局和组织网络来看，在长三角地区布局中，形成

---

① 史征、李文兴：《不同层面文化产业集群发展的差异化轨迹与特征》，《北京交通大学学报》2011 年第 3 期。

了一批特色创意产业集群，如以区域文化特色和传统工艺为基础的青田石雕、龙泉宝剑、东阳木雕等传统工艺文化制造区；以宗教文化和江南水乡为特色的普陀山、天台山、南浔、乌镇等文化旅游区块；以杭州现代传媒、横店影视、滨江高新文化等为标志的新兴文化区块。

从创意产业的区域特色和发展模式上看，长三角地区创意产业的集聚化发展与区域的文化资源和传统产业紧密相连，这种文化根植性促使各地形成了"一县一品、一镇一业"的产业特色和集群模式，乡镇企业已成为区域经济的主要支柱。例如，苏绣素以"精、细、雅、洁"的艺术风格驰名中外，被誉为中国四大名绣之首，现已形成了集生产、销售、展示、研究等多种功能为一体的保护基地，被国家文化部命名为"苏绣文化产业群"。目前苏绣生产企业近100家，年销售额已达到近10亿元，仅镇湖街道一年的产值就有5个亿，从业人员超过8万人，产品销往世界几十个国家。具有明显"义乌"标记的文化用品、挂历、框画、制笔、包装五大产业，其创意产品与专业市场互动模式在全国有很强的示范效应。2010年，义乌创意产业生产销售总值已经超过1000亿元，文化产品销售单位近万家，成为国内文化产业重要的生产基地和销售中心之一。横店影视产业区内共集聚了300多家企业，涉及剧本创作，道具、布景、服饰制作和租赁，群众演员提供，影视拍摄制作和院线发行等，几乎涵盖了影视产业链的所有环节。[①] 常熟市沙家浜小镇，凭借一出样板戏"沙家浜"而闻名全国。现已建成了沙家浜水乡影视基地，成为红色旅游的经典景区。黄泽镇大力发展仿古木雕产业和戏剧服装产业，共有大小生产厂家60多家，年销售超过3500万元，解决劳动就业千余人。还有宁波文体用品、德清钢琴制造、富阳古籍影印等一批民营创意企业和特色创意产业区块迅速崛起。"前店后厂"成为该地区发展特色产业的运作模式，其规模与集聚效应更加明显。

2. 民营文化企业成长迅速，对创意产业集群发展贡献巨大

长三角地区是中国民营经济最发达的经济区，曾创造出以集体经济和私营经济为主体的"苏南模式"和"温州模式"。民营资本在生产总值（GDP）中超过国有经济成分，民营企业撑起了长三角地区经济的大半江

[①] 张乐、李亚彪：《文化产业嫁接块状经济 "产业集群"星耀浙江大地》，《人民政协报》2011年12月2日第2版。

山。通过充足的民间资本和大量民营企业的介入，长三角地区的创意产业得到了飞速发展。它们与传统文化事业单位的经营方式不同，用独特的经营理念形成开发文化资源、整合创意产业链、打造产业集群的独特经营模式，成为中国民营企业发展创意产业的典型。

民营资本在长三角地区创意产业集群建设中的作用被迅速放大，已成为推动创意产业发展的重要力量。目前，民营资本已渗透到影视、演艺、出版发行、网络动漫、设计服务、旅游文化服务等多个领域，涌现出中南卡通集团、广厦集团、宋城集团、横店集团等一批民企巨头，并在创意产业集聚过程中起到龙头和示范作用。仅浙江省就有民营文化企业4万余家，从业人员50余万人，涉及影视、印刷、演艺娱乐、艺术品经营、旅游、广告、会展等10个行业，投资总规模达到230亿元以上，全省民营文化企业总收入300亿元以上。上海民营影视制作机构占全市总数的80.1%，民营文化娱乐机构、场所占全市总数的87%，民营文化经纪公司占全市总数的91%，民营文化艺术品经营机构占总数的93%，民营印刷企业占总数的50%。① 而南京正在建设和已经开园的42家文化产业园区中，由民营和社会资本投资兴建的占69%，由民营资本投资兴建的企业占园区入驻企业的半数以上。浙江省杭州和横店两大影视基地，集聚的企业中绝大多数为民营影视公司。这些民营企业在为自身创造巨大的利润价值的同时，也在一定程度上改变着长三角地区创意产业的投资结构和发展格局，充分显示了民营资本发展的特色与活力。

3. 高新技术产业与创意产业紧密结合，创意产业发展以业态创新为拓展

科技向来能为创意产业发展提供动力，而创意产业组织形态和组织方式的创新则不断为其拓展新的空间。长三角地区在充分发挥技术支撑优势和行业互动优势的基础上，已初步形成了以设计、软件、动漫、网络游戏为特色的创意产业集群，并在一定程度上构建起个性化的产业模式，生成新的业态形式和产业优势。一是以网络媒体、动漫游戏、数字影视、时尚消费设计、广告与会展为主的新兴文化服务业发展迅速，特别是创意设计、动漫游戏、网络文化、手机报等新兴产业正在蓬勃兴起。上海以创意

---

① 杨建国、谢婧：《上海文化产业呈现鲜明特点 民营企业活力十足》，《新民晚报》2009年8月27日第5版。

设计为特色,包括工业设计、建筑设计、室内设计、广告设计、服装设计、工艺设计及消费时尚设计等行业,设计水平与设计规模居全国领先;杭州以动漫游戏为特色,产业规模居长三角地区之首,位居全国第三;江苏省新兴文化业态的比重也由2007年的14.6%上升到2009年的24.6%,总投资额度由2007年的1.62亿元上升为2009年的43.63亿元。新兴创意产业园区已形成集聚效应、窗口效应、辐射效应,优化了全省的创意产业结构。浙江以业态创新为拓展,已形成以图书发行连锁、音像发行连锁、网吧连锁、电影院线为代表的新型运营模式,现代文化物流业发展势头强劲。动漫画产业已初步形成动画教学、研发、制作、运营和周边产品开发的产业链。二是探索一条与历史建筑改造相结合的途径。上海、南京、杭州拥有大量老洋房、老厂房、老仓库等优秀历史建筑,体现了城市发展在不同时期的独特风格。通过创意设计和技术改造,在保护老建筑的同时,为其注入新的产业元素,使老建筑成为新产业发展的摇篮,实现了经济效益和社会效益的双赢,影响和带动了周边的发展,改善了城市环境,提升了城市功能。长三角大都市的创意产业园区有2/3以上是通过保护性开发老厂房、老仓库和老洋楼等老建筑而来的。

总体上看,"民营经济+专业市场+块状集群",是长三角经济区发展中积累起来的普适性经验,尤其以民营文化制造业为支撑的块状经济集群,助推了地方经济的腾飞,其规模效应与社会影响在长三角乃至全国日渐显耀。

第三节 珠三角地区创意产业集群的区域性分析

珠江三角洲(简称珠三角)地区地处珠江下游的出海口,毗邻港澳,历有"侨乡"之称。在地理区位角度上,珠三角地区位于中国广东省中南部地区,在行政区划上包括广州、深圳两座副省级城市,以及珠海、佛山、江门、中山、东莞、惠州等7座地级城市,域内共计28座县市。珠三角地区的面积为24437平方公里,人口约4283万,占广东省人口的61%,GDP总量占广东省的85%,约占全国的10%,人均GDP逼近1万美元,表明珠三角地区已处于工业化后期,即将迈进现代化的门槛。珠三角地区创意产业群是以广州、深圳、珠海为中心城市,以创意产业为主体的地域综合体。该区域经济水平较高、创意产业物资基础设施完备、消费市场成熟,是全球化背景下重要的亚太地域文化中心,具有发展创意产业的良好基础。特别是这一区域空间有效地利用改革开放契机,促进了创意产业迅猛发展。

一 珠三角地区创意产业集群的发展状况

(一) 珠三角地区创意产业的发展现状

以广州、深圳、珠海为中心城市的珠三角地区一直处于中国改革开放的前哨,在经济特区的政策扶持和传统产业结构升级的背景下,创意产业得到空前发展。目前已发展成为中国最大的创意产业集聚区之一。2010年珠三角地区创意产业增加值为2524亿元,占省GDP比重5.6%,占全国创意产业比重超过1/4,占GDP比重约高出全国平均水平1倍,已连续8年位居各省、市首位。其中广州创意产业实现增加值为851亿元,深圳创意产业实现增加值为726亿元,分别占全市GDP的8.03%和7.60%。广州、深圳两大中心城市的创意产业增加值已占珠三角地区创意产业的半壁江山。[①] 2003—2010年,珠三角地区创意产业增加值占该地区GDP比重保持在5.5%,年均增长率为12.6%,高于同期GDP增长水平,创意产业对整体经济发展的支撑作用显著增强。创意产业已经成为广东重要支柱产业和战略性新兴产业。

从行业发展来看,珠三角地区创意产业的平面媒体、广播电视、数字出版、印刷出版等产业规模均位居全国首位。尤其是新业态蓬勃兴起,更在全国占据重要地位。印刷复制业规模居全国之首。珠三角共有各类印刷企业19283家,占全国的10%左右,总产值1650亿元,约占全国的1/4,中国印刷业100强广东约占1/3,年出口额450亿元,是全国规模最大、实力最强的印刷基地和印刷产品出口基地;数字出版产业规模达200亿元,占全国的1/5;文化产品和设备制造业优势明显,2009年实现的增加值1006亿元,均位居全国第一;珠三角地区的动漫企业有近1000家,占全国的近1/5,动漫业产值近130亿元,占全国的1/4;漫画期刊和图书出版发行占全国30%以上的市场份额,有80家复制企业,占全国的38%;光盘生产能力和市场占有率均占全国60%以上,其音像制品品种

[①] 李文龙:《广东文化产业增加值连续八年全国第一》,《南方日报》2011年3月30日第4版。

数量和发行量在全国名列第一,音像制品出口在全国领先;珠三角地区自主研发生产的电子游艺设备占全国总量的2/3以上,成为国内电子游艺设备最大的生产基地。① 目前,珠三角地区拥有"国家文化产业示范基地"19家,约占全国的1/10;省级文化产业示范基地20家,省级文化创意产业园18家,有6家企业进入全国"文化企业30强"。创意产业集群日益成为珠三角地区创意企业对经济一体化趋势的自觉需求,创意产业集群带来的裂变效应正在逐步显现。

(二)珠三角地区各大城市创意产业集群的发展状况

广州地处珠江三角洲东南部,是珠三角地区政治、经济、文化中心,是中国南方最大、历史最悠久的对外通商口岸和交通枢纽,也是国务院颁布的全国第一批历史文化名城之一。广州是岭南文化的中心地,拥有粤剧、粤曲以及具有岭南特色的工艺美术、绘画、盆景及民俗等文化资源。依靠强大的经济实力和深厚的文化底蕴,优越的投资环境和成熟的市场体系,使广州创意产业成为中国发育得较早、较为成熟的城市之一,现已经形成以创意设计、出版发行、网游动漫、休闲娱乐、文化旅游、电信软件、广告会展等产业为主体的、行业门类齐全的创意产业体系,对全国创意产业发展具有很大的引领作用。2010年,广州市创意文化企业法人单位约1.8万家,从业人员40万,创意产业已实现增加值851亿元,占全市GDP的8.03%。2004—2010年,创意产业年增速为14%,已成为广州名副其实的支柱产业和经济新增长极。② 广州作为全国四大国家网络游戏和动漫产业发展基地之一,拥有一批知名企业,如奥飞、喜羊羊等动漫企业,以及网易、光通等网络游戏企业,其产值已超过100亿元,占全国的30%,成为国内原创动漫的领头羊。在区域发展格局中,广州越秀区积极发展数字内容产业;黄浦区动漫打造动漫产业和会展业;天河区积极建设广告、影视、媒体、IT产业等创意园区;荔湾区以时装设计、广告艺术创作、建筑设计、传统工艺和会展为主体,建设滨水创意产业带;海珠区依托旧城区资源打造集艺术品设计、制作和交易等于一体的创意群落。目前,全市创意产业园区有38个,入驻企业1300余家,年产值约200亿

---

① 邓琼:《广东文化产业笑傲中国》,《羊城晚报》2011年10月27日第4版。
② 廖宴思、曹晓亮:《广州文化产业成新增长极 将建文化产业交易平台》,中新网(http://www.chinanews.com/cul/2011/12-14/3532740.shtml),2011年12月14日。

元,创意产业区域聚集程度日益提高。① 在集聚区内的民营企业已占据绝对的主导地位,形成以民营企业为主体、多种投资主体共同发展的格局。

深圳位于珠三角地区东部,毗邻香港,是中国最早对外开放的城市,也是中国第一个经济特区,曾创造了举世瞩目的"深圳速度"。自2003年以来,深圳通过实施"文化立市"战略,探索出"文化+科技"的新路径,使创意产业成为与高新科技产业、金融业、物流产业并列的四大支柱产业,实现了支柱产业间相互融合、相互支撑的现代产业体系格局,催生了一批具有自主知识产权和核心竞争力的文化创意企业。2011年,深圳创意产业增加值为2200.8亿元,同比增长24.3%,占深圳GDP的19.1%;从业人数为141.12万人,同比增长26.7%。互联网、网游、电子商务、新闻出版、广播影视业产值稳步增长,继续处于全国大中城市前列。其中,互联网产业增加值(全口径)1380.7亿元,同比增长18.9%,占全市GDP的比重为12%。软件产品收入1050.2亿元,软件出口约849.8亿元,同比增长10%,占全国的比重近50%;图书、报纸、杂志收入1312.3亿元;广播电视事业收入52亿元。② 深圳创意产业规模的快速增长得益于其产业聚集程度的不断提高。目前,深圳市已经拥有48家创意产业园区,年产值超过500亿元,涵盖了创意设计、文化软件、动漫游戏、新媒体和文化信息服务、数字出版、影视演艺、文化旅游、非物质文化遗产开发、高端印刷、高端工艺美术等创意产业的重点领域。③ 大量的创意企业主要集中在泰然科技园片区、景田片区、福田中心区CBD片区、华强北片区、八卦岭片区、金三角片区,从而形成了密度较高的六大集聚区。

珠海地处珠三角地区南端,毗邻澳门,是中国的五个经济特区之一。随着30多年的改革开放和经济发展,珠海创意产业目前,已基本形成了出版、印刷、复制、发行、摄影、制作、演出、娱乐、软件、会展、旅游、休闲和文化产品制造等门类较齐备的创意产业体系,其中现代传媒、

---

① 廖宴思、曹晓亮:《广州文化产业成新增长极 将建文化产业交易平台》,中新网(http://www.chinanews.com/cul/2011/12-14/3532740.shtml)。

② 田然:《深圳版权产业快速增长 141万人创造2200亿产值》,《深圳特区报》2012年5月19日第3版。

③ 何文琦:《深圳有48家文化产业园区基地 年产值超过500亿元》,中国网(http://news.china.com.cn/2012lianghui/2012-02/28/content_24751988.htm)。

出版印刷、数字娱乐、文化艺术服务业等优势产业,对全市经济社会发展产生了巨大的影响。2011年,珠海创意产业总产值达450亿元,实现增加值78.5亿元,同比增长逾14%,占全市GDP的5.6%,凸显创意产业对经济发展的巨大贡献。特别是软件、动漫产业具备一定的基础和发展优势。珠海软件产业的优势领域集中在电力、通信及信息服务、数字娱乐、集成电路设计、数字医疗和服务外包等行业。这些行业特色鲜明、具有较高的市场占有率。珠海共有国家认定软件企业237家,9家软件企业已上市,占全市上市企业的41%;软件及信息服务业销售收入约188亿元,同比增长27.41%,其中销售过亿元的软件及信息服务业企业有31家,实现增加值45.47亿元,同比增长15.60%;全市软件行业从业人员3.3万人,同比增长16.5%。2000—2010年,珠海软件产业在激烈的市场竞争中规模持续增长,年均复合增长率达34%,这个速度在全国罕见。[①] 近年来,珠海创意产业依托区域资源和行业特色,形成了六大创意产业集群发展格局。即以影视产业为主线,延伸旅游、休闲娱乐等相关产业的珠海南方影视文化产业基地;依托古村落和旧居改造,集创意培训、艺术展览、文化交流、旅游休闲等为发展特色的北山中西文化创意产业基地;以"文化+科技"为特色的高新区数字娱乐内容产业基地;以文化旅游产品和主题演出为特色的圆明新园文化旅游产业基地;以创意产业总部研发为特色的金地·动力港文化创意产业园;利用旧厂房改造,以动漫网游、数字设计为主导,集展览会展于一体的南屏壹号文化创意园。[②] 这六大产业集聚区的形成,表明珠海创意产业已由分散式、独立发展模式向集约式集群发展态势转变,产业关联度进一步增强,产业特色更加凸显。

位于珠三角地区东岸的东莞市,被誉为"世界工厂",而今创意产业在莞邑大地风生水起。目前,已初步形成了以印刷复制业为支柱,以演艺娱乐业、大众传媒业、文化旅游业、出版发行业和艺术教育培训业等为主干的创意产业体系。2010年,东莞创意产业增加值达到178.77亿元,同比增加17.9%,占当年全市GDP的4.21%;2011年,初步估算或占全市

---

① 王迎生:《珠海软件产业规模综合实力显著增强》,《珠海特区报》2011年4月1日第3版。

② 张元章:《珠海文化产业迈向集群化》,《珠海特区报》2012年5月17日第3版。

GDP 的 4.3%，呈上升态势。① 印刷复制业是东莞规模最大，最具代表性的创意产业。目前东莞共有印刷企业 2925 家，印刷企业工业总产值 270 亿元，印刷从业人员 16 万人，初步形成了以外资印刷业为龙头，带动民营印刷业比翼齐飞的产业格局。印刷耗材及设备供应体系完备，产品和服务遍及欧美、大洋洲、非洲及东南亚、西亚的 60 多个国家和地区，东莞逐步成为中国南方重要印刷基地之一。此外，东莞动漫、传媒业发展迅猛，广播影视业是创意产业中最具影响、最有活力的产业之一。东莞不仅是"南方最重要的印刷基地"，而且获得"国内最大动漫衍生品的生产基地"的称号，创意产业集群已现雏形，近 6000 多家各类创意企业聚集在粤晖园文化产业基地、永正图书创意产业园、松山湖文化创意园、东莞市创意产业中心园区等一批创意产业园区内，以产业联动的营销模式，快速扩大市场份额，实现了盈利的良性循环。

佛山立足制造业基地和商贸城市，依托大量专业镇的优势，结合区域特色，错位发展，全力打造设计、时尚、媒体、工艺美术、陶瓷、会展、印刷包装等创意产业集聚高地；特别是依托广州发展"专业会展集群"，已形成了十多个在华南乃至全国有相当规模和影响的专业市场。佛山创意产业的规模效应集中在禅城、南海、顺德。禅城区建设佛山文化创意中心，发挥"创意禅城"的品牌效应；南海区依托毗邻广州的区位优势，大力促进数字化内容、工艺美术、民俗节庆、会展交易等现代文化服务业的发展，建设佛山文化服务中心，打造服务外包的重要基地；顺德区依托全国首个国家工业设计与创意产业基地的先发优势，发展以数字内容为代表的佛山工业设计中心；高明区以开发生态型文化产品和文化服务为重点，建设佛山生态文化中心；三水区重点打造三水文化休闲旅游品牌，形成佛山休闲旅游中心。包装装潢印刷行业则是珠三角国际性印刷基地的重要组成部分；陶瓷、剪纸等传统工艺享誉世界。著名的佛山创意产业园以陶文化为切入点，形成自己独特的文化体系，现已经聚集了五大产业近 200 家企业，包括 15% 的陶瓷研发和总部，7% 的 RFID（无线射频识别）产业，29% 的软件企业，10% 的金融服务及中介，33% 的工业、建筑及广

---

① 苏婵：《东莞文化产业增加值逐年上升》，东莞新闻网（www.news.sun0769.com），2012 年 2 月 25 日。

告设计，成为规模庞大、效益显著、颇具影响力的创意产业园区。[①]

作为广东产业集群最密集的城市之一，中山市已拥有14个专业镇、26个国家级产业基地，具有区域特色的灯饰、服装、古典家具、游戏游艺、视听设备、园林园艺以及包装印刷等行业已基本形成集群化生产，同时，成功培育出小榄文化产业基地、南朗画家村、金马游艺等一批具有区域知名度和影响力的文化品牌，规模效益凸显。目前，中山市创意产业已达到一定规模和水平，超过国民经济增长的速度发展。2010年，实现创意产业增加值111.69亿元，比上年同期增长16.8%，占全市地区生产总值的6.1%，其中，印刷复制业总产值达172亿元，游戏游艺业总产值20亿元/年，年增长率高达33.3%。2004—2010年，中山市创意产业增加值年均增长速度达到21.73%，呈逐年加快的态势，凸显了创意产业在推动区域经济发展中的特殊作用。[②]

近年来，惠州、江门等其他城市创意产业发展迅速，创意产业区域发展各具特色，产业集聚态势逐步显现，已形成各种类型的创意产业集聚区块。其中惠州创意产业增加值已占全市GDP的5.7%，并继续保持稳定增长的态势。江门市创意产业增加值占全市GDP的比重也高于广东省平均水平，其中印刷复制、文化产品制造等传统产业对经济增长的贡献显著。

二 珠三角地区创意产业集群的布局特点和发展优势

珠三角地区创意产业集群是以广州、深圳为核心的"双核模式"，创意产业区域布局梯次结构明显，集群化发展的优势比较突出。

（一）珠三角地区产业集群的形成基础与发展优势

从整体情况来看，珠三角地区发展创意产业具有五大优势：

1. 雄厚的经济实力是珠三角创意产业发展的基础

珠三角地区是中国改革开放的前沿窗口，在先行先试的特区政策的扶持下，成为全国经济最为发达的地区之一。1998年，珠三角地区人均国内生产总值为2745美元，城市化水平已达67%，已初步具备了率先实现现代化的基本条件。到2009年，珠三角地区GDP首度突破3万亿元大关，达到32105.9亿元，人均GDP达到67321元，折合9855.2美元，逼

---

① 张超：《佛山创意产业园：激活历史提升文化产业》，金黔在线（http://www.gog.com.cn），2008年11月13日。

② 中山市文化广电新闻出版局：《广东省中山市关于"十二五"文化产业发展规划》，中国文化创意产业网（http://www.ccitimes.com），2012年2月16日。

近1万美元大关。① 数据表明珠三角地区已处于工业化后期，即将迈进现代化的门槛。这预示着珠三角地区正处于经济转轨、社会转型的关键时期，这就要求加快提高自主创新能力，加快产业结构优化升级，加快经济增长方式转变。经济的发展导致了文化的繁荣，区域性、地方性、行业性的创意产业也如雨后春笋般应运而生，创意产业发展具有广阔的市场空间。

2. 巨大的消费市场需求是珠三角地区创意产业发展的引擎

据统计，珠三角地区人均GDP早在2002年就已经突破3000美元，进入社会发展的转型期，到2009年，珠三角地区人均GDP已接近1万美元，达到进入小康社会的经济水平。这一时期，居民的文化消费占总消费的比重将达到40%左右，市场需求和消费能力进一步增强，为创意产业发展提供更广阔的空间。统计显示，2009年，珠三角地区消费畅旺，社会消费品零售总额突破1万亿元，增长15.1%。其中，佛山消费品零售总额1429.05亿元，增长21.3%，增幅为珠三角地区城市中最快；其次是肇庆和惠州，分别增长19.2%和18.8%。② 可见，珠三角地区居民的生活方式和消费观念已悄然发生了转变，这种转变就是创意产业发展的良好机遇。

3. 良好的产业基础和先进的生产技术是珠三角地区创意产业发展的支撑

珠三角地区一直被称为全国最大的制造业基地，特别是在报刊业、广告业、印刷业、音像制作及文化用品制作等方面的生产技术处于全国领先地位。近年来，电子软件、电子信息、数字技术等高新技术的快速发展，使传统产业结构得到进一步升级改造。一些传统文化产品制造业在原有工艺基础上，经过技术改造和创意渗透，重新成为创意产业发展的主要力量。

4. 良好的市场体制是珠三角创意产业发展的有利环境

珠三角地区背靠港澳，发挥灵活的市场经营机制，形成国际化的创意产业链，具有鲜明地域特色。特别是深圳、珠海两大特区在全国率先推进经济体制改革，建立和完善市场经济体系，市场经济体制优先得到了充分的体现。在先行先试的改革政策催生下，珠三角地区文化单位开始由事业

---

① 广东统计局：《珠三角人均GDP逼近1万美元》，《南方日报》2010年2月24日第2版。
② 吴江：《珠三角GDP去年突破3万亿》，《羊城晚报》2010年1月28日第4版。

型向产业型过渡，文化领域也开始由简单化、封闭型、非产业化向多样化、开放型、产业化发展，文化市场要素也逐步形成和完善。总体来看，珠三角地区在全国率先进行录像的生产和经营，最早形成了文化娱乐市场、书报刊市场、音像制品市场和文物字画、工艺美术品市场等具有相当规模、品种较为齐全的文化市场。创意产业由小到大，由弱到强，不断裂变，不断扩张，产业规模迅速地得以发展。

5. 优越的地理位置和丰富的人文资源是珠三角地区创意产业发展的重要依托

珠三角地区地处东南沿海和珠江下游，毗邻港澳，面临东南亚，是东西方经济、文化的结合部，地理优势明显。珠三角地区拥有众多的历史文化名城，是岭南文化的中心地，拥有粤曲、粤剧、工艺美术、岭南画派等极为丰富的岭南文化资源。移民文化、海洋文化和中原文化融合而成的岭南文化，被称为"海风粤韵"。这是珠三角地区人文精神的象征，是珠三角地区各种文化因子产生和发展的基础，也是最突出的景观要素，既构成了珠三角地区绚丽的旅游风景线，又体现了珠三角地区文化特色。依靠深厚的文化底蕴和丰富多彩的民间艺术，使珠三角地区创意产业在全国范围内发育得较早且发展很快，产生了一批在全国有一定知名度和影响力的文化品牌。

（二）珠三角地区产业集群的布局特点与形成规律

与其他区域相比，珠三角地区创意产业发展整体战略布局具有最先进的理念，最本土的根基，最发达的市场，最具兼容性的产业模式。这种模式体现在它的多极化、国际化、专业化、市场化、特色化五个方面。

1. 创意产业集群布局多极化，城市梯度发展差异明显

珠三角地区创意产业布局主要集中在广州和深圳两大中心城市。珠三角的新闻出版等媒体产业、从事广告业务的四大媒介（电视台、广播、报纸、杂志），80%以上集中在广州和深圳。广州、深圳的网络游戏开发和运营能力、动画制作和发行能力、漫画杂志发行量以及衍生物的生产能力和交易量在全国都名列前茅，形成了动画业、漫画业、网游业、电玩业以及动漫广告业、动漫衍生业等门类齐全，研发、生产、销售服务于一体的产业集群。深圳从事网络游戏、动画、漫画的相关企业500多家，从业人员近万名。广州有网游动漫业企业120家以上，从业人员1.5万人，产值超过100亿元，位居全国前列。与国内其他地区相比，珠三角地区印刷

业的整体技术设备比较先进,成为国内最重要的精品印刷基地。而规模大、设备先进、技术力量雄厚、市场竞争力强的印刷企业都集中在广州、深圳、东莞三个城市,其中广州市印刷企业总数为2403家,深圳1375家,东莞2188家,形成规模庞大的印刷产业集群。可见,广州、深圳成为珠三角地区创意产业的"双核",其辐射作用和扩散效应十分明显。

但珠海、佛山、中山、东莞等城市随着产业结构的调整和升级,创意产业迅速崛起,成为与广州、深圳错位互补、共同发展,构成一个多级点、多层次的创意产业体系。如东莞以印刷复制业为支柱,已发展成为国内最重要的精品印刷基地;珠海重点打造以软件业、数字娱乐业为主体的产业关联度强的创意产业;佛山依托陶瓷业基地和会展城市,打造佛山工业设计中心和佛山"专业会展集群";中山市则以印刷复制、游戏游艺产业为龙头,打造地域文化品牌。这些城市的创意产业发展目标明确,形成了特色鲜明的区域创意产业集聚高地。

2. 创意产业发展道路国际化,外资型企业占据主导地位

珠三角地区地处东南沿海,毗邻港澳,对外开放早,国际化程度高,使珠三角地区经济呈现显著的外向型经济特征。外向带动战略再加上廉价的劳动力优势、毗邻港澳的区位优势,吸引一批国际著名企业集团,如微软、IBM、惠普、诺基亚、三星、富士康、百联网讯、香港凤凰科技等外企及港澳台企业在这里投资建厂,有的还设立总部的分支机构或研发咨询中心,形成以外资企业为主的创意产业集聚区。珠三角地区发展创意产业的资金、技术甚至原材料多来自境外,同时产品销售又面向国际市场。"十一五"期间,珠三角地区创意产品出口年均增长超过20%,2009年达323亿美元,占全国出口总额的一半以上,总量连续五年名列全国地区之首。应该说,"三来一补"、"贴牌加工"已成为珠三角地区文化产品制造业的标志,特别是在动漫游戏领域,外来品牌加工制造企业多达95%以上,使珠三角成为全国最大的动漫游戏衍生品加工制造基地。可见,珠三角地区创意产业发展主要是依靠低成本要素支撑的、出口驱动的外向型产业模式为主,走国际化产业链发展道路。

3. 创意产业运行模式市场化,民营经济更具生命力

在珠三角地区的经济版图上,民营经济已经与国有经济、外资经济形成三足鼎立之势。在创意产业领域,民营企业发展迅猛,企业和从业人员数量已占珠三角地区创意企业及从业人员总数的80%,成为创意产业发

展的重要生力军。在深圳、东莞等地，民营企业甚至已经成为创意产业的领头羊。深圳是中国四大动漫制作基地之一，共有200多家从事动漫制作相关企业，其中83.9%为外资和民营企业；在东莞规模最大的创意产业——印刷复制业中，共有民营印刷企业1586家，占印刷企业总量的62%，民营印刷企业在东莞印刷企业100强中，占1/4的席位。[①]值得一提的是，珠三角地区创意产业"以文促商，以商养文，文商互补"的运作方式获得巨大成功，如著名的深圳大芬村油画产业基地更是依靠民营资本，通过市场力量实现了规模化发展；即使是由政府主办的深圳"文博会"，也是由文化企业承办，完全按市场模式运作。

4. 创意产业内容特色化，新兴产业发挥引领作用

高新科技的快速发展已经成为珠三角地区经济的一个亮丽特色，而高科技又成为近年来珠三角地区创意产业发展的重要支撑，形成了以科技为推动力，以文化为创造力，以商业为运作力的"文化+科技"发展模式。文化与科技相结合，以拥有高技术含量和新媒体特性的新兴业态为突破口，成为珠三角地区创意产业发展的一种趋势和成功经验。特别是新兴产业与高科技结合紧密，已成为众多城市的支柱性产业。高新技术发达，自主创新活跃，这为珠三角地区创意产业的快速发展提供了重要的科技载体和创新活力。如2010年深圳高新技术产品产值可突破1000亿元，占工业总产值的比重上升至41%。其中电子信息产业产品产值可达900亿元，电信网、广播电视网和计算机网"三网"融通，并保持旺盛的增长势头。在广州、深圳、珠海的上百家创意产业园区中，多数为数字出版、动漫、创意设计等新兴产业园，如在深圳48家创意产业园区中，具有高科技性质的园区占80%以上。目前从事开发、生产高新技术产品的骨干企业已达到1700多家，具有自主知识产权的产品产值比重达到58%。中兴、华为、比亚迪等一批优秀的创新型企业，在全国甚至全球市场都占有一席之地。正因为拥有自主研发的核心技术，珠三角地区在新兴产业领域领跑全国。2010年，珠三角地区在新媒体等新兴业态的各门类规模总量均居全国前列，其中，数字出版、动漫、网络游戏等几大重点领域产值在全国所占比重均超过20%，网络音乐和游艺娱乐的总产值更是占据了国内市场

---

① 潘勤毅：《东莞百强印刷企业民企占1/4席位》，《广州日报》2007年4月11日第3版。

的半壁江山,动漫业增长更是达到了42%,成为领跑全国的"火车头"。① 这意味着,具有高科技含量的新兴业态已经成为推动珠三角地区创意产业发展的加速器和新的增长点。让文化与经济、科技相互交融、共生发展,产生极大的聚变效应。在广东的整个经济发展中,创意产业如今已经起到了加快转变经济发展方式、调整产业结构的重要战略支点作用。

5. 创意产业发展方式专业化,区域特色打造产业集群

长期以来,珠三角地区一直立足于浓郁的岭南文化特色,依靠地缘优势,内联外引,走专业化与特色化创意产业发展之路,形成了融地域性与开放性、专业化与多元化、社会化与商品化于一体的产业格局,构建了完整的创意产业链,推动了一批特色鲜明的创意产业集群。如深圳的大芬村,以单一商业艺术品的生产和销售为主,形成特色和品牌;比如顺德的珠宝加工业、东莞的电脑制造业和彩色印刷业、佛山的灯具业和陶瓷业、中山的服装业、番禺的电器业等,充分发挥创意产业对制造业的附加值作用,形成以研发、会展、推介为特色的综合型产业园。形成一些具有优势的地区产业集聚,合理配置有限资源,走特色化、规模化、集约化的发展道路。例如佛山市的"古镇风情博览区"、石湾的"南风古灶陶瓷文化旅游区"、顺德市的"水乡风情文化之旅"、"生态乐园"、深圳市的"锦绣中华"、"中国民俗文化村"、"世界之窗"、"欢乐谷"等,都是走了"特色产业化"的发展道路。实践证明,利用科技的、文化的手段通过对本地特色文化资源的开发与利用,不仅搞活了地方经济,而且还使传统产业得到不断的发展,社会和经济的综合效益十分显著。

由于民营资本大量介入,珠三角地区的镇域特色经济明显,产业集群化程度高。中国电子信息产业名镇(寮步、石碣)、中国电子信息产业重镇(长安)、珠三角地区(东莞)国家电子信息产业基地(石龙、石碣、寮步、清溪、虎门、长安、黄江、塘厦、松山湖科技产业园、东部工业园)、中国机械五金模具名镇(长安)等一批国家级产业基地聚集于此,有力地推动了现代传媒、演艺娱乐、印刷等创意产业集群发展,实现创意产业与传统产业对接,进一步提高传统产业的文化品牌附加值,从而带动

---

① 郑照魁:《发展文化产业 广东既富"口袋"又富"脑袋"》,中国日报网(http://roll.sohu.com/20120507/n342564996.shtml),2012年5月7日。

传统产业的转型升级。最好的产业集聚园是全产业链形态的专业化集聚园。专业化的产业园区品牌效应突出,主要依托专业化的品牌、专业化的产业集聚和巨大的产值及其权威性。

第四节 "中三角"地区创意产业集群的区域性分析

在地理意义上的中国中部地区包括湖南、湖北、河南、山西、江西、安徽六个省,以全国10.7%的土地承载了全国28.1%的人口,因此,在全国区域发展中具有特殊地位。自2004年国家实施"中部崛起"战略以来,中部板块经济增速明显快于东部和西部,对全国经济增长的贡献率超过20%,中部整体崛起已成大势。2011年,中部六省全部进入"万亿俱乐部",GDP总量突破10万亿元大关,占全国的20.1%,六省经济增速超过两位数,高于东部地区和全国平均水平。[1] 近年来,以长沙、武汉、南昌三大城市为核心,以武汉城市圈、长株潭城市群、鄱阳湖生态城镇群为主体,构成的中部地区长江中游区域经济体(以下简称"中三角")逐渐兴起。三个城市经济圈沿长江中游呈"品"字形分布,正好连成一个整体,其总人口超过1亿,总GDP近3万亿元,联合发展成为大势所趋。在此背景下,以长沙、武汉、南昌为代表形成的"中三角"地区创意产业区正在冉冉升起,形成以长沙为核心的长株潭文化创意产业群、以武汉为核心的大武汉创意产业群和南昌为核心的鄱阳湖生态城镇创意产业群,对提升城市竞争力,促进中部崛起,发挥着重要作用。

一 "中三角"地区创意产业集群的发展格局

"中三角"地区地处长江中游,是以浙赣线、长江、湘江为横线,以京广铁路、京九铁路、京珠高速为轴线,构成武汉、长沙、南昌为中心的三角区域,涵盖了武汉城市圈、长株潭城市群、鄱阳湖生态城镇群三个城市经济圈,国土面积占中部国土面积的1/5强,人口约占1/4,地区生产总值占1/3以上,涉及地市级城市25座,为中国版图中"腰"或"腹

---

[1] 白祖偕、刘双双:《中部六省抱团冲刺新经济增长极》,中国新闻网(http://finance.sina.com.cn/hy/20120520/192912105095.shtml),2012年5月20日。

地"。近几年,中部金三角地区创意产业发展迅速,创意产业集群规模不断扩大,与长江三角洲和珠江三角洲相呼应,形成三车并推的发展格局,在"中部崛起"乃至国家区域发展格局的整体优化中居于重要地位。

(一)长株潭城市群创意产业现状分析

长株潭城市群又称"3+5"城市群,是以长沙、株洲、湘潭三市为中心,1.5 小时通勤为半径,包括衡阳、岳阳、常德、益阳、娄底 5 个省辖市在内的城市聚集区。长株潭三市为长株潭城市群的核心层,是湖南发展的核心增长极;衡岳常益娄五市为长株潭三市的辐射层,亦即长株潭城市群的紧密层,是湖南发展的重要增长极。该区域是湖南省经济最为发达的地区,也是"中三角"地区经济发展的核心区之一。2010 年,该区域实现地区生产总值 12558.81 亿元,占全省的 78.3%,增长 15.2%,增速超过全省平均水平 0.7 个百分点,也超过了其他区域的发展速度,实现了率先发展的基本目标。同时,长株潭城市群已成为湖南创意产业发展水平最高、要素聚集能力最强、最具发展潜力的产业集聚区。

近年来,长株潭城市群积极实施"文化立市"发展战略,加快了创意产业的发展速度,基本确立了广电、出版、报业和娱乐四大产业为核心的,包括广播影视、出版、报刊、文娱演艺、动漫、网络、文博等在内的创意产业体系,形成了广电、出版、动漫游戏、演艺等产业集群,打造了"广电湘军"、"出版湘军"、"动漫湘军"等一批知名文化品牌,创意产业初具规模。2009 年,长株潭城市群共有创意企业法人单位 4 万多家,从业人员 82.81 万人,占全社会从业人员的 2.2%;长株潭城市群创意产业增加值为 434.28 亿元,占全省创意产业的 63.7%,占该地区 GDP 比重达到 7.9%,高于全省平均水平 2.7 个百分点,年平均增长 17.3%,超过 GDP 的增速。其中,长沙市实现创意产业增加值为 371.8 亿元,占总量的 62.5%,占全市 GDP 比重已达 9.9%。株洲和湘潭创意产业规模偏小,分别为 48.1 亿元、14.4 亿元。[①] 可见,创意产业在市域经济中的支柱地位已经形成。

目前,长株潭城市群以组建产业集团为契机,不断打造产业"航母",重点发展影视传媒、印刷出版、休闲娱乐、文博会展、文化旅游等传统产业,相继成立了一批主业明确、核心突出、对全市创意产业带动作

---

① 周海燕:《长株潭文化产业集群发展现状及对策研究》,《经济研究》2010 年第 11 期。

用明显的大型企业集团。同时，一大批有发展前景、产业特色和市场潜力的中小企业迅速成长，初步形成了大中小企业共同发展的格局。湖南广播影视集团是传媒湘军的核心主力军。旗下湖南卫视收视率位居全国省级卫视第一，湖南卫视品牌竞争力排名居全国第四；电广传媒上市运作，募集资金累计达21亿元。据统计仅2005年"超级女生"直接经济回报7.6亿元，品牌商业价值超过20亿元。① 以动画片"蓝猫淘气3000问"起家的湖南三辰卡通集团是动漫湘军的"领头羊"。长沙文博会展业在全国也处于领先地位。每年直接收入3.1亿元，带动会展相关行业收入28亿元，拉动地方产业经济增加近150亿元。湘潭红色文化旅游和株洲始祖文化旅游品牌享誉国内外。

长沙市是长株潭城市群的首位城市和经济中心，更是全区创意产业发展的"龙头"，创意产业对经济的贡献也持续增加，其辐射和影响范围达到省内及周边省市地区。"十一五"期间，长沙市已形成以滨江文化带为主轴，以大河西文化创意区与主城区文化休闲区为两翼，以麓谷动漫游戏城、金鹰影视文化城、岳麓山大学城为支撑的产业布局。同时，建设天心创意产业园、雨花创意产业园、星沙文化创意产业园等若干特色鲜明的创意产业基地和示范园区②，现已初具规模。如天心创意产业园拥有各类文化经营管理企业1500多家，该区文化企业总数达到1680家。其中龙头企业15家，规模以上文化企业45家，重点企业900家；创意产业从业人员10.2万人，文化企业占片区企业60%以上。2011年创意产业生产总值达102.8亿元，创意产业增加值达62.2亿元。③ 国家动漫游戏产业振兴基地动漫总产值突破60亿元；黄花印刷科技园云集印刷企业23家，去年园区总产值突破5亿元；星沙湘绣城已落户企业20家，去年总产值突破3亿元；主城区文化休闲区，每年吸引全国各地的游客5000万人次，带动文化娱乐及相关服务产业消费近50亿元，成为全国瞩目的焦点。朝阳路电子创意区、长沙晚报文化产业园、长沙广电文化园等园区已具有一定的产业规模。

---

① 段东、邓斌：《"超级女声"产业链效应研究》，中国政务信息网（http：//www.fsa.gov.cn/web_ db/sdzg2006/adv/BLDPX/DYMB/alyj/jcjy086.htm），2007年3月9日。

② 石月：《2015年文化产业产值超2000亿》，《长沙晚报》2011年5月19日第3版。

③ 汤琴：《天心区文化产业园：文化产业增加值力争今年破百亿》，《长沙晚报》2012年7月23日第4版。

目前，以湖南出版集团、湖南广播影视集团、湖南日报报业集团、长沙晚报报业集团、潇湘电影集团、长沙广播电视集团和三辰卡通集团等为龙头的一批大型产业集团对全市创意产业带动作用明显。① 2010 年，长沙市创意产业总产出 948.73 亿元，比上年增长 24.5%；实现增加值 453.84 亿元，比上年增长 21.2%；创意产业增加值占全市 GDP 的 10.0%，高于全省近 5 个百分点，占全省的 54.5%；创意产业对经济增长的贡献率达 19.4%，贡献率比 2006 年提高了 7.8 个百分点。2010 年，全市创意产业直接提供的就业岗位达 52.22 万个，比上年增长 11.1%，占全社会从业人员的 12.3%。2006—2010 年，年均增长 19.0%，分别高于同期全市 GDP 和第三产业增速 3.7 个和 5.1 个百分点②；"十一五"期间，长沙创意产业从业人员年均增长 15.7%，高于全社会从业人员增速 11.7 个百分点。2008 年、2009 年、2010 年，长沙创意产业上缴税收分别为 46.4 亿元、58.7 亿元、62.8 亿元，为长沙经济发展做出了重要贡献。③ 2011 年，长沙市创意产业继续保持快速发展势头，实现总产出 1180 多亿元，增加值达 550 多亿元，比上年增长 21.9%，成为继工程机械、汽车产业之后的第三个千亿元产业。同时，2011 年从事创意产业活动的各类经营单位发展到 62200 多个，比上年增长 10.7%。2011 年，全市创意产业直接提供的就业岗位达 58.4 万个，比上年增长 11.9%，占全社会从业人员的 12.5%。④ 数据表明，长沙创意产业已经初具规模，成为长沙市的支柱产业，并在全市乃至全省经济社会发展中具有举足轻重的地位。

（二）大武汉经济圈的创意产业发展现状

自国家实施"中部崛起"战略开始，大武汉城市圈就被确立为重要战略支点。大武汉经济圈的范围以武汉为圆心，以 100 公里为半径的城市群落，包括鄂州、孝感、咸宁、黄石、潜江、黄冈、仙桃、天门 8 个城市。大武汉城市圈面积约占全省的 1/3，区域总人口占全省的 1/2，经济总量占全省的 2/3 以上，是湖北省经济发展的核心，也是一个具有战略意

---

① 王晓红：《大文化产业的"长沙模式"》，《中国经济时报》2010 年 4 月 26 日第 4 版。
② 张玲、张明清：《长沙文化产业：第三个千亿元产业》，《中国文化报》2012 年 2 月 10 日第 3 版。
③ 李杜：《长沙文化产业将达千亿 文化品牌助产业发展》，新华网（http://www.people.com.cn/h/2011/1024/c25408-2957663331.html）。
④ 中商情报：《2011 年长沙文化产业产值超过千亿元》，中商情报网（http://www.askci.com/news/201202/11/111655_26.shtml）。

义的"经济圈"。

在创意产业发展方向和产业布局上,该区域重点发展软件、动漫、设计、出版复制、休闲旅游等五大优势产业,并以集约化经营和规范化发展策略,带动相关产业及其后续产业的发展,形成独有的大都市圈创意产业体系。结合地方特色发展产业集群,重点打造三大创意产业带:一是以东湖高新技术开发区为核心区,整合黄石、黄冈、鄂州、咸宁等地资源,逐步形成光电子信息、生物环保及软件开发等为重点的产业集群;二是以武汉经济技术开发区为核心区,以仙桃、潜江、天门等地为配套生产基地,形成IT设备、精细化工等为重点的产业集群;三是以吴家山海峡两岸科技产业园为核心区,以孝感市为生产基地,形成工业设计等为重点的产业集群。① 同时,还极力打造两江四岸滨江生态文化带和鄂东红色文化带等为代表的文化特色旅游带,形成区域产业一体化。

从产业规模来看,大武汉经济圈已建与在建创意产业园区已达45家,占全省全区总数的66.2%,年产值已达115.63亿元,年利润超过10亿元。其中,创意产业园最多的是武汉市,已建成文化创意园区21个,入驻企业1525家,吸纳就业人数近8万人。② 该区域已形成超大创意产业区块和强势规模经济,其中软件开发产业园、动漫游戏产业园、工业产品设计产业园、传媒文化产业园和综合性创意设计产业园等五大园区聚集了包括数字出版、动漫游戏、创意设计、影视制作、文化艺术、古玩艺术、民间工艺、演艺娱乐等十大产业。该区域培育出了华中地区最大的数字创意产业园和工业产品设计产业园,形成了一定的产业发展规模和显著的产业发展优势。2010年,该区域现有各类创意设计机构500多家,工程设计从业人员超过6万人,全行业综合产值达485亿元;动漫企业已经发展到150家,动漫产业总产值达26.8亿元。③ 在该区内集聚了湖北日报传媒集团、湖北长江出版集团、知音传媒集团等12家出版传媒集团,6家全国百强印刷企业,10家"百万报刊"等一批在全国有影响的新闻出版企业。这些大型产业集团在其行业领域通过资源整合、参股控股、市场分

---

① 董祚华、南金德:《推进武汉城市圈产业一体化的研究报告》,《决策与信息》2007年2月1日。

② 向阳:《武汉文化创意产业发展扫描》,《中国改革报》2012年1月9日。

③ 熊金超、黎昌政:《武汉大力发展文化创意产业打造"创意之都"》,中视新闻网(http://www.ctvxww.com/xinwen/1643/),2012年5月19日。

销、连锁经营方式而形成跨地域的产业群落和区域企业网络，并都建设了自己的创意产业园区，为企业群和产业群发展提供基地支撑。创意园区已成为该区域的创意孵化平台和产能载体。2011年，全省新闻出版业年总产值达391亿元以上，该区域传媒企业产值占3/4以上。湖北日报传媒集团的楚天181创意产业园有40多家企业入驻，湖北日报传媒集团实现经营收入12亿元。襄阳印刷工业园、咸宁印刷城、长江报业园、知音传媒文化园、今古传奇产业园、荆门日报传媒产业园等产业园也逐步发挥集聚效益。

武汉市作为中国中部地区的区域性中心城市，在武汉大经济圈创意产业发展中处于领先地位，发挥着引领作用。2004—2009年，该市创意产业增加值从102.4亿元增长到259.9亿元，年均增长20.4%，高于全市GDP增长速度，超过第三产业增速；创意产业增加值占GDP的比重，从4.6%提高到5.7%。目前，武汉市创意产业法人单位9417个，占全市法人单位的9.24%，创意产业拥有总资产1566.7亿元，从业人员23.94万人，占全市从业人员总数的6.6%。2011年，武汉创意产业增加值378亿元，占GDP比重为5.5%。[1] 武汉创意企业涵盖了演艺业、电影业、音像业、动漫产业、网络服务业、工业设计、美术与工艺品业等众多领域。其中创意设计业已有约500家机构，年产值达百亿元；软件和服务外包企业达550余家，从业人员5万余人，2010年实现营业收入218亿元，同比增长15.6%；在工业设计、建筑设计、服装设计及工艺品设计等设计行业，武汉市在国内处于领先地位。动漫游戏产业及视觉艺术业是武汉创意产业的重要组成部分，已建立了以光谷软件园为依托的动漫产业基地，重点打造动漫产业集群和产业生态圈。自2008年，武汉光谷创意产业基地建立至今，已有122家企业入驻园区，涵盖了动漫制作、影视动漫、网络游戏、动漫广告、动漫软件设计、动画图书出版、动漫影音制作、动漫展示、卡通玩具等动漫及衍生产品相关企业，集中了湖北省70%以上的动漫企业和近60%的游戏企业。[2] 2011年，作为核心的东湖高新区文化创意产业总收入350亿元，年均增长高达32%，机构数量达630家，从业人数6万人，实现财税收入8亿元。初步形成了由动漫产品研发、原

---

[1] 向阳：《武汉文化创意产业发展扫描》，《中国改革报》2012年1月9日第2版。
[2] 王丹妮：《武汉：5000人聚光谷"挖"创意产值近20亿》，《武汉晚报》2012年7月2日第5版。

创、制作、运营和周边产品开发等组成的产业链条，形成"光谷创意"品牌效应。此外，汉阳造文化创意产业园、武汉洪山创意大道、江城壹号文化创意时尚、武胜国际文化创意园区、181楚天创意园等一批创意产业园区的集群优势也已得到体现，已成为闻名中国的文化创意园区品牌。

(三) 环鄱阳湖城市群的创意产业发展态势

环鄱阳湖城市群位于江西省北部，包括南昌、九江、鹰潭、景德镇、上饶、抚州6个设区市，共42个县（市、区）的地理区域。面积5.3万平方公里，占全省总面积的31.86%，人口占全省的42.8%，GDP占全省的58.6%。环湖区域是江西省产业基础最好、科技文化水平最高、城市化水平最优、经济联系最密切的地区。[①] 作为全国首个生态城市群，环鄱阳湖城市群重点发展生态旅游、生态农业、生态文化、生态工业、生态服务业，其创意产业在城市产业布局和区域经济发展中扮演着极其重要的角色。

近年来，环鄱阳湖城市群根据区位条件、资源优势、产业特色和集群化发展战略，积极推动文艺演出、娱乐休闲、文化旅游等传统文化产业以及数字影视业、数字媒体与出版、数字动漫业、数据服务业、远程教育等新兴产业发展，已形成一批产业链条长、集中度高、专业化水平高、科技含量高的产业集群，并呈现出文化艺术传媒、创意产业设计和数字动漫三大产业并行发展态势。[②] 目前，环鄱阳湖城市群重点建设高新技术创意产业群、陶瓷艺术创意产业群、红色旅游创意产业群和民间艺术创意产业群等生态产业，已建和在建南昌慧谷·红谷高新技术创意产业园、景德镇陶瓷艺术创意产业基地、共青城影视基地和抚州傩文化创意产业园等21个园区。从创意产业规模来看，2010年，环鄱阳湖城市群创意产业实现增加值144.17亿元，占全省创意产业增加值的62.8%，占该区域GDP的3.2%；创意企业法人单位约有1.08万个，从业人员达15.5万人，占该区域就业人数的7.25%。创意产业已成为该区域经济发展中最具活力、最具发展潜力的重要产业之一。从创意产业集群布局上看，环鄱阳湖城市

---

① 赵黎黎、黄新建：《环鄱阳湖生态城市群空间结构的经济分析》，《南昌大学学报》（人文社科版）2008年第4期。

② 曾光、林姗姗：《创意产业发展的空间布局研究：以江西省为例》，《井冈山大学学报》（社会科学版）2010年第2期。

群根据区域资源和差异化原则，重点发展特色创意产业，一是依托南昌市大学城中心区域，发展动漫游戏、数字媒体、软件设计与开发、网络信息服务等为主体的新兴产业，建立集创新研发、产业孵化、教育培训、文化娱乐于一体的创意产业园区[①]；二是依托景德镇"世界瓷都"的文化品牌和陶瓷文化优势，打造景德镇陶瓷艺术创意产业基地；三是依托南昌、九江挖掘红色文化价值，构建南昌—井冈山—瑞金红色文化旅游产业带；四是以九江、上饶、抚州等地区的传统赣傩文化（主要包括傩舞、傩戏傩俗、傩面具、傩庙等）为载体，建立傩文化创意产业园，发展民间艺术创意产业。鄱阳湖生态经济区是一个旅游资源大区，具有良好的生态资源和丰富的地域文化资源，通过创意产业来整合红色文化资源、陶瓷文化资源、民间艺术文化资源等，以增强旅游的文化内涵、情感诉求和体验性，以创意产业整合和提升休闲旅游业（见表6-1）。

表6-1　　　　　　环鄱阳湖城市群创意产业发展态势

产业名称	依托城市	发展重点
文化艺术传媒	南昌、景德镇、九江、抚州	文化艺术传媒、演出、文化创意产品和服务为核心的多元产业链
创意产业设计	南昌、九江、景德镇、新余	工业设计、广告设计、建筑设计、工程设计、平面设计、工艺美术设计、服饰设计等
动漫	南昌、九江、新余	动漫游戏、图书、报刊、音像、玩具、服装、演出等衍生产品

资料来源：《江西省十大战略性新兴产业（文化及创意）发展规划（2009—2015）》。

南昌作为鄱阳湖生态经济区的核心城市，以人才、技术和资源为依托，形成了印刷出版发行、文化产品制造、动漫影视传媒、创意设计等优势产业，已建成南昌慧谷·红谷高新技术创意产业园、南昌国际动漫产业园、赣江文化休闲基地、扬子洲生态农业观光园等一批创意产业集聚区。多元化、特色化的创意产业格局初步形成，并逐渐形成区域品牌。一是在数字传媒、动漫游戏、影视文化制作、软件创意设计等新兴文化业态，培育出了一批领军企业，形成创意产业优势。如南昌高新区以笛卡动漫、天

---

① 沈中印：《环鄱阳湖城市群文化创意产业发展研究》，《城市发展研究》2012年第1期。

腾动漫、泰豪动漫为代表的动漫游戏产业进入全国五强；以巴士在线为代表的数字广告传媒产业已进入全国前三位；以地宝网、妆点网为代表的互联网文化创意企业在中部地区处于领先地位。在基于互联网和数字技术的现代信息产业方面，南昌高新区集聚了江西省80%、南昌市95%的企业，已形成包括创意思路、形象设计、数字开发、拍摄制作、运营管理等在内的完整产业链。① 二是红色文化旅游业品牌凸显。以八一起义纪念馆、新四军军部旧址等为代表的红色旅游接待量增长明显，以梅岭、天香园、南昌宝葫芦农庄等为代表的绿色文化旅游异军突起，发展很快。三是文化会展业特色明显，形成了南昌军乐节、楹联文化节、鄱阳湖国际生态文化节等一批具有较大知名度和影响力的展会。四是民间艺术品业日渐火爆，微雕、瓷雕、赣绣、瓷板画等传统工艺品成为南昌文化品牌。目前，南昌不断提高创意产业集约化、专业化水平，建设一批布局合理、主业突出、集聚效应明显、具有较强吸纳能力和带动作用的产业园区和基地。在创意产业集群布局上，以赣江黄金水道为中心轴，以毗邻赣江两岸的红谷滩新区、东湖区、西湖区为内圈，重点发展数字传媒、动漫游戏、创意设计、文化旅游、艺术品、演艺娱乐体育、广告会展等产业。中圈以城市近郊的创意产业园区、景区为中心，重点发展动漫游戏、创意设计、出版印刷、文化旅游等产业。外圈以城市周边有特色的创意产业园区、景区为中心，重点发展文化旅游、影视制作、文化用品生产和销售等产业，形成了广告传媒、影视制作、动漫游戏、数字内容、文化创意、印刷复制、休闲旅游、文化培训八大创意产业板块，成为江西省创意产业企业分布最密集的区域。截至2010年，南昌市创意产业法人单位3100多家，同比增长15%左右；从业人员5.18万人，同比增长6.43%；完成主营业务收入343.05亿元，同比增长32.26%；实现增加值72.34亿元，同比增长35.09%；占该市GDP的3.28%，同比提高0.37个百分点；主营业务收入超千万元的法人单位107家，超亿元的48家。②

景德镇市以资源枯竭型城市转型为契机，主动融入鄱阳湖生态经济区，大力发展创意产业，充分挖掘陶瓷文化资源，突出陶瓷文化特色，将

---

① 刘小荣：《南昌高新区形成八大文化创意产业板块》，《中国高新技术产业导报》2012年7月24日第3版。

② 陈艳伟：《今年南昌文化产业增加值要超100亿元》，《江西都市报》2011年12月4日第2版。

独具特色的资源优势转化为经济发展优势。2010年，景德镇陶瓷产业产值160多亿元，仅陶瓷文化产业就达62亿元，连续10年增幅超20%[①]；全市现拥有国家级创意产业示范基地2家，省级创意产业示范基地1家；现有各类创意产业实体近5000家，从业人员近5万人，其中陶瓷文化创意产业大小实体近2900家，解决了2万余人就业。2010年，景德镇市创意产业总产出约103.45亿元，实现增加值约20.82亿元，占全市GDP的4.98%，创意年均增速超过GDP增速，创意产业已成为全市八大战略型新兴支柱产业之一。近年来，景德镇实施重大项目带动战略，集中打造了陶瓷文化创意产业基地、传统制瓷工艺国际奖品瓷研制基地、御窑历史文化博览园等一批陶瓷文化产业基地。以陶瓷文化创意产业发展为核心，大力发展以陶瓷文化旅游为特色的旅游业、以瓷博会为引领的会展业、以艺术品拍卖为主营的拍卖业、以陶瓷技艺培训为专长的培训业、以花纸印刷为重点的印刷包装业、以瓷乐为代表的特色演艺娱乐业六大类与陶瓷产业关联紧密的创意产业，同时稳步发展影视制作业、出版业和网络业等，一个多层次、多门类、多种所有制并存的创意产业体系初步形成。[②]

二 "中三角"地区创意产业集群发展特点与态势

在"中三角"地区创意产业集群发展格局中，长株潭城市群、武汉都市圈和环鄱阳湖城市群三大创意产业发展密集区，无论是创意产业集群发展模式与产业布局，还是创意产业规模与产业基础等方面都有一定的共同点，也具有一定的差异性。

（一）"中三角"地区创意产业集群的形成基础和优势

1. 地理位置的集中性是"中三角"地区创意产业形成集聚的外在因素

长株潭城市群、武汉都市圈、环鄱阳湖经济区三大创意产业集聚区，地理位置优越，是连接南北、承转东西的重要节点。在区域布局上都是以省会城市为中心，以100公里为半径形成的城市群落。城市密度大，经济发达，交通便利，具有发展创意产业的良好基础。长株潭城市群以长沙为核心，以株洲、湘潭为支撑点，并辐射周边的地区，形成长株潭三市一体化经济圈。在这个经济圈内，沿京广铁路走向形成的纵向发展轴，沿浙赣铁路—湘黔铁路，形成的横向发展轴；沿石长铁路—长浏高速走向，形成

[①] 刘建林、卞民德：《景德镇陶瓷文化产业蓬勃发展》，《人民日报》2011年4月25日第4版。

[②] 曾丽萍、曾桂保：《景德镇文化产业蓬勃发展》，《江西日报》2010年8月22日第3版。

北部发展轴,沿湘东铁路走向形成东部发展轴。这四条发展轴集中了城市群绝大部分创意产业发展要素,形成轴线清晰的"井"字形创意产业集群的空间结构。武汉城市圈地理区位独特,京广、京九铁路和京珠、沪蓉高速公路等交通道路纵横交织,长江水道横贯中部,是中部地区最为重要的交通枢纽。该区域以武汉为中心,在100公里范围内集聚8个大中城市,是湖北省人口、产业、城市最为密集的地区,区位条件优越,产业基础较好,综合实力较强,创意产业发展潜力巨大。环鄱阳湖经济区内南昌、九江、景德镇和鹰潭4个大城市,相距较近,互为节点,具有本省最完备的铁、公、水、航空综合交通体系。京九线、浙赣线呈"十字形"在南昌交会,区内皖赣铁路、鹰厦铁路、武九铁路、京福高速、沪瑞高速、昌九高速、赣福高速等交通线将南昌、九江、景德镇、鹰潭、上饶连为一体,形成以南昌为中心、区内一小时经济圈。这是现代城市群发展创意产业的重要条件。

2. 区域经济一体化是"中三角"地区创意产业集群形成的内在因素

"中三角"地区实施区域经济一体化的发展战略,是以构建区域中心城市群,打造具有强劲辐射功能的核心增长极,推动区域经济的全面发展为主要目标。随着"中三角"地区经济一体化不断推进,必将促进协调区域发展,推动经济合理布局,从而促进创意产业一体化的形成。长株潭城市群、武汉都市圈、环鄱阳湖经济区均为本省经济发展水平最高,经济联系最为密切的地区。2010年,长株潭城市群实现地区生产总值12558.81亿元,占全省的78.3%,增长15.2%,增速超过全省平均水平0.7个百分点,也超过了其他区域的发展速度;长株潭城市群人均GDP为31843元,是全省平均水平的1.4倍。[①] 实现了率先发展的基本目标,成为湖南经济发展的核心区。武汉城市圈集聚了全省60%的GDP,55%的财政收入,58%的固定资产投资,62%的全社会消费品零售额。2010年,武汉城市圈生产总值9539亿元,增长13.8%,占全省的60.3%。[②] 鄱阳湖生态经济区生产总值5558亿元,占全省的58.9%。该区域人均GDP达28445元,是全省人均21210元的1.34倍,也是全省率先进入人

[①] 湖南统计局:《湖南区域经济发展差异与发展潜力分析》,湖南省统计信息网(http://www.hngzw.gov.cn/caijing/sdyj/yjbg/gnbg/content_ 134219.html),2011年11月7日。

[②] 《2010年湖北GDP首破1.5万亿 增速位列中部第一》,《长江商报》2011年1月25日第4版。

均4000美元的区域。可见,"中三角"地区的三大城市群已成为区域经济发展的核心区和增长极。在经济一体化的强势发展为创意产业集群的形成提供了聚集要素,成为创意产业最具发展潜力的经济走廊和城市群。

3. 文化价值同源性是"中三角"地区创意产业集群形成的根本因素

"中三角"地区是楚湘文化的发源地和中心舞台。自古以来,以长株潭城市群、武汉城市圈、鄱阳湖生态经济区为中心的湖南、湖北、江西三省一直深受传统楚湘文化影响,区域内血源相近,人们的文化、生活、消费、风俗习性大同小异。[①] 屈原之《离骚》开湘江人文之先河,"惟楚有材,于斯为盛"传承楚文化的精神,楚湘文化在历代的构建和累积下,形成共同的乡土语言和风俗习惯。人缘相亲,文化相近这条主线是"中部金三角"三大城市群的联系纽带,也是创意产业区域合作一体化发展的基础。

楚湘文化作为一种具有鲜明地域特色和悠久历史的文化,还拥有神奇浪漫的历史故事和绚丽多彩的民族风情。如许多炎帝神农的民间传说和文化遗址,炎帝神农遍尝百草,教民耕种,其深厚的历史文化底蕴标志着中华文明从渔猎时代向农耕时代过渡;在800多年的历史长河中创造了青铜铸造工艺、丝织刺绣工艺、漆器制造工艺等文明成果;千年学府"岳麓书院"和江南名楼岳阳楼,见证历史的云梦古泽、龙岗秦简、张家山汉简等秦汉史记,也是古隆中、赤壁战场等体现三国文化的重要载体;还有被誉为"中国原始舞蹈的活化石"的傩舞,有3000年产瓷史的景德镇陶瓷文化,独具楚湘特色的音乐、舞蹈、美术等文化艺术,都是十分宝贵的文化富矿。这里是中国革命的摇篮,武昌首义、南昌起义、"八七"会议等革命旧址、故居及纪念建筑物数量多、分布广,构成了"中三角"地区近现代革命文化的主要内容,是极其宝贵的革命文化资源。这些具有鲜明的地域特色和巨大的经济开发价值的文化资源,使得"中三角"地区城市群形成创意产业发展一体化的必然趋势。

4. 科技创新的协同性是"中三角"地区创意产业集群形成的推动因素

"中三角"地区科技力量雄厚,高等学校相对集中,信息业发达,创意人才众多,是中国科技创新的主阵地之一。这一区域集中了90%以上

---

① 梅文智、张可云:《中部崛起新思路探析——打造"中部金三角"》,《商业时代》2011年第14期。

的高科技企业，80%以上科技人员，高校在校学生占全地区的76%。武汉都市圈拥有各类科研机构687家，高等院校52所，科技人员总量为78.4万人，共有各类设计人才11.13万人，在激光、通信、微电子、芯片、生物工程及新材料等技术开发方面处于全国领先地位；武汉全国科技创新能力排名第三，科技综合实力、科技转化能力分列第四位、第五位。长株潭城市群拥有12个国家级、100个省级工程技术研究中心，有31所高等学校，在校学生规模达50余万人。长沙拥有200多家各类科技中介机构、10多个产业技术联盟，科技成果转化率达到80%，科技竞争力全国排名第六。[①] 在长株潭城市群的带动下，2011年，湖南省创新能力在中部6省中上升为第1位，全国排名保持在第11位。实现高新技术产品增加值2600亿元，同比增长33.3%，高新技术产品增加值占GDP的比重达13.3%。[②] 目前环鄱阳湖城市群拥有各类科研机构220家，科技人员达102万人，有普通高等院校44所，在校生49.2万人；南昌全市共有246家企事业单位开展了R&D活动，参与R&D活动的人员达到2.45万人，科技进步对经济增长的贡献率达到50.1%。在武汉、长沙、南昌三个中心城市的带动下，"中部金三角"的科技创新能力迅速提高，必将成为创意产业发展的主阵地。

5. "两型社会"建设系统性是创意产业集群发展的历史机遇

随着国家中部崛起的战略实施，"中三角"地区城市群的发展主要是致力于构筑中部地区经济发展的核心增长极，并成为中国经济新的发展极。其中长株潭城市群、武汉城市圈、环鄱阳湖城市群作为国家"两型"社会综合改革试验区，以可持续发展理论为指导，以节约能源资源和保护生态环境为切入点，以转变发展方式为关键，增强生态功能和可持续发展能力，为"两型"社会建设提供重要经验和示范。"两型社会"试验区的设立，为三大城市群创意产业发展创造了新的历史机遇。因为以最小的资源消耗和环境代价获得最大的发展效益，才能真正符合"两型"产业发展要求。根据"两型社会"试验区的要求，产业生态化转型过程是要求传统生产的粗放型模式向节约型模式转变，经济增长与生态环境保护、文化资源节约相协调的过程，因此要坚持走创意牵动、科技驱动和集约增长

[①] 湖南省科学技术信息研究所：《湖南省科技创新能力大幅度提高 创新潜力居全国前列》，中国科技情报网（www.chinainfo.gov.cn/Report/），2011年1月1日。

[②] 《湖南省概况》，湖南省人民政府网（www.hunan.gov.cn/hngk/kjcx），2012年8月3日。

之路，建构以高技术为主导、以创意产业为支撑、以节能环保为标向的新型创意产业体系。要通过政策引导、科技驱动和企业自主调整相结合，使其向新兴创意产业、产业数字化转型。[①] 创意产业具有污染小、能耗少、市场大等特点，是一种新型业态，发展创意产业正是"两型"社会综合改革试验区所倡导或要求发展的首选产业形态。创意产业集群作为创意产业发展的一个单元整体，强调联合互动机理，强调创意产业链的系统建构，以凸显集群发展的张力效应和群体优势。

（二）"中三角"地区创意产业集群的形成特点与发展态势

1. "中三角"地区的三大城市群都是典型的单核型城市群，创意产业集群在大城市首位度最高

比起长三角地区、珠三角地区及环渤海地区的创意产业集群均衡发展，"中三角"地区城市圈内几乎所有的大型创意产业集群都集中在长沙、武汉和南昌，其他地市主要是资源型和传统加工制造型，创意产业发展慢，产业集群规模小。从空间结构来看，"中三角"地区城市群可分为核心区、边缘区和辐射区，其中长沙、武汉、南昌三市为核心区，周围辖县（市）为边缘区，都市圈外围地带为辐射区。如长株潭城市群以长沙为核心，株洲、湘潭为边缘区，辐射衡阳、岳阳、常德、益阳、娄底五市及所辖县区；环鄱阳湖区以南昌为核心，以九江、鹰潭、景德镇、上饶为次级城市聚集区，辐射范围包括昌九工业走廊、南昌—鹰潭、高安—丰城城市带等。从发展阶段和产业规模来看，作为省域中心城市的长沙、武汉、南昌，创意产业集群发展比其他中小城市要领先一步，产业集群的聚集程度和专业化水平要高一些，产业规模更大，产业关联度更强，支柱性产业地位已经确立。而在其他城市中，创意产业规模最大的城市，创意产业增加值不超过 50 亿元，有的城市创意产业增加值尚不足 10 亿元，这些城市的创意产业增加值总和还不及中心城市的 1/2，创意产业尚未成为本市的支柱性产业。从创意产业空间集中度视角考察城市圈的创意产业空间布局特征，可以看出核心城市具有巨大的极化效应和扩散功能，形成以省会城市和区域中小城市相互呼应的创意产业集群化的空间格局。

2. 成长型创意产业集群占据主体，主导性创意产业成为区域品牌

"中三角"地区创意产业集群总体处于成长发育时期，创意产业集群

[①] 赵黎黎、黄新建：《环鄱阳湖生态城市群空间结构的经济分析》，《南昌大学学报》（人文社会科学版）2008 年第 4 期。

发展自发性强而自为性弱，表现在创意产业集群发展程度不高，规模化程度和专业化水平不高，集群系统的产业张力和辐射力不强；创意产业集群的产业关联度低，企业之间分工协作层次较低，特别是上下游产业尚未形成完整的产业链，需要进一步强化产业分工协作，提高群体竞争力。还有一些中小城市支柱产业集群主体地位不突出，缺乏区域性优势集群的支撑。有的创意产业门类集群化发展不充分，如文化艺术服务业领域还未真正形成演艺集群。就集群类型和科技化水平而言，在以园区为依托的创意产业集群中，技术密集型和知识密集型产业比例较小，传统产业集群的文化服务性产业仍占主体，创意产品科技含量较低，尚处于成长型和培育阶段。

在创意产业门类构成上，"中三角"地区基本确立了"四轮驱动，两翼齐飞"的产业格局。以广电、出版、文娱演艺和休闲旅游四大行业为主体，其增加值总量已占湘鄂皖三省创意产业增加值的一半以上，其中过亿元的企业全部来自广电和出版两大门类，成为名副其实的龙头企业；动漫和会展两大新兴产业增长迅速，产业集群发展成效显著，初步形成了包括数字动漫、影视动漫、数字娱乐、主题乐园、展览展示等在内的产业体系。长株潭创意产业集群形成以广电、出版、动漫为龙头的产业框架，"传媒湘军"已成为标志性的区域品牌。出版传媒、创意设计、动漫游戏及视觉艺术是武汉都市圈的优势产业，创意设计与软件开发行业在国内处于领先地位，现已形成了"光谷创意"品牌效应。环鄱阳湖城市群形成出版印刷业、艺术陶瓷业和文化旅游业等优势创意产业群，而围绕艺术陶瓷设计制作、陶瓷会展和陶瓷文化旅游三大主线所构建的景德镇陶瓷产业，则成为该区域创意产业发展的主要特色，其中艺术陶瓷一直是该区域创意产品出口的生力军。

3. 创意产业集群模式兼容并举，创意产业结构多元发展

在创意产业集群模式上，"中三角"创意产业集群呈现出以自上而下的政府主导型产业集群为主，以自下而上的市场主导型产业集群为辅，两者兼容并存的发展局面。如长沙的芙蓉区创意西街、岳麓山大学城文化艺术集聚区、景德镇的艺术陶瓷集群等少数产业集群是在市场力量的作用下自发形成的；而武汉东湖区光谷动漫产业园、长沙麓谷园国家动漫基地、江通动画工业园等多数产业集群主要是在政府政策的引导下促成的。所有这些都为"中三角"地区创意产业集群的成长树立了良好的典范。

在所有制结构上,"中三角"地区创意产业集群呈现出以国有企业集团为主导,以民营、合资创意企业为重要力量,国有、集体、民营、合资企业相互促进、平等竞争、共同发展的格局。其中广电、报业、出版印务以国有企业集团为主力,而在软件开发与服务、游戏动漫、创意设计、广告设计及培训服务等领域,则主要以民营资本进入为主导。近几年来,"中三角"地区创意产业多以民营资本为投资主体,民营创意企业成长迅速,如长株潭城市群的民营企业增加值已占全部创意产业增加值的1/3,就业人数占全部创意产业就业人数的2/3,天舟文化成为"中国民营书业第一股"。环鄱阳湖城市群目前共有各类民营创意企业4334家,吸纳就业人员8.6万人,拥有资产311.7亿元,实现创意产业增加值74.2亿元。①

在产业结构上,"中三角"地区城市群的传统创意产业优势明显,新兴产业发展势头良好,创意产业结构得到进一步优化。如长株潭城市群创意产业"核心层"共有从业人员10.86万人;"外围层"共有从业人员9.95万人;"相关层"共有从业人员8.13万人。"核心层"、"外围层"、"相关层"实现的增加值之比为38.8∶40.5∶20.7。② 环鄱阳湖城市群的创意产业"核心层"、"外围层"和"相关层"的增加值之比为36∶24∶37,以文化用品及相关设备的生产和销售为主体的企业所创造的价值,超过了以新闻出版等为主体的传统意义上的"核心层"产值。此外,"中三角"地区是中国革命圣地和红色文化的集聚区,红色旅游现已成为中国创意产业的名片。统计显示,仅江西红色旅游规模已占全国1/3,成为全国红色旅游发展的"领跑者"。③

在发展规模上,各类园区占地面积与投资总量上差异很大,最大的湖南创意产业园区面积是长沙出版交易中心用地面积的100倍;投资总量最多的长沙创意产业园超过100亿元,较少的园区尚不足10亿元。长沙芙蓉区创意西街入驻企业已达2324家,吸纳从业人员5万多人,实现创意产业增加值为42.4亿元;景德镇陶瓷文化创意产业基地集聚2900家相关企业,实现产值达62亿元。在创意产业园区内涌现出一批具有一定实力

---

① 张晶、刘勇:《江西文化产业 奔跑在文化大发展的春天里》,《江西日报》2012年2月10日第2版。
② 王琢卓:《长株潭和上海文化产业集聚状况及其影响因素的比较研究》,硕士学位论文,湖南大学,2009年,第11—41页。
③ 樊春梅、丁侃:《江西发展红色旅游的分析与对策思考》,《市场论坛》2011年第5期。

的文化企业和企业集团,其中产值过千万元的企业200余家,过亿元的企业数十家,一批优势企业成为相关产业的龙头,产业特色和市场潜力的中小企业迅速成长,初步形成了大中小企业共同发展的格局。①

4. 创意产业凸显生态化功能,创意产业集群成为"两型"社会的产业新模式

"中三角"地区三大城市群作为国家"两型"社会综合改革试验区,承担着中国创新大湖流域综合开发、环境保护与资源节约两型社会建设等重大任务。在这样的社会经济发展背景下,三大城市群积极推进生态建设、环境保护实现新跨越,把发展创意产业作为构建"两型"社会重要途径。通过创意产业率先实现产业发展的生态化转型,使创意产业有效地同生态建设、环境保护、节能减排结合起来。"中三角"地区城市群的形象就是亲湖性、生态性和现代性的城市群,主要是利用两江(长江、湘江)和两湖(洞庭湖、鄱阳湖)周边丰富的生态资源特色,突出沿江与环湖中心城市亲水生态园林化城市的特色,重点发展生态旅游、生态农业、生态文化、生态服务业等生态文明示范区、新型产业集聚区,从而确立了"中三角"地区城市群的生态型城市群形象,并进一步彰显它的特色魅力和品牌效应。在产业形态和集群构成上,注重文化园区和区域产业空间的生态文化氛围和生态环境建设,着力推进创意产业园区的转型升级,即以资源依赖型为主向以科技依托型为主转变,由以开发制作型为主向以创意设计型为主转变②,重点培育特色集群和强势创意产业生态圈,实现生态文化经济的可持续发展。

第五节 "西三角"地区创意产业集群的区域性分析

"西部川陕渝金三角经济圈"(以下简称"西三角")是指以重庆、成都和西安三大西部中心城市为核心,建立以成渝城市群和关中城市群为

---

① 黄南珊、刘保昌:《湖北文化产业集群发展的前瞻性思考》,《江汉大学学报》(人文科学版)2009年第5期。

② 黄南珊、熊霞:《推进转型升级创新发展模式——武汉城市群试验区文化产业发展的前瞻性思考》,《鄂州大学学报》2010年第1期。

载体的西部地区大经济体。据统计,"西三角"地区总面积22万平方公里,人口1.18亿,包含47座城市,GDP总额24456亿元,占全国的8.13%,占整个西部的1/3。从西安到成都和重庆的直线距离,分别为600公里和570公里,成渝直线距离270公里,三地连线近似一个等腰三角形。"西三角"地处中国西部的核心地带,是西部地区开发历史最悠久、经济最发达、人口最稠密、城市最密集、科技文化实力最强大、最具发展潜力的经济区。"西三角"地区经济圈的两大城市群和三大中心城市构成西部大开发实施"以线串点,以点带面"的空间战略支撑点,同时也是西部地区的创意产业集群和技术创新高地的重要依托,目标是成为中国经济增长第四极。

一 "西三角"地区创意产业集群的基本情况

（一）关中城市群创意产业的空间布局

关中城市群是以西安为中心,包括咸阳、宝鸡、渭南、铜川、商洛等城市在内的关中地带。该区域是陕西省经济发展的核心增长极,也是"西三角"地区经济最为发达的地区之一。

近年来,关中城市群积极发展创意产业,加快创意产业集群建设,现已成为"西三角"地区创意产业发展最快、规模最大、聚集化程度最高的地区之一。目前已经确立了影视传媒、新闻出版、文化旅游、文艺演出四大核心产业,形成了广播影视、出版印刷、文化旅游、艺演、会展、休闲娱乐等创意产业体系,文化旅游产业集群、数字出版与影视产业集群、软件与网络信息产业集群、设计产业集群、文化艺术创作集群、民间艺术集群六大集群构成关中城市群总体性的产业集群模式和规模。2011年,关中城市群创意产业增加值为337.5亿元,占全省创意产业的90.6%,占该地区GDP比重达到4.2%,高于全省平均水平1.2个百分点,年平均增长28.6%,超过GDP增速15个百分点。其中,西安市实现创意产业增加值为250.7亿元,占总量的67.2%,占全市GDP比重已达6.49%;咸阳市实现创意产业增加值32.6亿元,比上年增长25.7%,占生产总值的比重为2.4%;宝鸡和渭南市分别为20.17亿元、20.13亿元;铜川和商洛市的创意产业增加值均不足4亿元,产业规模偏小。据统计,关中城市群拥有创意产业园区32家,并集中了陕西省全部8家国家级创意产业示范园区(基地);现有创意企业11300余家,法人单位创意产业增加值占陕西省创意产业增加值的89.7%;创意企业数和从业人数分别占71.3%、

81.0%；创意产业从业人员达26.8万，增速高于全社会从业人员的7.1个百分点；创意产业对GDP增长的贡献率为4.8%，拉动GDP增长0.66个百分点。① 创意产业对区域经济发展的拉动作用不断增强，对经济结构的调整，经济增长方式的转变发挥了更重要的作用。

"十二五"期间，关中城市群依托周文化、秦文化、汉唐文化、民俗文化、佛教文化等历史文化资源，全力打造以"八大文化主题园区"（华夏始祖文化园区、周文化园区、秦文化园区、汉文化园区、唐文化园区、文化园区、佛文化园区、大学生文化创意产业园区）和"九大现代文化产业基地"（文艺路演艺基地、动漫游戏产业基地、红色文化演艺基地、文物复仿制基地、文物及艺术品交易基地、西部影视制作基地、西安国家级印刷包装产业示范基地、西安国家级数字出版产业基地、陕西文化创意产业基地）为载体的创意产业集群②，壮大影视、出版、演出、旅游、数字娱乐以及网络服务等优势产业规模，进一步确立创意产业在市域经济中的支柱地位。

西安作为关中城市群的核心，地处中国中西部两大经济区域的结合部，是连接东西、贯通南北的枢纽和中心。西安是世界六大古都之一，拥有13个王朝1152年建都史，底蕴深厚、历史悠久、类型丰富的文化资源，是西安创意产业发展的重要基础。自2005年创意产业被确定为全市五大主导产业之一以来，西安市以市场为导向，以项目为载体，大力培育了广播影视、新闻出版、文化娱乐、文化旅游、广告会展等重点行业，创意产业呈现良好发展势头，形成以西安为中心辐射整个关中地区创意产业带，示范效应初步显现。西安市创意产业增加值由2007年不足百亿元（93.47亿元）增加到2011年的250.7亿元，占全市GDP的比重由5.3%上升到6.49%，创意产业增长率达到31%以上，对经济发展的贡献率达到6.3%以上，拉动GDP增长近1个百分点。全市共有创意产业从业人员18.36万人，创意企业法人单位总资产达316亿元，创意产业人均创造增

---

① 陕西统计局：《陕西省国民经济与社会发展统计公报》，陕西统计信息网（http://www.sn.stats.gov.cn/news/qsgb/201133164839.htm），2011年3月2日。

② 陕西统计局：《2010年陕西省文化产业发展报告》，陕西统计信息网（http://www.sn.stats.gov.cn/news/qsgb/201133164839.htm），2011年11月1日。

加值高于全社会从业人员人均创造增加值水平。① 总的来看，创意产业已经成为西安经济社会发展的重要组成部分，成为推动社会主义文化大发展大繁荣的重要引擎和经济发展新的增长点。

目前，西安正在通过构建七大创意产业板块，做大做强创意产业，即依托曲江"国家文化产业示范基地"，构建以旅游、影视、演出、出版为核心产业的曲江创意产业区；构建以科技产业为基础的，以数字内容、现代传媒、建筑设计、研发设计与文化艺术交易五大创意产业群为主体的西高新区；依托"秦风唐韵御温泉"三大品牌，构建由秦文化旅游区、唐文化旅游区和仰韶文化园区组成的临潼创意产业板块；依托经济开发区及草滩生态产业园区的区位优势，打造西安印刷包装产业基地；以文化艺术设计、艺术产品交易及其相关服务为主体，打造唐延路创意产业带；依托西安后花园——浐灞生态区构建一个传统与现代、生态与产业相融合，集文化、旅游、休闲、商务于一体的国际性文化产业园区；依托自然风光和民俗文化，构建以森林旅游、温泉度假、文化主题公园等为载体的秦岭北麓生态文化旅游带；依托古都深厚的历史文化气息底蕴和丰富的古都城墙遗址，构建城墙景区文化产业板块。八大创意产业板块形成环绕西安，内外结合的创意产业集群，在推动城市转型，老城改造，工厂区复兴，解决社会就业等方面发挥积极的作用，成为"西三角"乃至整个西部地区创意产业集群发展的典范。

（二）成渝城市群创意产业集群

成渝城市群是以重庆、成都为核心，以成都及绵阳14个沿高速公路、铁路、黄金水道的市和重庆"一小时经济圈"的23个区县为载体，共同构成这个"椭圆城市群"。② 区域面积约15.5万平方公里，人口8000多万，GDP总量近9000亿元，GDP约占全国的5%。成渝城市群占川渝总面积的39%，人口与GDP均占西部的1/3以上。该经济区是西部乃至全国少见的集中连片经济区。在重庆、成都两个特大城市的强力带动下，成渝经济区创意产业集群将发挥出巨大的经济效应。目前已形成"双核三带多节点"的总体空间布局，即以成渝铁路、宝成铁路、西安—重庆铁

---

① 陕西统计局：《陕西省国民经济与社会发展统计公报》，陕西统计信息网（http://www.sn.stats.gov.cn/news/qsgb/201133164839.htm），2011年3月2日。

② 重庆市发展和改革委员会：《成渝形成"椭圆城市群"拉动经济发展》，重庆市发展和改革委员会网（http://www.cqdpc.gov.cn/article-1-10823.aspx），2007年10月17日。

路和高速路为纽带，以成、渝"双核"为椭圆点，建成连接二级城市和其他区县为普通节点的沿长江发展的三个椭圆形创意产业带。

近年来，在重庆、成都两大城市的带动下，成渝城市群创意产业发展迅速，在影视传媒、文博旅游、演艺娱乐、创意设计、动漫游戏、出版发行及文学与艺术品原创等行业领域形成了一定规模，整体发展态势良好，特别是在出版传媒、文化旅游、演艺娱乐、网络信息等领域形成了大型产业集团，成为创意产业集群化发展的主力军。相关数据显示，2010年成渝城市群共计实现创意产业增加值658亿元，约占该区域GDP的3%，其中成都、重庆创意产业增加值为486亿元，占成渝城市群创意产业增加值的75.4%。成都、重庆创意产业增加值占GDP的比重分别为4.64%和3.0%，增速分别达到28%和26%。目前，成渝城市群中各市地均已建设或在建创意产业园区，现已拥有各类创意产业园区76个，占重庆、四川两地创意产业园总量的84%，其中国家级创意产业示范基地12个。成渝城市群创意产业园区的数目迅速增加、分布范围快速扩展，带动了创意产业全面发展，连续多年保持20%以上的高速增长，比同期GDP年均增速高10个百分点以上。同时也成为吸纳就业能力最强的产业之一，现有的创意企业解决就业人数超过百万人，如重庆创意产业吸纳就业人员36.36万人，占总就业人数的5.1%，增长5.7%；成都创意产业解决37.5万个就业岗位，占总就业岗位的4.9%。特别是一批大型文化企业集团入驻园区，使创意产业园区逐步做大做强，区域经济发展的尖兵作用日益凸显，可见，成渝城市群创意产业正处于蓬勃兴起的阶段。

成都、重庆作为成渝城市群的"双核"，交通便利，信息网络发达，经济基础好，中心城市辐射能力强。相比之下，创意产业起步早，发展速度快，创意产业集群已初具规模。成都自古被誉为"天府之国"，历史文化资源丰富，是西部的金融商贸中心、科技文化中心及交通与通信枢纽，具有发展创意产业的良好基础。多年来，成都市把传媒业、文博旅游业、演艺娱乐业、创意设计业、动漫游戏、出版发行及文学与艺术品原创七大行业作为创意产业的发展重点，并逐步建立起完整的创意产业体系，形成了以园区化、楼宇化为载体模式，以重大产业项目为引领，促进创意产业集群化发展，获得巨大的规模效益。据统计，2005—2011年，成都市创意产业增加值由77.74亿元提高到330亿元，占全市地区生产总值比重由3.27%提高到4.8%，创意产业增速达到28%，已超过全市经济增速。成都市创意产业法人单位达1.44万家,吸纳就业人数18.94万人,占其从业人员总数的2.6%,成为成都新兴产业中吸纳就业能力最强的产业之一。

目前,成都创意产业已从市场孕育的萌芽阶段,迈入政府主导的成熟阶段,形成具有比较优势和地域特色的创意产业格局。近年来,成都相继兴建了13个创意产业集聚区,其中5个园区被列为国家级创意产业示范基地。在空间格局上,成都创意产业集群呈现中心区、近郊区和远郊区的圈层式特征。城市中心区就是在旧城改造中,通过创意设计,吸引创意企业集聚,构建创意产业区,如红星路35号、成都文化创意园区、音乐文化街等;近郊区一般是依托高新技术园区或高等院校,通过从事信息技术服务和艺术创作活动而形成的集聚,如成都数字娱乐产业园、蓝顶艺术中心、国际艺术城等。远郊及周边地区主要是利用城市级差地租与创意空间,或依托良好的生态环境,吸引众多艺术家自发集聚的艺术家群落,如浓园国际艺术村、三圣乡画意村等。在集群表现形态上,以园区化和楼宇化为载体形态,通过建设重大项目,培育区域品牌,实现创意产业集聚化,如在出版传媒、文化旅游、演艺娱乐等领域形成了大型文化集团,相互依托,联动发展,成为成都打造创意品牌的成功案例。

"山城"重庆自古以来就是中国西南地区重要的政治、经济、文化中心,也是中国西南地区最大的工业城市和长江上游水陆交通的枢纽。重庆创意产业走以重庆地域文化为内涵、以文化旅游为主线、以品牌运作为核心的发展路径,现已形成具有鲜明地域特色的创意产业体系。"十一五"期间,重庆市提出了"发展创意产业,打造时尚之都"的目标,确立了"政府引导、企业为主、市场运作、培育基地、吸纳业主",最终形成创意产业集聚效应的发展思路,重点建设视美动漫基地、天健(平面媒体)动漫基地、软件设计创意园、文化(传媒)创意产业园、大足石刻影视旅游文化区、出版传媒创意中心、黄桷坪艺术街、江北嘴现代文化体验区等一批具有地域文化特色的创意产业载体。经过多年发展,重庆已经基本形成了创意产业圈层体系,初步形成了演出业、文博业、影视业、出版业、数字娱乐业、创意设计业、休闲旅游业和艺术培训业等产业门类,且形成了一定规模,整体发展态势良好。据统计,2011年,重庆市实现创意产业增加值320亿元,占全市GDP的3.2%,在全国31个省市居中上水平。近五年来,重庆创意产业连续保持了26%以上的增长速度,比全国平均水平高出近10个百分点。全市从事创意产业单位1.5万家，吸纳就业人员36.36万人，占总就业人数的5.1%，就业增长率为5.7%，高于全市整体就业增长率。① 目前，重庆市已有各类创意产业园区46个，其中国家级创意产业示范基地4个。这些创意产业园区涵盖了研发设计类、咨询策划类、时尚消费类、影视出版类、文博演出类、休闲娱乐类、动漫游戏等创意产业的主要门类，其中以数字传媒、动漫、网络等为代表的新兴文化产业幅度最大，达44.2%。重庆天健创意（动漫）产业基地、视美动漫基地、南岸区茶园动漫基地、北部新区高新动漫基地等创意产业平台相互补充，已形成产业集群优势。2010年，全市有动漫企业48家，从业人数近万人，动漫企业营业收入共计1.38亿元，原创产品收入1280万元，衍生品收入1.1亿元，基本形成了动漫产业链的上下游合理分工。动漫产量占西部总生产量的82.8%，占全国产量的10%。② 其他创意产业门类也以20%以上的速度稳步发展，形成了较为系统的产业链和独具特色的块状经济。

二 "西三角"地区创意产业集群的形成特点和发展态势

"西三角"地区地处中国西部腹地，是西北、西南通往沿海、中原的交通要道，具有很大的地缘优势。"西三角"地区雄踞黄河、渭河、长江、汉水的上游，是中华文明乃至世界文明的发祥地，是南北丝绸之路的辐射源，是周秦汉唐文明千余年辉煌的大舞台。该地区历史文化资源丰富、自然资源种类多样、经济基础雄厚、现代工业基础设施完备，也是中国西部智力资源最密集和城市化程度较高的地区之一，具有发展创意产业的良好基础。

（一）"西三角"地区创意产业集群的形成基础和发展优势

1. 历史文化底蕴深厚，特色文化形式多样

"西三角"地区拥有被称为世界四大古都之一的西安，天府之国中心地的成都，雾都山城的重庆，均为国家历史文化名城，都拥有深厚的文化底蕴、独具特色的民俗风情、丰富多彩的民间艺术，为该区域创意产业发展奠定了基础。关中地区是中华民族的发祥地，周、秦、汉、唐均建都于

---

① 廖雪梅：《重庆文化产业占GDP比重3.0%居全国中上层》，《重庆日报》2011年11月30日第4版。

② 杨华强、孙志军：《重庆动漫产业：由弱到强2010年收入1.38亿》，《重庆日报》2011年12月29日第4版。

此，古城西安和咸阳有着3100多年的城市发展史，成为中国历史上建都时间最长和影响力最大的都城，为关中地区留下了得天独厚的文化资源。关中城市群现发现各类文化遗址5000余处，有省级文物保护单位316处，其中国家级重点文物保护单位16处，被称为"天然的历史文化博物馆"。号称世界第八大奇迹的秦始皇兵马俑与秦始皇陵被列为世界文化遗产，华夏第一陵——中华民族始祖轩辕黄帝陵墓，汉武帝开辟的古丝绸之路，被誉为"东方圣殿"唐朝宫殿建筑群，被称为"音乐界的活化石"的陕西的戏剧——秦腔是中国现存最古老的剧种之一。可见，关中地区的文化底蕴之深厚。

成渝城市群孕育着高度发达的古蜀文明，是中华文明的重要源头，现拥有金沙遗址、史前古城址群、三星堆遗址、战国船墓葬以及古军事遗址、古民居建筑群等古蜀文明遗址不计其数。成渝地区还是一个多民族的地区，有着众多的生产民俗、节日文化、婚姻习俗、丧葬习俗、信仰民俗等民俗文化资源，已列入国家非物质文化遗产项目多达189项，以川剧和变脸为代表的民俗文化，以铜梁旧石器文化遗址为代表的石器文化，以歌乐山为代表的红岩文化，以火锅为代表的火锅文化等，都可谓中国最具地方传统特色文化形式。"西三角"还是中国本土宗教——道教的发源地，是中国佛教圣地，也是基督教和伊斯兰教在西北、西南地区的活动中心。所以，"西三角"地区及其周边保存有大量的宗教场所和相关历史文化遗迹，其中，青城山道教文化中心，被联合国教科文组织列入《世界遗产名录》。"西三角"地区是集佛教、道教、天主教、基督教、伊斯兰教五大宗教为一体的宗教集聚区，宗教文化资源占绝对优势。总之，"西三角"地区所发现和开发的历史文化、宗教文化、红色文化及民俗文化不胜枚举，囊括了旧石器时代、新石器时代氏族公社、封建王朝、近现代革命时期等人类社会演进各历史阶段的多种类型，构成人类社会进化史上举世罕见的层次清晰的完整系列，荟萃了一大批的典籍、碑刻、音乐、戏剧、绘画等多种以实物或其他形式存在的文化遗产，展现了深厚的历史文化底蕴，是其他地区不具备的特色优势。

2. 经济基础雄厚，经济核心作用明显

"西三角"地区曾是中国"三线建设"的主要地区，囊括了西部地区最发达城市群，是西部地区综合实力最强、最具竞争力的区域，是西部地区产业聚集的区域。经过改革开放30多年的发展，形成了良好的产业基础和强大的经济能力。"西三角"地区的重庆、成都、西安三大中心城市均处于本区域的核心位置。成都位于四川中部平原，是四川经济的核心；重庆位于长江的中上游，可承接本区域与长江经济圈的联系；西安位于陕西关中平原中部，与西北地区经济联系紧密。因此，这一模式区位优势突出，也符合区域经济圈一般应有 2—3 个大都市经济核心的规律。① 从西部经济发展来看，重庆、成都和西安三个城市的经济总量占整个西部主要城市的 54%，如果将三大城市连接而形成经济圈的周边城市计算在内，那么，"西三角"地区经济圈的经济核心作用更难以估量。

关中城市群地处八百里秦川，自古就是物产丰富之地。新中国成立以来，一直是全国生产力布局的重点区域，形成了高等院校、科研院所、国有大中型企业相对密集且能够辐射西北经济发展的产业密集区，在全国区域经济发展中占有重要地位。② 目前，关中地区已是陕西省产业密集区，集中了全省 3/4 的大中型企业和 3/4 的国内生产总值，具有带动陕西省经济快速增长的巨大潜力，同时该区域在陕西省乃至西北地区起着贯通南北、联结东西的枢纽作用，具有明显的区位优势。

成渝城市群处于中国东西结合、南北交会的中间地带，自然资源丰富，劳动力数量充足，经济密度大，工业和交通基础设施已有相当基础，是全国产出水平较高的区域，也是中国粮食生产的重要基地。由成都和重庆两个中心城市及其卫星城镇组成的成都经济圈和重庆经济圈，具有极强的集聚和扩散功能。相关数据显示，成渝经济区的城市化水平接近 40%，成渝经济区城镇密度是 1.1 个/百平方公里，是全国的 5 倍；经济密度为 431.81 万元/平方公里，是川渝平均水平的 3.1 倍，西部地区 11.5 倍，全国平均水平的 3 倍。③ 可见，成渝经济区以川渝两省市不到 1/3 的国土面积、3/4 左右的人口，创造了川渝两省市的 85% 的国内生产总值，是对川渝两省市社会经济发展影响最大、举足轻重的核心发展区。

3. 科技实力雄厚，高新技术专业发达

"西三角"地区云集了众多国家和部属高等院校和国家科研机构，是

---

① 何伟、曾礼、汪晓凤：《"西三角"经济圈与中国经济增长第四极研究》，《探索》2010 年第 4 期。

② 肖金成、袁朱：《中国将形成十大城市群 长三角有望成为世界第六》，人民网（http://finance.people.com.cn/GB/1045/5538249.html），2007 年 3 月 29 日。

③ 何雄浪、杨继瑞：《成渝经济区：比较优势、发展不足与治理对策研究》，《西华大学学报》2009 年第 6 期。

西部高新技术产业力量最集中地区,为区域科技引领创意产业发展提供了有利的条件。该区域以西安、成都、重庆三个西部中心城市为核心,以高新技术产业为纽带开展科技合作,构建了中国西部的"高科技三角"。其中以西安为核心的关中地区有52所高等院校,1072个科研院所,3个国家级星火技术密集区,4个国家级高新技术产业开发区,13个省级星火技术密集区,85万名各类专业技术人员,7500多家民营科技企业,成为西部大开发的技术创新基地和全国重要的技术创新中心。以成都、重庆为核心的成渝经济区有67所高校,1766个科研院所,116万各类专业技术人才,共有6个国家级高新技术产业开发区、国家级经济技术开发区和国家级出口加工区。[①] 这些高新技术产业开发区在电子通信、软件设计、光电、环保等领域具有强大优势,而这些产业上下游关联度极高,带动力强,容易形成庞大的产业链,能够向西部其他地区进行产业辐射,其增长极的作用突出。尤其是信息技术、传媒技术、自动化技术、激光技术在创意产业领域的广泛应用,更凸显"西三角"地区科技创新能力的推动作用。

4. 区域合作关系密切,西部开发战略地位凸显

国家西部大开发战略的实施为西部地区经济崛起和社会发展带来前所未有的历史机遇。"西三角"地区作为西部大开发的重点地区,近年来,不断完善交通等基础设施建设,凭借良好的产业基础和强大的配套能力,更好地承接东部产业转移,形成支撑整个西部地区发展的产业高地,有效地提升西部地区的整体实力,实现西部大开发的新突破。成都、西安、重庆三大城市作为西部大开发战略的重要支撑点,历史发展的同源性和经济发展的互补性,决定了三座城市之间始终保持竞争合作、互补共融的密切关系。从区位来看,三座城市处于中西部结合部,时空距离的靠近,在航空一小时半径内,在承接东部产业转移上处于有利的位置。从产业特点来看,西安航空研发、半导体、现代通信设备等产业优势明显;成都电子信息产业发达,形成区域集群;重庆是装备制造业和摩托车生产基地。三座城市能够相互承接研发成果,形成密切的产业依赖关系。从资源状况看,三大城市自然资源丰富,历史文化底蕴深厚,传统民间艺术多样,相互文化交流频繁,独特的城市文化也极具吸引力。按照大经济区模式构建的

---

① 国家统计局:《中国统计年鉴》(2009),中国统计出版社2009年版,第18页。

"西三角"地区将打破西南和西北间的传统割裂，有助于多个中心城市优势互补，共同发挥区位交通、产业基础和城市体系良好的优势，实现区域资源共享和联动开发，加快推动西部地区经济发展和市场化进程，实现全国区域经济协调发展。

(二)"西三角"地区创意产业集群的形成特点和发展态势

1. 在空间布局上呈圈层式特征，中心区经济密度最大

"西三角"地区在创意产业结构上呈现中间大两端小的产业特征，创意产业的核心层、外围层和相关层占全部创意产业投资的比重分别为36.6%、46.6%和16.9%，增长速度分别为33.2%、76.2%和38.5%。外围层在三个层次中增速最快，对区域经济的贡献最大，成为创意产业的投资热点。在空间格局上呈现中心区、近郊区和远郊区的圈层式特征。城市中心区就是在旧城改造中，通过创意设计，吸引创意企业集聚，构建创意产业区，如重庆的中央商务区时尚消费圈（包括解放碑时尚消费圈、江北嘴时尚消费圈、弹子石南CBD时尚消费圈）；西安创意产业主要集中在城墙景区、碑林区和雁塔区等内城，形成三条密集带（湘子庙街和书院门一带、文艺路沿街带、二环内长安路一带）。近郊区一般是依托高新技术园区或高等院校，通过从事信息技术服务和艺术创作活动而形成的集聚，如西安在莲湖区、曲江新区、新城区、经开区等外城区呈现出集中分布；重庆则是沿长江和嘉陵江的南滨路和北滨路形成以九龙坡区、江北区、巴南区和高新区为代表的特色创意产业区。远郊及周边地区主要是利用城市级差地租与创意空间，或依托良好的生态环境，吸引众多艺术家自发集聚的艺术家群落。如西安市文化企业在东北部的远郊形成了片状集中，在浐灞生态区依托"两河三区"发展文化休闲及生态观光产业带；成都在远郊区及周边地区建设三圣乡画意村、北村艺术区、许燎原现代设计艺术博物馆，在青城山建设青城山·中国当代美术馆等创意产业园区，形成了集艺术创作、展览拍卖、观光旅游于一体的创意产业带。数据显示，创意产业在中心城区高度集中，而且有进一步加剧的趋势。远郊区创意产业集聚区相对分散，产业增速较慢。如成都中心区创意产业单位增加值占全市的比重高达84.7%，经济密度最大；远郊区域经济总量较小，完成增加值占全市的比重仅为5.3%。这些园区的建立是"西三角"地区城市群在实践中摸索出的一条成功之路，具有一定的典型示范作用。

2. 依托重大项目创造文化品牌，园区化和楼宇化成为主要载体形态

"西三角"地区城市群注重发挥政府的引导作用，政府通过制定规划、提供优惠政策、完善公共服务体系等措施，集中财力，整合资源，通过重大项目的建设，打造一批在国内外具有一定影响的文化品牌。成都在政府引导和市场主导下逐步形成以龙头骨干企业为支点，大中小企业紧密配合，专业分工与协作完善，具有国际竞争力的产业集群和优势产业链。通过政府与企业相互依托，联动发展，成功地打造出金沙文化品牌、宽窄巷子历史文化保护区等众多创意品牌。西安则通过政府招商引资、企业投资运营，建设了大唐芙蓉园、大唐不夜城等一批重大项目，打造出"曲江模式"——曲江新区创意产业集群，在全国产生了较大反响。重庆坚持集中力量扶优扶强，在九龙坡区成功培育和打造黄桷坪艺术街区、501艺术仓库、视美动漫基地、巴国城、坦克库等一批具有重庆特色、在国内外颇具影响力的创意品牌。

通过以园区化和楼宇化为主要载体，促进产业集聚化发展是"西三角"地区创意产业发展的主要趋势。结合旧城改造，利用创意使旧厂房、旧仓库实现新功能，产生新的集聚区，特别是在提升品牌价值，塑造城市形象等方面体现出园区化和楼宇化的集聚效应。如成都"红星路35号"、成都工业文明博物馆、重庆501艺术仓库、西安纺织城现代艺术中心等都是LOFT文化现象的典型代表；而较为成功的园区化形态代表有西安曲江创意产业园、成都"三圣花乡"画意村、锦里民俗文化街、重庆黄桷坪艺术街区等，具有全国领先的竞争优势，形成独有的发展模式和经验。

3. 创意产业的区域特色明显，差异化发展格局基本形成

"西三角"地区城市群创意产业集聚区的形成与区域性传统产业和人文环境密切关联，主要是依托区域性传统产业和人文环境优势，打造创意产业特色区域，实施差异化发展战略。关中城市群依托文化资源优势，确定产业重点，打造文化品牌，在创意产业的空间布局上各有侧重，形成鲜明的差异化发展格局。被誉为周秦王朝发祥地、青铜器之乡和民间工艺品之乡的宝鸡，全力打造周秦创意产业集群、文化休闲旅游产业集群、民间工艺美术产业集群三大集聚区，使其成为关中名片。渭南主要依托华县皮影、蒲城麦秆画、富平陶艺、渭南黑陶、澄城刺绣等传统工艺，发展特色创意产业群。铜川确立了医药保健养生文化、红色文化、耀瓷文化、佛教

文化等重点领域创意产业发展战略，建设药王养生文化产业园区、照进红色旅游产业园区、陈炉古镇陶瓷文化产业园区、香山佛教旅游产业园区等创意产业园区。成渝城市群依托浓郁的巴蜀文化特色和厚重的工业基础，重点发展出版传媒、休闲娱乐、时尚消费、文博旅游、表演艺术和创意设计等创意产业，打造"时尚消费"和"体验经济"特色区域。如被称为"盐之都"、"龙之乡"、"灯之城"的四川自贡大力发展以"两群（井盐文化产业集群、彩灯文化产业集群）、一园（中国恐龙生态文化园）、五产业（文化旅游、演艺娱乐、广播影视广告会展、创意设计、印刷包装装潢）"为主导的特色产业构架，努力变资源优势为产业优势，高起点打造特色创意产业品牌。泸州着力打造"酒+N"特色文化品牌，凸显"中国酒城、醉美泸州"的个性魅力，酒业年增长的贡献率为67.9%，成为区域经济高速增长主要拉动力量。雅安、乐山等地创意产业规模虽小，但特色鲜明，雅安主打的"熊猫文化"享誉世界；乐山市以"名山、名佛、名人、名城"为依托，重点发展文博、会展、演艺、创意、网络传媒等产业园区。

4. 在发展模式上呈现多元化特征，投资拉动成为创意产业发展的推动力

"西三角"地区以影视传媒、文博旅游、演艺娱乐、创意设计、动漫游戏、出版发行等行业为主导，在市场推动和政府主导的作用下，先后形成了数十个创意产业集聚区。在集群模式上，以"艺术家"集聚模式、"艺术家+企业家"集聚模式、"政府+艺术家"集聚模式、"政府+开发商"集聚模式和"政府+企业家+艺术家"多种集聚模式，形成政府主导，企业主体，社会参与的多元化运行机制。① 在增长源泉方面，"西三角"地区依托丰富的劳动力，发展以劳动密集型为主的创意产业，主要承接东部发达地区转移来的相关产业，以及依靠丰富资源内生性的传统产业。在动力机制上则是政府唱"主角"，通过产业规划和政策扶持，引导市场要素的流动。与沿海发达地区相比，"西三角"地区创意产业起步较晚，市场机制尚不完善，其动力机制主要是以投资拉动和内需拉动为主

---

① 张京成：《中国创意产业发展报告》（2008），中国经济出版社2008年版，第445—449页。

导,以出口拉动为突破口,形成民资、外资和国资推动型相结合的动力机制[①],构建市场主导、政府引导、企业参与下的"三位一体"发展模式。

第六节 滇海地区创意产业集群的区域性分析

滇海地区创意产业集群是指云南省创意产业集聚区与海南省创意产业集聚区的统称,与其他五大创意产业集群发展格局不同,滇海地区创意产业集群在地理区位上并不相邻,在经济版图上也不具备实质意义的区域经济联系,但在中国创意产业整体格局中,这两个边疆省份的创意产业发展方向和集聚模式上具有惊人的一致性,形成了独具特色、体系完整的区域性创意产业集群。故本书将云南和海南两省的创意产业发展作为一个整体来概括描述。

一 滇海地区创意产业集群的基本情况

（一）海南省创意产业的基本情况

海南位于中国的最南端,是全国唯一的热带岛屿省份,也是国内唯一省级经济特区。全省陆地面积3.54万平方公里,常住人口854万,其中少数民族人口约150万。经过30多年的改革和发展,一个偏远落后,但美丽而又充满神奇的南海岛屿,已经成为中国第一个生态省、热带滨海旅游胜地,被世人誉为南海上的明珠。2011年,海南省地区生产总值（GDP）2515.29亿元,比上年增长12%,高于全国GDP增速2.8个百分点,人均GDP达4429美元,突破4000美元大关,标志海南跨入世界中上等收入地区水平的行列。[②] 其中以演艺娱乐业、影视制作业、动漫游戏业、体育健身业、休闲养生业、会展业、旅游业等为重点的创意产业占全省GDP的2.1%,经济增长率达24%,经济贡献率超过30%,成为海南省的优势产业。由于创意产业的发展使海南岛获得前所未有的知名度和影响力,让外界不由得发出这样的感叹:"中国的海南,亚洲的博鳌,世界的三亚。"

---

① 王正斌、关祥勇:《西安创意产业发展模式与路径探讨》,《西安日报》2009年12月7日第5版。

② 海南省统计局:《2011年海南省经济和社会发展统计公报》,《海南日报》2012年2月6日第6版。

被誉为南国宝岛的海南，根据岛内丰富的自然资源和极具特色的文化资源，建设软件设计创意园区和会展创意园区，以及出版传媒创意、旅游影视文化基地、时尚文化消费基地等具有区域影响力的创意产业载体，全力推进创意产业发展。"十一五"期间，海南实施国际旅游岛发展战略，将以"一体两翼"、"一群五地"建设，形成一批布局合理、各具特色的创意产业园区，全面构建新型的创意产业体系，推动海南创意产业跨越式发展。"一体"即按照政府统一规划布局，实行全岛一体化发展战略；"两翼"即以海口、三亚为中心打造南北两大创意产业圈（海口为历史文化名城，三亚为文化旅游示范城市），带动周边市县。发掘建设中部少数民族地区特色文化产业群，加快发展高尔夫球产业基地、影视剧及动漫创意产业基地、旅游演艺产业基地、独具地方特色的乡土文化产业基地、特色体育产业和国家级体育综合训练基地。从目前的创意产业布局来看，已形成东部以滨海旅游文化为主体，集中发展现代、时尚、国际一流的现代创意产业带；中部以民族风情、特色旅游文化为主体，重点发展自然、生态、环保、民俗的绿色文化产业带；西部以高科技、环保、民间文化为主体，重点发展新兴工业观光、乡村旅游、历史文化旅游的特色文化产业带；南部以会议、节庆、旅游，以及模特、时装、设计、选美等大赛活动为主体，形成节庆会展产业带。[①] 区域创意产业带的构建，形成创意产业的聚集效应，推动海南创意产业的跨越式发展。据统计，海南省创意产业增加值从 2006 年的 19.03 亿元增加到 2010 年的 43.26 亿元，占全省 GDP 的 2.1%，创意产业增加值比 2009 年增长 24%，连续 4 年平均增长超过 22.8%，比海南省同期 GDP 增长高出 8.2 个百分点。创意产业法人单位数达到 4252 个，个体经营户 7458 家；从业人数达到 63273 人，占全省从业人员总数的 1.61%；其中，2010 年海南省新增登记文化企业 300 多家，增幅 12.3%，从业人口增加 45%。[②] 文化休闲旅游业依然是海南省的支柱产业。2008 年，全省旅游总收入 324.04 亿元，比上年增长 25.8% 上。以文化旅游为龙头的服务业在推动区域经济增长中的主导地位进一步增强，共实现增加值 498.47 亿元，增长 26.5%，占全省 GDP 的比重 19.4%，

[①] 卿志军：《发展海南创意产业的思考》，2010 当代海南论坛文集（上），南海出版公司 2011 年版，第 13 页。

[②] 周正平：《海南文化产业实现跨越式发展》，新华网（http：//news.xinhuanet.com/shuhua/2011-10/18/c_122169119.htm）。

对 GDP 增长的贡献率达 68.2%。其中，文化休闲娱乐服务行业增加值占全部创意产业增加值的 30.98%，居第一位；出版发行和版权服务行业（含印刷）增加值占 23.03%，居第二位；广播电视电影行业增加值占 21.57%，居第三位。① 会展业是海南经济社会发展的强大推动力，初步形成了海口、三亚、博鳌三足鼎立的局面。会展业已经成为拉动海南经济发展的新引擎，成为国际旅游岛建设的重要推动力量。② 2011 年，海南会展重大活动达到 80 个以上，成交贸易额 500 多亿元，展会参观人数 100 万人次，增长 27.9%。仅在海南自行车环岛赛举办期间，就有 200 多万人直接观赛，数千万国内外观众通过电视、网络等媒体观看比赛，环岛赛为海南带来的间接效益数十亿元，会议和展览两项收入占海口全年旅游总收入的 13% 左右。③ 博鳌亚洲论坛、国际旅游商品博览会、高尔夫产业博览会、海洋博览会等展会成为海南创意产业品牌。可见，海南创意产业发展势头强劲，区域聚集效应明显，已进入一个持续快速发展的新时期。

海口和三亚两市分处于海南岛北南两端，这两座城市都把发展创意产业作为城市经济的发展战略，成为拉动海南经济发展的两极。海口集中了海南全省主要的大型文化、教育、娱乐、体育设施，是各类主要新闻媒体的"大本营"，也是体育赛事、休闲体育及体育培训的集中地。如海口实施的"阳光海口·娱乐之都"精品文艺演出，使海口文化娱乐业迅猛发展；一些品牌性的体育赛事正在成为海口的名片，带动海口经济快速增长。统计数字显示，2006—2011 年，海口市创意产业增加值已由 11 亿元增加到 29 亿元，占全市 GDP 的比重由 3.2% 提高到 4.1%，年增长率达到 24.7%。精心打造的国际游艇论坛、中国体育旅游博览会等标志性节庆活动的影响力也在逐步扩大，海口大致坡镇琼剧文化产业群（国家文化产业示范基地）、海南国际创意港等一批创意产业基地发挥出巨大的产业平台作用，进一步增强了海口的城市影响力和文化吸引力。三亚凭借天然的、优美的自然环境，积极发展旅游业、会展业、影视业、健康体育业、演艺娱乐业、美丽时尚业等行业领域。借助世界小姐总决赛、世界先

---

① 岳钦：《从业人数 6 万多　我省首次对文化产业进行调查》，《南国都市报》2008 年 1 月 22 日第 6 版。
② 罗霞：《省会展协会多项举措力促会展业发展》，《海南日报》2012 年 1 月 11 日第 2 版。
③ 王晖余：《"活动经济"提升海南竞争力大力发展会展业》，新华网海南频道（http：//www.hq.xinhuanet.com），2012 年 4 月 1 日。

生总决赛、新丝路模特大赛，以及服装时尚艺术节等赛事的成功举办，已经形成了三亚独特的"美丽产业"品牌，并带动旅游、娱乐、服饰、美容、健美、化妆品、珠宝等行业的发展，形成"美丽效应"。据统计，2011年三亚创意产业增加值约12.17亿元，占全市GDP的4.28%，2012年创意产业增加值约15亿元，增加值占GDP比重达4.57%。[①] 其中，旅游服务业和休闲娱乐服务业成为创意产业的主体，分别占全部创意产业增加值的48.9%和29.8%。随着休闲旅游业发展和一批国际性重大赛事活动的成功举办，三亚的国际知名度迅速提升，国民经济也表现出强劲的上升态势。

（二）云南创意产业集群的发展状况

云南省作为中国西南边疆的省份，地处南亚、东南亚及西亚的文化交流圈，它在中国面向西南开放中具有明显的区位优势。云南也是一个多民族聚居的边疆省份，26个民族在长期的生产和生活中形成了各具特色的民族文化类型，再加上云南拥有众多风光秀丽的自然资源，发展创意产业具有独特优势。[②] 正是由于这种特殊的民族传统文化和区域历史文化，才使云南省创意产业的发展具有极强的地域特色，形成了独具特色的"云南模式"，即立足云南省情，从特色资源出发，将旅游业和创意产业整合，形成品牌和建构核心竞争力，进而辐射带动传媒、演艺、茶艺、体育健身、特色餐饮等其他更广泛的领域，实现创意产业的可持续发展。

近年来，云南省创意产业增加值以年均20%的速度持续快速发展，已形成了以广播影视业、新闻出版、文化娱乐业、演出演艺业、文化旅游业、民族民间工艺制品、广告会展业、珠宝玉石产业、茶文化产业、体育服务业十大特色为主导的创意产业体系，成为云南经济发展的第一大支柱性产业。据统计，云南省现有创意产业单位9232个，规模以上创意企业从业人员38.7万人。2011年，云南创意产业增加值达534亿元，占云南省GDP比重6.1%，成为全国6个创意产业增加值占GDP比重超过5%的

---

① 邓金培：《三亚将实施文化走出去战略　将成立文化产业协会》，《三亚日报》2014年1月14日第3版。

② 丁雪：《文化产业发展的"云南模式"分析——以丽江为例》，《思想战线》2010年第3期。

省市之一。①"十一五"期间，云南省充分发挥重大平台和重大品牌的辐射带动作用，精心打造"香格里拉品牌"、"茶马古道品牌"、"七彩云南品牌"、"聂耳音乐品牌"四大文化品牌，以及民族歌舞产业集群、民族文化旅游产业集群、民族民间工艺品产业集群、影视传媒产业集群、珠宝玉石产业集群和茶文化产业集群六大创意产业集群；重点建设昆明国家级民族文化产业示范园区、中国云南影视产业试验区、昆明国际包装印刷城、楚雄彝族文化大观园等30个创意产业重点园区，以提高创意产业发展规模化集约化水平，进一步增强创意产业发展竞争力。

从创意产业的区域布局看，云南创意产业主要分布在昆明、玉溪、曲靖、楚雄、大理、丽江、保山、红河、西双版纳、德宏等经济基础较好、交通较为便利、旅游业比较发达的地区，并根据文化资源和区域特色形成了滇中核心区和滇西北、滇东北、滇东南、滇西南等创意产业区域板块。滇中创意产业圈以昆明为中心，包括昆明、玉溪在内的滇中区域，主要以新闻出版业、影视业、会展业、文化旅游业、演艺业为主，是云南创意产业集群的密集区，具有较强的辐射作用和先导作用；其中昆明创意产业在全省发展格局中已发挥了举足轻重的引领作用。"十一五"期间，昆明市创意产业增加值从2006年的85.48亿元攀升至2010年的180.87亿元，年均增长19%，占GDP的比重从7.1%增至8.53%，占云南省创意产业增加值的比重连续数年平均值超过40%，先后建设昆明老街、昆明国际包装印刷基地、云南图书批发市场、金鼎文化创意产业孵化基地、金鼎1919文化艺术高地、创意仓库等一批创意产业基地，已成为集聚文化企业发展的平台。②滇西北创意产业圈以大理、丽江、迪庆为中心，形成以纳西族文化与民族风情为基点，构成演艺娱乐、影视制作服务、文化旅游、传统工艺等特色产业集群；滇东北创意产业圈以曲靖市、昭通市为依托，形成以翠山影视文化城为主题的影视产业园区，以生态旅游、休闲健身为主题的生态产业园区，以及富有特色的旅游文化精品和知名度较高的产业品牌；滇西南创意产业圈依托西双版纳和普洱市，打造热带雨林为主体的文化旅游和以茶为主要内容的文化品牌，建设以茶文化展示、休闲、

---

① 云南省政府：《云南省积极发展文化产业》，云南新闻网（http://news.yunnan.cn/），2012年5月22日。
② 马雪荣：《云南昆明打造文化产业基地 塑"魅力之城"》，《昆明日报》2011年8月3日第3版。

娱乐为一体的茶文化古城；滇东南文化产业圈包括红河市和文山州两地，主要依托当地的风景名胜和历史文化名县，发展影视业、文化娱乐业、歌舞演艺业、会展文博业、特色工艺品业和农家休闲特色文化产业服务业等创意产业。这些创意产业集聚区已形成产业规模，并对区域经济和新农村建设的带动作用明显增强。

二 滇海地区创意产业集群的基本特征和发展态势

（一）滇海地区创意产业集群的形成基础和发展优势

滇海两省地处中国南部边疆，拥有独特的自然风光和丰富的少数民族文化资源，都具有发展区域创意产业得天独厚的条件。

优势之一：滇海两省地处整个环印度洋区域，正处于中华文化圈、东南亚文化圈、南亚文化圈、西亚文化圈的结合部，是亚洲各民族文化系统网络的重要节点，也是中国古代文化交流中南方通道的一个辐射区域，它在中国面向西南开放中具有明显的区位优势。[1]

优势之二：滇海两省地貌类型多样化，拥有良好的生态环境。云南的喀斯特岩溶、高原峡谷、热带雨林等地貌，形成秀美奇特、令人惊叹的自然景观，也成为世界闻名的旅游景区。海南拥有得天独厚的地理条件，水、森林等自然资源丰富，环境和气候条件好，环境承载潜力较大，可以更好地应对气候变化和突发的环境事件，为海南经济发展提供了强有力的支撑。

优势之三：滇海两省都是中国少数民族最多的省份之一，也是世界上少有的多民族文化形态高密度区，被誉为"民俗大观园"。其特色鲜明的少数民族传统文化，如音乐舞蹈、建筑形式、节日庆典、传统工艺、婚丧嫁娶等，形成一幅景象壮美又独特的风情画卷，留下一批世界文化遗产、国家级历史文化名城。云南全省共拥有文化部命名的中国民间（特色）艺术之乡30多个。中国文联副主席丹增把云南的文化资源概述为："云南是音乐舞蹈的海洋，美术摄影的殿堂，影视拍摄的基地，文化创作的富矿，民族文化的金矿。"[2] 这些都是滇海两省发展创意产业的特有资源优势。

---

[1] 樊泳湄：《桥头堡建设中的云南文化产业集群化研究》，《经济问题探讨》2010年第10期。

[2] 张子卓：《云南省委副书记丹增为省文化产业发展亲自把脉》，《云南日报》2005年3月22日第3版。

优势之四：滇海两省在国家政策的支持和生态建设健康发展的基础上，投资环境的比较优势日益凸显，越来越显现出吸引人才流、资金流的巨大经济价值。海南是中国唯一的省级建制的经济特区，而且海南国际旅游岛建设已上升为国家战略。云南是中国向东南亚国家对外开放的前沿，云南边境经济合作区成为国家建设重点。在国家发展战略和政策支持作用下，滇海两省经济增长迅速，GDP增速高于全国平均增速，成为国内经济投资的热点地区。

优势之五：滇海两省高度重视发展创意产业，不但在全国较早提出把创意产业培育成国民经济新的增长点和新的支柱产业的目标，还较早对文化体制改革与产业发展模式进行探索，出台了发展创意产业的相关政策。云南自1996年就提出"建设民族文化大省"的工作思路，积极推动创意产业发展。海南通过创意产业打造国际旅游岛品牌。滇海两省先后出台了一系列关于加快文化体制改革和推进创意产业发展的相关文件，为创意产业的快速发展提供了有利的政策环境。

（二）滇海地区创意产业集群的基本特征和发展态势

从资源的多样性来看，云南的少数民族文化资源强于海南；从创意产业规模和集聚化程度来看，云南的创意产业增加值高于海南，集群发展规模大于海南。但两省在创意产业发展模式和集聚途径却有着共同特征。

1. 文化项目与旅游高度融合，形成良性互动

文化是旅游的灵魂，旅游是文化的载体。滇海两省被称为"民族文化的聚宝盆"，丰富而又独特的民族服饰文化、民俗文化、饮食文化、建筑文化、宗教文化、民族风情等构成文化休闲旅游业的具体内容。许多民族文化符号熔铸在旅游产品中，成为旅游经济的重要组成部分。滇海地区内一大批少数民族文化遗产都以其鲜明的特色和丰富的内涵而被人们赞誉。如海南黎族的民歌、舞蹈、传统器乐等艺术，黎族钻木取火、原始制陶技艺、树皮布制作技艺，特别是有着三千多年历史、被誉为中国纺织史"活化石"的黎锦，其手工纺、织、染、绣等技法享誉中外，形成了独特的黎锦文化。滇海两省充分利用这些丰富的文化矿产，加快旅游产业发展。两省重点打造昆明旅游产业群、"香格里拉旅游圈"、海口文化旅游圈等区域性文化旅游产业带，其创意产业收入呈倍增趋势，大大提升滇海地区民族文化在国内外的影响力。如丽江古城因成为世界文化遗产和充分开发利用而从一个无名小镇一跃成为举世闻名的旅游胜地，其创意产业增

加值达16.9亿元，占GDP的11.8%，拉动第三产业发展，使第三产业产值已占全市生产总值的49.3%。从"旅游"到"文化旅游"，标志着滇海地区创意产业发展到更高阶段，这也是滇海地区创意产业集群发展的成功经验。

2. 主体产业地位突出，新兴行业势头强劲

从创意产业包含的行业看，滇海创意产业以影视、会展、艺术表演、民间工艺制品、文化旅游为主体，其产业增加值占创意产业增加值的比重超过3/4，表明主体产业对整个创意产业整体的带动作用较为明显，主体产业地位突出。

文艺演出、民间工艺制作是滇海地区传统产业的亮点。近几年，依据云南绚丽多姿的民族歌舞艺术，成功打造了《云南映象》、《丽水金沙》、《勋巴拉娜西》、《吉鑫宴舞》、《云南的响声》等一批文艺精品，在不断接受市场和观众的考验中逐渐成为全国知名的文化品牌，并产生了良好的经济效益。大型民族风情歌舞《丽水金沙》已累计演出4100多场，总收入超过2.2亿元，实现税利4000万元。[①] 海南的艺术表演民俗风情浓郁，打造黎族歌舞表演和大型民族歌舞《印象—海南岛》十余个精品演艺剧目，年票房收入达千万元，拉动其他产业收入超过亿元，为全国民间演艺业成功实现市场化运作树立了榜样，也为西部少数民族地区的经济发展探索一条新的道路。此外，滇海地区传统民间工艺制作技术逐渐被挖掘开发，如木雕、金属手工品、扎染、刺绣、制陶、民族服饰、民族饮食等民族传统的具有民间乡土特色的手工制作产业大量崛起，并在各地形成专业化市场和生产制作基地，成为滇海地区创意产业的一大亮点。

作为新兴产业的代表，会展业在滇海两省已形成品牌效应。近年来，滇海地区举办的博鳌亚洲论坛、国际农产品冬交会、国际旅游商品交易会、国际花卉展览会、南亚国家商品展等数十项大型国际会展活动以及各类民族文化节具有鲜明的地域特色，很多展会和节庆早已成为国内外具有重要影响的品牌展会。据《海南会展经济调查报告》的数据，2009年，海南省举办会议展览活动9000多个，展会收入达2310万元，酒店会议收入达到5.6亿元，带动相关产业收入超过10亿元。[②] 据估算，云南每年

[①] 梁虹芳、刘征祥、李正文：《大浪淘尽始得金——记在改革中诞生的〈丽水金沙〉》，《临沧日报》2010年9月18日。

[②] 陈新、林莹：《海南会展业成拉动经济新引擎》，《南方都市报》2012年1月13日第2版。

举办各类展会直接产生的经济效益10多亿元，拉动包括旅游业在内的间接经济效益超过了百亿元人民币。可见，会展业在滇海地区已成为一个重要的新兴产业，在促进区域经济和社会发展中发挥出越来越大的作用。值得一提的是，博鳌凭借博鳌亚洲论坛，从一个渔港小镇一跃成为享誉亚洲的知名品牌。经验之一就是通过会展办出了特色、开拓了国内市场和国际市场，不仅促进旅游业的繁荣，而且提高海南的国际影响力。

3. 区域特色品牌优势明显，构成"大区域、小集聚"的集群模式

滇海两省依托本地文化资源，重点建设一批创意产业园区（基地），一些聚集力强的文化经济特区，已成为本省创意产业发展的中心与"领头雁"。由于滇海两省均属边疆省份且少数民族人口众多，居住分散，各民族具有鲜明的文化个性和区域特征，形成了"十里不同俗，百里不同音"的文化奇观。因此，滇海两省在注重开发民族文化资源，推动民间乡土特色产业大量崛起的同时，走规模化生产经营的路子，开始形成"一乡一业、一村一品"的生产格局，探索出"大区域、小集聚"的创意产业集群模式。

云南在滇中创意产业圈、滇西北的"香格里拉"文化休闲产业圈、滇东北文化产业圈、滇西南文化产业圈和滇东南文化产业圈五大区域性创意产业圈内，又以中小城市为中心，以乡镇为单位，依托特色资源产生了无数的"民间工艺品村"、"农家休闲村"及"影视乡镇"，形成若干个创意产业集群。如砚山刺绣文化产业集群，红河民族服饰制作集群，剑川木雕产业群，凤仪镇兰花（茶花）产业集群，瑞丽、盈江、腾冲等地的珠宝玉石产业集群和特色木制品集群，鹤庆的银器、个旧的锡器、建水的紫陶等地的特色民间工艺品生产加工集群，普洱、临沧的茶文化产业基地，以及众多的农家休闲特色服务集群。这些创意产业集群对地方区域经济的带动作用十分明显。

海南是以海口、三亚为中心打造南北两大创意产业圈，重点发展影视、会展、表演、休闲旅游、体育服务等行业，并带动周边市县。如北部的博鳌小镇以博鳌论坛为核心发展会展业；南部的田独镇依托亚龙湾海洋资源发展休闲健身服务业；中部少数民族地区则打造特色创意产业群，发展独具地方特色的乡土文化产业基地，结合生态文明村和旅游小镇建设，重点建设一批古村古镇型、民族村寨型、生态观光型等乡村文化示范项目。如现代农业展示、田园观光、农业生产体验、瓜菜采摘、农家旅馆、

特色餐饮、垂钓捕捞等休闲农业和乡村旅游产品，成为海南创意产业的有益补充。

4. 以龙头企业带动创意产业，以民营企业构建产业集群

滇海两省通过实施"大企业进入、大项目带动、高科技支撑、集约化发展"的创意产业发展战略，集中实施一批具有辐射力和示范性的创意产业项目，做大做强一批省内骨干企业，招商引进一批国内外大型龙头企业，加快建设一批国家级和省级重点创意产业园区。海南重点建设海口大致坡镇琼剧文化产业群（国家文化产业示范基地）、南中国海影视文化生态园、海南国际创意港、海南生态软件园、三亚创意新城、陵水国际智慧企业村等30余个园区，海口国际会展中心有限股份公司等一批龙头企业，构成创意产业集群的骨干。云南通过资源整合组建了云南日报报业集团、云南出版集团公司和云南广电网络传输股份有限公司等一批国有和国有控股集团，涌现出云南映象文化产业发展有限公司、云南吉鑫集团股份有限公司、柏联集团等一大批知名民营骨干文化企业，成为云南创意产业发展的龙头企业。目前，在一大批龙头企业带动下，演艺、会展、动漫、影视、民间工艺品、茶文化等逐渐形成滇海地区创意产业的主导产业群，极大带动了其他创意产业的发展。

近年来，滇海两省鼓励民营资本进入创意产业市场，并产生了"蝴蝶效应"。目前，民营企业已成为滇海地区创意产业发展的一支重要力量。据统计，2010年，云南省民营文化企业已发展到1.7万多户，占全省文化企业的83%；注册资本金340亿元，占全省的77%。在昆明，民营文化企业占到全市文化企业总数的80%以上，从业人员超过10万人。[①]海南着力引导民营资本的文化投资热潮，形成新的资本聚集模式，在推进文化品牌的策划、市场推广等各个环节，形成美丽产业、休闲体育产业、创意产业、影视产业等新的产业集群方面，民营资本都发挥了重要作用，成为撬动创意产业发展的有力杠杆。

从以上特征可以看出，滇海地区创意产业集群模式是一种政府引导的、以市场为主导的、以大企业为龙头的、社会广泛参与的、多种产业互动发展的创意产业发展模式。

[①] 李开义、黄华：《云南民企成为文化产业发展主力军》，云南网（http://yn.yunnan.cn/html/2011-08/21/content_1785221.htm）。

第七章　中国创意产业集群的区域发展战略

在经济全球化的大背景下，国外创意产业发展方兴未艾，中国的创意产业也以前所未有的速度迅速崛起。但中国创意产业集群还处于初始发展阶段，还存在着许多的问题，因此，需要认真分析创意产业集群的总体趋势及所带来的机遇与挑战，正确把握发展方向，制定科学合理的区域发展战略。

第一节　中国创意产业集群的发展形势

自20世纪90年代以来，创意产业以其独特的增长方式和巨大的产业价值引起了世界各国的极大关注。许多国家开始将创意产业视为一种战略产业和支柱产业，加以谋划和推动。大力发展创意产业，实施品牌化战略，走集群化道路，已经成为全球方兴未艾的大趋势。特别是创意产业的区域化、集团化、品牌化、国际化特征日益凸显，为中国创意产业集群发展提供了难得的发展机遇。

一　国内外创意产业集群发展的总体趋势

根据国际社会经济的总体形势和国内外创意产业的发展经验，创意产业集群不仅成为一种创意产业发展的基本形态，而且成为区域经济增长的新型驱动力，是衡量地区综合竞争力的重要标志之一。

（一）创意产业地位主体化，基地和园区将成为创意产业集群化的主要形式

进入后工业化时代，人们越来越意识到传统制造业已不再是社会经济发展的主导产业，取而代之的是以信息技术为主导，以互联网平台为基础，以经济全球化为支撑的新的知识型经济形态。随着各国特别是发达国

家对产业结构的调整,创意产业在国民经济中地位的重要性日益凸显。在众多发达国家中,它甚至超过了传统产业的产值,已经成为国民经济的支柱性产业。如英国自1997年以来,创意产业年均增长9%,大大超过传统工业2.8%的增长率,是其他产业的3倍。进入21世纪后,英国创意产业产值增长更快,对英国GDP的贡献率更高,迅速成为英国仅次于金融服务业的第二大产业,是吸纳英国就业人口最多的第一大产业,显示出英国经济已实现从制造型向创意服务型的转变。而同期美国创意产业已占GDP的11%,创意产业集群对经济增长的贡献率超过43%。而韩国创意产业占全国GDP的8.7%,是韩国第三大支柱产业。[①] 日本创意产业已超过汽车业成为第二大支柱产业。德国、法国、澳大利亚、新西兰、加拿大、新加坡等国家的创意产业在本国经济发展中也占据了重要的地位。全球创意产业的市值已经从2000年的8310亿美元增加到2005年的13000亿美元,并以每年10%的速度增长,超过4.7%的GDP增速。[②] 可见,创意产业已经发展成为21世纪一个生机无限的经济增长点,在国民经济中的主体地位逐步得到确立。

但根据发达国家的创意产业发展经验,集群化是创意产业发展过程中十分重要的途径。如美国的百老汇大街、好莱坞影城、迪士尼乐园,英国的伦敦西区创意产业园、布里斯托尔电视与数字媒体产业园区,澳大利亚的布里斯班创意产业区,日本的东京练马区和杉并区动漫基地等众多世界著名的创意产业集聚区,每年为各国创造巨额财富,成为创意产业集群的典型模式。随着国际市场愈演愈烈的产业竞争,未来创意产业发展的方向仍然是做强做大产业链,形成群体竞争优势。因为创意产业涉及范围广、创新性强,某一单体很难完成庞大的产业体系和创新思想的激发,因此需要集体的互动,以及企业与相关机构的地理集聚,形成独特的创意产业发展环境,最终实现规模效应。当然,创意产业集群化也是一个从低级到高级的发展过程,对于发展中国家来说,更重要的是因地制宜,采取积极有效措施,促进创意人才和企业在内容和空间上实现融合,建立各具特色的创意产业集聚区。

---

① 刘仁:《版权产业创造了多少真金白银?》,《中国知识产权报》2010年6月21日第2版。

② UN conference for Trade and development (2004) High-level panel on Creative industries and development UNCDAT XI, Geneva, Switzerland.

中国《文化产业振兴规划》的发布和实施将对中国创意产业的发展起到重大的作用，它标志着创意产业上升为国家战略性产业，创意产业从此将进入历史的黄金时期。《文化产业振兴规划》的实施坚定了各级地方政府发展创意产业的信心和决心，推动了区域创意产业集群发展。各地类型层次多样、规模大小不同的创意产业园区如雨后春笋般大量涌现，形成色彩斑斓的创意产业集聚区或产业带，创意产业的聚集效应在区域经济发展中逐步显现。

（二）创意产业市场的全球一体化成为创意产业集群发展的大趋势

经济全球化的时代特征以及创意产业的经济属性决定了创意产业资本的国际化特征。创意产业属于知识密集型产业，知识经济的创新性和外溢性特征决定了一个国家或地区在制定创意产业的规划战略时，必须打破本国的经济界限、超越本地区文化局限，必须用国际化的视野研究世界的市场。随着国家或地区之间经济、文化交流越来越紧密，超越国界和区域文化局限来制定国家或地区创意产业的发展战略已经成为必然。正是在这种全球化的浪潮和竞争中，金融资本在全球自由流动势不可当，特别是一些跨国创意产业集团凭借自身的雄厚实力，跨国投资创意产业，实现国际化生产和经营。跨国合作是创意产业的发达国家企业拓展海外市场的重要途径，也是创意产业的后发展国家企业参与国际合作的重要模式。

应该说，跨国公司作为创意产业的重要载体，凭借其技术先发优势和全球经营优势，广泛地整合世界各地的人才、文化、技术、市场、品牌等资源，通过并购重组等方式扩大企业规模，增强自身的综合优势和整体竞争力；通过资本扩展、产品出口、品牌推广和管理模式输出等形式实现创意产业向全球扩张，从而占据着全球创意产业的绝大部分市场份额。[1] 例如，美国迪士尼公司通过品牌授权经营，目前在全球已拥有 4000 多家品牌授权企业；德国贝塔斯曼集团通过收购兼并等模式，发展成为全球最大的英语商业图书出版集团，在全世界拥有数百万会员，是世界媒体行业位列第三的超级集团。中国创意产业发展起步较晚，主要通过合作生产、产品外包、品牌代理等方式参与这种国际合作，尚处于产业链低端环节。但是，开放的国际文化市场为中国创意产业提供了更广阔的发展空间，而跨国合作将给中国创意产业发展带来新的契机。

---

[1] 张昌兵：《世界创意产业的六大趋势》，《中国集体经济》2010 年第 21 期。

(三）创意产业集中度加剧，企业组织集团化将主导创意产业集群的格局

随着全球生产、消费、贸易、技术交流一体化进程的推进，以及创意产业国际竞争日益激烈，创意产业内部以及创意产业和其他产业的兼并整合也掀起热潮，使创意企业的空间集聚不断加快，企业组织的集团化趋势也逐渐明显。在经济全球化影响下，世界上许多创意产业集团正在不断打破行业与地区之间的分工界限，通过大公司之间在资金、技术、经营组织方式等方面的重新组合和集中，进行产业结构上的调整，形成了传媒业、娱乐业、旅游业与电信业、电脑业、出版业相互融合、相互渗透的新格局，涌现出一批大型和超大型的跨行业、跨国界的强势创意产业集团。这些通过兼并融合组成的超大型的创意产业集团控制着世界上绝大多数的创意产业市场份额。[①] 以传媒产业为例，世界传媒界的九大巨头（美国在线——时代华纳公司、迪士尼公司、贝塔斯曼公司、维阿康姆公司、新闻集团、环球公司、索尼公司、TCL、日本广播公司）已经实现了广播、电影、电视、音乐、娱乐、体育、图书报刊、音像制品、网上服务等商贸一体化的多媒体经营，并基本控制和垄断了当今世界的传媒市场，年收入超过百亿美元。此外，全球50家媒体娱乐公司占据世界95%的传媒市场，其中美国控制了全球75%的电视市场。全球音乐制作被美国5家大型跨国公司所掌握，时代华纳和哥伦比亚则实际控制了美国2/3以上的全球电影市场。这种超级跨国集团的存在，使创意产业的集中度越来越高，市场竞争力越来越强，并成为全球创意产业发展格局的主导力量。

（四）创意产业内容不断扩张，新兴业态将取代传统产业占据主体地位

自20世纪90年代以后，广播、电影、报业、出版、演艺、艺术创作等传统的创意产业在不断向纵深方向发展的同时，设计、广告、会展、动漫、网游、数字传媒及软件开发与网络服务等新兴创意产业领域正以超乎想象的速度发展着，不断丰富了创意产业的内容，并带动了相关行业的发展。目前，创意产业的发展触角已延伸到娱乐业、旅游业、体育业、信息产业，甚至种植业等行业。创意产业内容的深化和领域的扩展为传统产业

[①] 邹广文：《文化产业：1990年代以来的影响力与新特点》，《学习时报》2006年4月5日第2版。

注入新的活力，为相关产业创造了新的发展机遇，促进了社会经济的繁荣和发展。例如，以历史文化资源以及自然人文景观为内容的旅游业，正日益发展成为世界上最大的新兴产业。据世界旅游组织统计，旅游业总收入在2010年已超过10000亿美元。旅游业出口总量占世界整体商品和服务出口的6%，占世界商业服务出口近30%。在全球范围内，旅游业排在燃油、化工产品和汽车业之后，已成为世界第四大出口贸易种类。[1] 近年来，西方主要发达国家已把体育产业列入重点发展的产业领域，通过举办重大体育比赛和开展休闲健身活动，可以达到拉动消费，促进就业，提升地区文化品牌的目的。而作为国际性的体育大赛，不仅仅是一项体育界的盛事，更是一次颇具规模的商业活动，它与创意产业的结合必将成为国民经济一个重要的增长点。

中国创意产业在加速增长的同时，创意产业结构也发生了巨大变化，以纸质出版、电影制作发行、文化用品生产等为代表的传统产业发展缓慢，整体比重开始下降，而以数字娱乐、数字出版、动漫网游、创意设计、咨询策划、网络信息服务等为代表的新兴产业发展迅猛，逐渐取代传统产业而占据主体地位。以图书出版业为例，近年来，中国图书出版的增长率一直较低，平均增长率低于GDP的增长率，显出传统产业"滞胀"的特点，与新兴产业的高速增长形成鲜明的对照。近几年来，中国数字技术和信息技术取得了突飞猛进的发展，并广泛应用于出版行业，逐渐改变其一直居于次要地位、附属地位的现状。从数字出版和网络游戏两个代表性行业看，2002年中国数字出版产业整体规模仅为15.9亿元，2009年达到799.4亿元，首次超过传统图书出版，2011年实现1377.9亿元，占全行业营业收入的9.5%。到"十二五"期末，数字出版行业营业收入将占出版全行业的25%。[2] 2004年年底，中国互联网出版总销售收入达35亿，年均增幅达50%，带动相关产业增加产值约250亿元。而《2011中国网络游戏市场年度报告》显示，2011年中国网络游戏市场规模（包括互联

---

[1] 赵琳露、王雪：《全球旅游业强势反弹 旅游发展前景可期》，新华网（http://news.xinhuanet.com/travel/2011-09/18/c_122050144.htm）。

[2] 梁靖雪：《数字出版业高速发展》，中国经济网（http://www.ce.cn/xwzx/gnsz/gdxw/201208/15/t20120815_23586001.shtml）。

网游戏和移动网游戏市场）为 468.5 亿元，同比增长 34.4%。① 可见，中国的新兴创意产业追赶并超过传统创意产业的速度十分明显，占据主体地位的趋势已经显现。

（五）创意产业集群的城市集聚功能增强，区域发展的不平衡加剧

经济发达地区，特别是大城市不仅是区域经济的中心，同时也是地方文化的中心。中心城市已经形成总部经济的空间聚集形态，这些总部经济集聚区也已成为中心城市经济增长的重要增长极。创意产业向城市汇集成为必然的趋势。美国是世界文化最为繁荣和发达的国家，其创意产业集群主要集中在纽约、洛杉矶、芝加哥、休斯敦等少数大城市。如全球最著名的媒体集团都把纽约作为公司总部，或设立分公司；在世界影都好莱坞所在的洛杉矶县，集聚从事电影制作和发行的企业共有 4767 家。在全球放映的影片中，好莱坞电影占 85%，占据全球 80% 以上的市场份额，全美电影电视及音乐制作收入的 65% 来自洛杉矶的好莱坞。② 伦敦同样也是世界文化中心之一，创意产业已经成为伦敦第二大产业。这完全凭借伦敦集中了全英众多的创意企业和创意人员，如仅伦敦的舰队街拥有 1850 个出版企业，约占全英同行企业的 1/4，是英国报业的主要集中地。曼彻斯特、谢菲尔德等城市也是英国创意产业的集聚区。世界各国大中城市依托优越的地理位置、强大的经济实力和丰富的科技人才资源，集聚一批创意企业，形成具有区域特色的创意产业集聚区，并且集聚规模在不断扩大。

创意产业发展的不平衡性主要是地区之间的发展条件和市场竞争的结果。创意产业（除了极少数的自然资源依赖型产业外）是资金、技术、人才密集型的产业。发达地区（特别是大中城市）在这些生产要素上都占绝对优势，落后地区在这些要素上都处于劣势。③ 从因果循环原理上来说，发达地区（特别是大中城市）因为经济实力强，创意环境好，具有吸引力，所以能将落后地区的资金、人才等要素都吸引过去，从而变得更强；而落后地区则在市场竞争中处于劣势。正如极化理论的提出者美国发

---

① 周玮：《2011 中国网游市场规模达 468.5 亿元》，人民网（http：//finance.people.com.cn/stock/GB/222942/17554063.html），2012 年 3 月 31 日。
② 王军：《美国文化产业化探析》，新华网（http：//www.chinadaily.com.cn/hqcj/xfly/2011-11-08/content_4308569.html）。
③ 杨吉华：《未来十年中国文化产业发展的六大趋势》，《中国中央党校学报》2007 年第 1 期。

展经济学家赫希曼指出的，在市场力量作用下，"极化效应"总是居于主导地位，如果没有周密的经济政策干预，区域间差异会不断扩大。①"增长极理论"同样也证明了区域分化的趋势。近年来，中国创意产业进入快速发展时期，各地建设的创意产业园区和基地呈现出你追我赶、共同发展的局面。但地区发展不平衡问题却在不断加剧，无论是从东部、中部、西部大的区域范围，还是从具有代表性的城市之间，创意产业发展的实际差距继续加大。东部经济发达地区的创意产业集群发展水平远远高于中西部地区，大城市或区域中心城市的创意产业集群布局范围更广，规模结构更为庞大，对本地区GDP的贡献率更大。发达地区与落后地区，大城市与中小城市乃至乡镇的创意产业发展差距远大于GDP的地区差距。

二　中国创意产业集群的发展机遇

随着改革开放的不断深入，中国文化市场准入的逐步放宽，原有的"文化"分类实现重大突破，从大文化的角度整合产业，全面推动创意产业的改革与创新，取得明显的成效。目前，经济全球化趋势更加明显，科技与文化的融合不断加快，创意产业的国际竞争日趋激烈，这既是中国创意产业发展的巨大挑战，也是难得的发展机遇。

（一）国家创意产业发展规划的制定为创意产业的发展提供重要机遇

自党的十五届五中全会第一次明确提出了"文化产业"概念和政策性导向之后，党的"十六大"和"十七大"报告都明确地论述了中国发展文化产业的目的和重要作用，并对深化文化体制改革，繁荣和发展文化产业提出了具体要求和任务。与党的政策导向和国家战略思想相呼应，国家陆续制定并出台了一系列鼓励和支持文化产业发展的政策措施。2003年9月，文化部出台了《文化部关于支持和促进文化产业发展的若干意见》及配套措施，标志文化产业的市场化和产业化的进程进入实质阶段；2004年4月，国家统计局正式出台《文化及相关产业分类》，首次从统计学意义上对文化产业概念和范围作出了权威性的界定，为推动当前文化体制改革和文化产业发展奠定了重要基础。同年10月，国家出台《国务院关于鼓励、支持和引导非公有制经济发展文化产业的意见》，进一步强调鼓励、支持和引导非公有制经济发展文化产业的重要意义，并提出了一系

---

① ［美］赫希曼：《经济发展战略》，曹征海、潘照东译，经济科学出版社1991年版，第35页。

列具体举措。2009年9月,国务院通过了《文化产业振兴规划》,以贯彻落实中央精神,加快振兴文化产业,充分发挥文化产业在调整结构、扩大内需、增加就业、推动发展中的重要作用。《规划》强调:"推动文化产业又好又快发展,将文化产业培育成国民经济新的增长点。"标志着文化产业已列为国家的战略性产业。在《中国共产党十七届五中全会公报》以及中共十七届六中全会通过的《中共中央关于深化文化体制改革推动社会主义文化大发展大繁荣若干重大问题的决定》中提出:"要加快发展文化产业,推动文化产业成为国民经济支柱性产业。"2012年5月,在文化部正式发布的《国家"十二五"文化改革发展规划纲要》中又明确强调,要大力"发展文化产业集群,提高文化产业规模化、集约化、专业化水平。"毋庸置疑,党和国家的重大战略抉择和发展规划为中国创意产业发展指明了方向,也为其发展提供了强有力的政策支撑。

(二)小康社会的全面建设,为创意产业的发展奠定良好的经济基础

从2000年起,中国人均国民总收入已超过2000美元,总体上达到小康社会,现已开始进入全面建设小康社会阶段。国家统计局的数据显示,2003—2011年,中国经济年均增长10.7%,而同期世界经济的平均增速为3.9%。中国经济总量占世界经济总量的份额,从2002年的4.4%提高到2011年的10%左右。中国经济总量已达7.3万亿美元,已跃居世界第2位,人均GDP由2003年的1090美元提高到5414美元。据统计,2011年中国国内生产总值471564亿元,比上年增长9.2%,其中第一、第二、第三产业增加值占国内生产总值的比重分别为10.1%、46.8%、43.1%。全年农村居民人均纯收入6977元,比上年实际增长11.4%;城镇居民人均可支配收入21810元,比上年实际增长8.4%;农村居民食品消费支出占消费总支出的比重为40.4%,城镇为36.3%(见图7-1)。① 国际经验表明,当人均国内生产总值(GDP)达到3000美元后,经济增长的质量和效益会明显提高,居民的消费类型和行为将发生重大转变。同时,随着中国人均受教育程度的不断提升,用于精神文化方面的消费比重将越来越大。这种巨大的消费潜力也是中国创意产业发展的无限空间。

---

① 国家统计局:《中华人民共和国2011年国民经济和社会发展统计公报》,中华人民共和国国家统计局网(http://www.stats.gov.cn/tjgb/ndtjgb/qgndtjgb/t20120222_402786440.htm)。

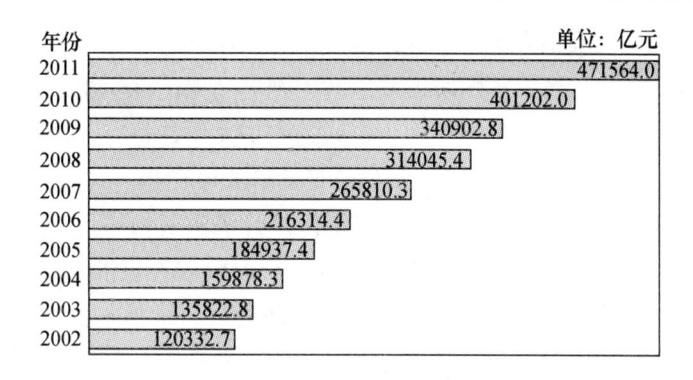

年份	单位：亿元
2011	471564.0
2010	401202.0
2009	340902.8
2008	314045.4
2007	265810.3
2006	216314.4
2005	184937.4
2004	159878.3
2003	135822.8
2002	120332.7

图 7-1　2002—2011 年中国国内生产总值增长示意

资料来源：国家统计局发布的 2002—2011 年的《中国国民经济和社会发展统计公报》。

（三）现代高新技术为创意产业的飞跃发展提供动力

科学技术是第一生产力，每一次科学技术的重大飞跃都带来文化生产力的巨大发展。进入知识经济时代，高新技术的发展速度越来越快，越来越广泛地渗透到文化领域，特别是现代信息技术和数字技术的迅速发展及广泛应用，对知识和技术密集型的创意产业产生着巨大的影响。它不仅拓宽了创意产业的发展领域，而且使创意产品形式更加丰富多样，产品和服务的高科技含量越来越高，经济价值得到更好体现。如美国利用高科技制作和传播影视大片，不仅提高了世界声誉，还获得了巨额利润。同时，数字信息技术革命还催生出新的创意产业链的诞生。如数字技术在出版印刷领域的应用催生出数字出版产业链，由出版商—出版设计生产商—数字技术提供商—数字化图书领域的销售商等众多环节构成完整的产业链，形成了移动内容、数字视听、数字出版、数字动漫、网络游戏等一系列新型创意产业群。

近年来，中国创意产业发展之所以取得长足进步，其关键在于广泛地应用现代高新科学技术，特别是以数字技术、互联网技术、信息通信技术为主要特征的科技浪潮，已席卷整个神州大地，创意产业与高新技术结合爆发出巨大的能量。如信息技术发展促进了以中关村为代表的新媒体产业；数字技术的出现带动了动漫、网游、数字电视等数字内容产业的兴起；互联网载体的出现，催生了阿里巴巴、腾讯等新兴网络产业的产生。随着中国建设创新型国家的进程，一些科技化程度高、经济发达的城市或地区，已经兴起包括网络服务、数字游戏、数字影音、电脑动画、移动内容产业等为主的数字内容产业群,提升创意产业的市场竞争力;一些经济相对落后但文化资源丰富的城市或地区,则借助现代科学技术整合文化资源,打造文化品牌,充分展现绚丽多彩的中华文化魅力。

(四)经济全球化趋势进一步推动创意产业的发展

经济全球化不仅促进世界各国或地区的经济紧密相连,而且使创意产品的生产和消费日趋国际化。随着全球经济一体化进程的加快,创意产业在经济、文化及综合国力方面的影响日益凸显。为维护本国的经济利益,保障民族文化与国家安全,避免在全球化的冲击下处于不利地位,世界各国都高度重视创意产业的发展,并从发展战略、产业投入、行政管理和法律规范方面创造良好的社会环境,以提高自身创意产业的水平。应该说,各国政府的重视直接促进了世界范围内创意产业的发展。

中国加入世界贸易组织(WTO)后,制定了一系列有利于融入国际市场的协议和制度,创意产业也完全按照市场经济规律来运作,保证了世界性贸易自由化和全球统一大市场的形成。从世界来看,市场经济发育程度越高,创意产业发展也越快。在中国加入世界贸易组织后,文化创意产品的生产、交换、分配、消费等各个环节都要融入市场经济的大循环中去,将有利于推动创意产业集群的形成和发展。一方面,国际文化交流日益频繁,文化思想趋于多元化,促使创意思维变得更加活跃。多元文化和国际化视野更有利于丰富创意产业内容。另一方面,因为创意产业是高附加值的黄金产业,在市场经济条件下,追逐利润最大化的市场经济特性,刺激着资本拥有者把手中的资本投向利润更大的创意产业,有利于形成良好的融资环境。同时,日趋激烈的市场竞争,迫使国家或区域性创意产业必须走集群化道路,打造区域品牌,形成规模效应,以提升市场竞争力。当然,中国社会主义市场经济体制的不断改革和完善,法律制度的进一步规范,国际市场的全面拓展,也必将为创意产业集群发展注入生机和活力。

第二节　中国创意产业集群区域发展的实施战略

创意产业在中国尚属新兴业态,创意产业集群还处于初期发展阶段。在当前和今后一个时期内,中国创意产业集群将面临着许多问题和前所未有的挑战，同时也迎来难得的发展机遇。总体来看，随着经济全球化的发展，国家和地方发展创意产业的政策支持，创意产业集群发展的环境日益趋好。我们要趋利避害，抓住难得的战略机遇期，制定和实施正确的创意产业集群发展战略，就能够发挥后发优势，抢占创意产业制高点，实现创意产业的超常规、跨越式发展。

根据当前国际发展趋势以及中国创意产业集群的发展条件与区域布局，中国创意产业集群发展应实施创意人才开发战略、科技创新战略、多元化投资战略、集团化战略、品牌化战略、国际化战略、法制化战略和可持续发展战略八大战略，以提高创意产业集群的核心竞争力，推动区域经济快速发展。

一 实施创意人才开发战略，激发创意产业区域活力

创意产业是知识密集型产业，人才已成为推动创意产业发展最重要的资源。目前，中国创意产业人才不仅总量偏少，与市场需求有较大的差距，而且在层次和结构上也不能满足创意产业快速发展的要求，这是制约中国创意产业发展的重要因素。因此，中国必须尽快完善创意人才培养体系，改革创意人才培养模式，培养符合社会需求的大批的优秀创意人才，是中国推动创意产业集群发展的紧迫而又重要任务。

（一）树立创意人才的大人才观，加强创意人才培养规划管理

从宏观管理层面上，国家和地方政府应制订创意产业人才发展长期规划，积极倡导创意产业的大人才观，创新创意人才管理体制与用人机制，消除人才引进和流动的体制性和政策性障碍；实施人才开发战略，建立良性的育才、引才、用才机制，建立和完善人才评价与激励机制，营造人才培养的环境氛围。一是成立创意产业人才管理机构，负责创意产业人才的政策研究及培养计划的制订，负责创意产业人才的统计分类，统筹实施创意人才职业资格认证、职称评定、职业经纪人资质认证和市场准入制度。二是设立创意产业人才培养基金，为创意人才培养机构提供资金支持，对创意人才培养做出突出贡献的集体，以及特别优秀的创意人才给予奖励。三是要在人力资源开发的基础上，重点培养和造就一批高层次创意设计人才和高级管理经营人才，尤其是应该加速培养具有国际化视野的创新型、复合型、协作型人才。四是鼓励创意人才的交流与合作，特别是要加强与国外专家的交流合作，要注重吸收和引进一批既有深厚中国传统文化底蕴，又有国际视野的海外留学人员。

（二）发挥高校创意人才培养的优势，构建多层次、立体化的创意人才培养体系

高校是培养创意人才的摇篮，是向社会输送创意人才的重要基地。要充分依托高校专业学科完整，师资力量雄厚的办学优势，在有条件的高校开办创意产业学科专业，并以市场需求为导向进行人才培养模式改革；高校应通过本、专科生和研究生等教育形式，为创意产业培养多层次的具有专业知识和专业技能的专科性人才，以及现代产业理念与经营技能的复合型管理人才；高校应通过"产学研一体化"人才培养方式，使高校与企业、学生与用人单位实现无缝对接，以保证培养出市场上真正需要的创意人才。

创意产业人才的培养不能仅依赖高校，要充分利用成人教育、职校、企业、培训机构等各种教育资源，有效开展各类创意人才的培养与培训。从国际经验来看，对创意产业的从业人员进行培训，是培养合格的创意人才的一条捷径。高校教给学生的往往是其所需要的专业知识和基本技能，缺乏实践经验，但社会培训机构能较好地弥补这一缺点。特别是对于那些高端的经营管理人才来说，学校的教育远远不能满足创意产业实践的需要，因此通过系统性、实战性的培训计划培养创意产业的合格人才，恰好契合创意产业发展的实际需求。当然，创意产业的发展还需要加强全体国民的文化艺术修养，让每个人的创造潜力都能得到充分开发。因此，应将文化创意和艺术教育融入基础教育体系的各个阶段之中，形成完整的创意人才培养体系。

（三）建立专业化人才市场，形成完善的创意人才流通体系

各地应依托人才交流中心或人才服务中心，建立创意产业人才市场，大力培育企业经营管理人才和高新技术人才等专业化人才市场；遵循创意产业的发展规律和创意人才特性，引导创意人才合理有序地流动，以确保人力资源的优化配置，逐步形成专业化服务、社会化运作、规范化管理、品牌化建设的创意产业人才服务体系，充分发挥人才市场在创意人才资源配置中的基础性作用。

建立创意人才资源信息库，掌握人才基本信息，实行动态管理，通过专业性网站与数据库建立创意产业人才供求信息平台，实现人才培养单位、用人单位与个人之间的多向选择机制。一方面，相关企事业通过这一平台公布自己的人才需求，方便其在更大的范围内进行人才选拔；一方

面,国内外高校、科研院所、专业培训机构通过网络平台为用人单位提供方便快捷的人才培养信息。同时,举办多种形式的创意人才专场招聘会,广开人才引进渠道,特别是要与海外留学生组织、国外人才中介机构及华人华侨团体建立合作关系,让各类、各层次的创意专业技能的人员通过这个平台,顺利进入创意产业集群的工作环境。

另外,企业要改革用人制度,建立和完善创意人才激励机制和评价制度,努力营造公开、平等、竞争、择优的用人环境,尤其要将人员的工作绩效与报酬和职位结合起来,从而激发创意人才的工作激情与思想活力。实行全员聘用制,可以试行年薪制、承包工资制、奖励工资制等多种形式体现社会对人才价值的认同。建立有效的评估、评优、评职制度,激发其成就感和创造力。鼓励和支持有特殊才能的人才以知识产权入股企业,参与利润分配,实行按劳分配和按生产要素分配相结合。政府要加大投入,对创意产业的优秀人才给予奖励和提供资金支持,满足创意人才的精神需求。

(四)加强创意产业集聚区的基础建设,营造有利于创意人才发展的地域氛围

城市是创意产业最集中的区域,创意人才所喜欢工作和生活的城市一般要求紧张有序的工作环境,舒适宜人的生活环境,自由宽松的人文环境。因此,要不断加强城市的软环境和硬环境建设,只有改善城市的基础设施,保证优美的市容环境和顺畅的城市交通;大力建设博物馆、电影院和剧院以提高城市文化品位,要改善娱乐、休闲、教育和住房等一系列基本社会服务以提升生活质量。更重要的是营造自由宽松的社会氛围,创造多元的文化生活,鼓励创新,尊重个性,容忍创意偏差,包容多向思维。一个城市越开放或包容,越容易形成人才洼地,对创意人才就越有吸引力。只有栽好"梧桐树",才能引来"金凤凰",产生人才聚集效应。

二 实施科技创新战略,抢占创意产业发展高地

作为知识密集型和技术密集型的创意产业,其产业的核心要素是创意,而支撑其发展的动力则是科技。依靠科技创新是推动创意产业集群发展的主要途径。现代科学技术的发展,特别是信息技术和网络手段广泛地用于文化产品的开发和传播,给创意产业的存在形态和发展趋势带来革命性的变化。

（一）依托高新技术开发文化资源，促进创意产业升级

现代高科技已成为文化资源开发的重要手段，通过高科技把文化资源优势转变为创意产品开发优势是创意产业发展的一大趋势。有效利用现代信息技术、数字技术和多媒体传播的兴起，对中国丰富的文化资源和传统产业进行优化整合，形成大规模的深度开发和高效利用，从而促进创意产业资本增量的扩大和产品结构的升级。

（二）加大企业技术创新力度，建设一批创新型的创意产业集团

创意产业是一个高度依赖技术的产业，技术水平对创意产业集群规模及生命周期的影响非常重要。但中国以高科技作为核心，具有先导产业性质的创意产业集群数量少，规模小。创意产业集群内普遍存在着企业技术创新和产品原创能力不足，产品附加值的科技含量低，市场竞争力差等现象。为此，我们必须确立企业的技术创新主体地位，增加 R&D 投入，增强核心技术的自主研发能力，提高产品的附加值和技术含量，努力培植一批具有自主知识产权和核心技术的创意企业集团；要强化创意集聚区内企业集群学习能力的培育，实施企业与高校、科研院所的协同创新机制，提高企业对技术创新机会的追踪和识别能力，形成创意产业集群创新的制度环境和文化氛围。

三 实施多元化投资战略，发挥民间资本市场作用

投资主体多元化和自由化是创意产业集群生存和发展的重要条件。制约中国创意产业集群区域发展的一个重要因素就是创意产业的投资渠道单一，资本结构不合理。中国现阶段的创意产业集群要健康稳定地发展，必须实施多元化投资战略，形成国资、民资、合资共进并举的发展格局，要鼓励和引导社会资本进入创意产业，适度放开外资准入门槛。

（一）确立国有经济投资的主体地位，保证创意产业发展的主导方向

由于创意产业具有经济和社会意志的双重属性，决定了在整个创意产业发展中国有企业的主导地位。在党和国家的相关文件中多次强调：要努力形成一批坚持社会主义先进文化前进方向、有较强自主创新能力和市场竞争能力的创意企业与企业集团。优化国有文化资源配置，培育和发展一批实力雄厚的国有或国有控股大型企业和企业集团，鼓励国有企业开发原创性产品，打造具有核心竞争力的创意产业品牌，使之成为创意产业的战略投资者和文化市场的主导力量。

(二) 发挥民营经济的重要作用，实现创意产业投资多元化

制定和完善创意产业投融资政策体系，鼓励和支持社会资本投资创意产业项目，积极利用外资发展创意产业，实现创意产业融资渠道的社会化和投资主体多元化。要尊重市场规律，发挥民营资本在资源配置方面的重要作用；允许境外资本进入国家允许和倡导的创意产业领域，如投资兴建文化公共设施，开发文化旅游资源，与境外合作摄制影视片、举办文博会等；要通过文化交流和招商引资，进一步加强国际合作领域，进一步拓展对外经营领域和国际文化市场，全面提升创意产业的综合竞争力。

四 实施集团化战略，实现创意产业规模化经营

所谓创意产业集团化和规模化，是指以资产联合或资金联合为基础，使创意产业及其相关产业在空间上集聚，通过协同作用，降低生产和交易成本，提高企业生产率；营造一种良好的创新氛围，激烈的竞争环境以及完善的地方配套体系，从而形成强劲、持续的竞争优势现象。[①] 集团化发展和规模化经营，是发达国家发展创意产业的基本经验，值得中国认真学习和借鉴。

(一) 建立现代产业集团，推动创意产业集群化发展

全面推进中国文化体制改革，加快国有大企业的改组、改制和改造，大力推进创意产业的结构调整，以培育具有国际竞争力的创意企业集团为重点，通过兼并、联合、重组等方式，提高创意产业集中度，实现规模化经营，以最大限度地实现创意产业的外部效应。建立自主经营、自负盈亏的现代创意产业集团，就是要增强龙头企业的辐射能力和带动作用，通过市场运作机制，合理配置文化资源，形成创作与产销一体创意产业集群。

(二) 强化市场运作力度，完善创意产业利益链

创意产业集群并不是相关企业简单聚集，而是通过政府调控，宏观引导，市场化运作为主要手段，推动文化企业和相关机构互助共赢。一方面，政府要选择一批成长性好、竞争力强的文化企业予以政策扶持，打破部门、行业和所有制限制，整合资源，做大做强创意产业的龙头企业，并带动相关产业的发展，尽快壮大创意产业集群规模；另一方面，强化市场运作力度，要以需求为导向，以资本为纽带，鼓励企业进行资本扩张，大

---

① 杨吉华：《中国文化产业园发展现状、存在问题及对策》，《北京市经济管理干部学院学报》2006 年第 3 期。

力支持文化企业持股上市。建立小企业与核心大企业的共生关系，积极促进内需与外资的有效结合，提升创意产业集群的集聚效应和市场竞争力，使创意产业集群真正成为创意产业发展的重要平台和区域经济发展的重要力量。

五　实施品牌化战略，形成区域经济差异化发展

品牌化战略是当前区域经济发展战略的重要组成部分，区域品牌对于创意产业集群发展同样会产生重要的影响。世界上一些著名的创意产业集聚区都拥有这样的品牌效应，如伦敦西区的歌剧、巴黎塞纳河岸区的时装、罗马帝国大道的雕塑、洛杉矶好莱坞的电影都带有这种声誉效应。[①] 品牌效应不仅扩大了创意产业集聚区的国际影响，而且对于扩大市场、吸引人才和资金起到了至关重要的作用。

（一）明确创意产业集群品牌的目标定位

地方政府应根据区域经济发展的基本格局，依托本地区文化资源特色和现有的优势产业集群，对创意产业集群进行品牌定位。地方政府要将创意产业品牌建设归入区域经济发展的总体规划，通过研究制定品牌化发展的总体思路、培育方向以及实施措施，通过以品牌规划资源配置、引导产业集聚，利用集聚效应形成产业区域品牌，最终发展成为区域品牌经济。当然，创意产业集群品牌定位后，还需要加强品牌推介，实现品牌营销创新。要通过各种形式的宣传让广大消费者了解它、接受它，进一步放大特色创意产业集聚所形成的品牌效应，提高集聚区的知名度。

（二）推动创意产业集群的差异化发展

目前，在中国很多创意产业园区建设中，创意产业结构相似，发展模式雷同等现象不断出现，难以形成区域品牌。因此，我们必须要做好集聚区形象设计，特别要凸显区域文化特色，进一步强化品牌个性；要围绕优势产业和龙头企业，集聚相关企业，延伸产业链，提升品牌核心竞争力和持续发展力。随着品牌建设的发展，区域创意产业集群的差异化发展趋势便以最直接的方式得以呈现。

六　实施国际化战略，提升创意产业的国际化水平

经济全球化是当今世界经济发展的大趋势，中国创意产业融入国际市场的进程正在加快。这就要求中国发展创意产业集群必须实施国际化战

[①] 华正伟：《文化创意产业空间经济效应探析》，《生产力研究》2011年第2期。

略,以应对全球经济一体化带来的严峻挑战。

(一)加大市场开放度,引进和借鉴国外创意产业的发展经验

在加强知识产权保护的基础上,通过加大文化市场开放度,降低行业进入壁垒,鼓励外资进入中国文化市场;积极吸引国外创意企业来华办厂,建基地;要采取更加灵活的对外贸易政策,要加强文化产品和服务的对外出口,并积极引进国外的文化资源和先进理念;鼓励国内外企业集团实施跨国战略联盟,积极参与全球创意产业的市场分工,不断拓展国际市场空间,逐步提升国际竞争力。

(二)加大对外交流,跟踪国际创意产业发展的最新趋势

国家要制定对外文化交流发展战略,制定和推行战略性文化贸易政策,积极推动中国与创意产业发达国家的沟通,加强创意产业方面的交流与合作,加快与国际运行机制和经营模式接轨,使中国创意产业尽快适应国际市场的竞争环境。要加强对国外市场的文化需求和消费心理的研究,跟踪国际创意产业发展的最新趋势,把握世界各国推动创意产业集群发展的相关政策措施,充分利用国际贸易市场规则,加大中国文化产品的出口力度,并宣传和推广中国的传统文化,不断扩大中华传统文化在国际社会的影响,以此拓展中国创意产业在国际市场的发展空间。

七 实施法制化战略,健全知识产权保护体系

创意产业被称为"头脑产业",它更多地要依靠商标权、著作权、专利权等知识产权要素来支撑其发展。在一定程度上说,知识产权就是创意产业的核心资产。但是目前中国创意产业集群还处在发展的初级阶段,法律制度尚不完善,知识产权保护能力还很弱。因此,实施法制化战略,健全知识产权保护体系,对创意产业集群的形成与发展具有至关重要的意义。

(一)完善知识产权保护体系,加强创意产业的立法和执法建设

众所周知,中国对知识产权的重视程度偏低,软件、音乐、出版等行业盗版现象严重,已阻碍创意产业的健康发展。在日益完善的市场经济体制下,中国应该不断修改和完善相关法律法规,强化版权意识,保护创意主体的合法权益,加强执法力度,严厉打击各种盗版、伪造、假冒等侵犯知识产权行为。要把创意产业集群发展与创意产品贸易纳入法制化轨道,并充分运用这些政策手段、法律规则来规范我们的市场行为,避免国内企

业之间的非法竞争，维护国内市场稳定，为创意产业集群成长创造有利空间。[①] 特别是要从世界贸易组织的原则精神和中国文化发展的实际要求来重构中国的法律、法规和政策，加快创意产业的战略性调整和重组，重塑文化市场秩序，充分运用世贸组织的保护性规则来保护正在成长中的中国创意产业。

（二）加大相关法律知识宣传和教育，提高全民知识产权保护意识

创意产业具有研发设计投入高、复制成本低的特点，特别是以知识产权为核心资产的新兴产业，对知识产权保护的要求比其他产业要高。因此，除制定和完善知识产权保护法律制度外，还要培养社会公众，特别是创意企业的知识产权保护意识，让全社会都行动起来参与知识产权保护。一是由地方政府、行业协会、园区管理者对创意产业从业人员、企业管理者进行培训教育，提高知识产权的保护意识和维权能力。二是通过志愿者宣传、各类媒体报道广泛进行相关法律知识普及教育，为创意产业发展营造良好的市场环境。三是鼓励和支持著作权、创作权、肖像权及影视版权等各类版权的市场交易，促进知识产权保护技术的开发和应用。同时，要加强注册商标和专利的申请和保护，通过设立国家专项资助资金方式，对申请专利的企业和个人给予一定的资助。

八 实施可持续发展战略，提高创意产业集群的贡献度

与以物质上的生产和消耗为主的传统产业不同，创意产业是以文化资源和精神生产为基础的产业，故被称为"绿色产业"、"无烟产业"。创意产业的兴起，克服了传统产业高消耗、低产值的弊端，改变了过于依赖已经短缺的自然资源的产业发展模式，并带来了更高的经济效益和环保成果。创意是取之不尽、用之不竭的资源，应在更广泛、更深层的领域加以开发和利用，以促进产业升级，拓展产业链，提高创意产业集群的贡献度。

（一）巩固和提升创意产业的经济地位，强化创意产业集群的可持续发展战略诉求

可持续发展理论的产生是20世纪人类发展思想史上的一次革命，它使人们在对待人与自然的关系、人与社会的关系的认识方面发生了深刻变

[①] 连任：《产业集群视域下的中国文化创意产业发展新探》，硕士学位论文，福建师范大学，2009年，第46页。

化,保护环境、珍惜资源,实现可持续发展战略,已成为世界各国经济社会协调发展的共识,也是中国现代化建设的必由之路。可持续发展理论从客观上需要创意产业这类污染少、能耗低的新型产业形态。也可以说,发展创意产业符合当今时代可持续发展的要求。

依据可持续发展观的要求,世界各国越来越注重发展一些投入少、产品附加值高、少污染的环保型产业,相对传统产业的发展,创意产业的发展不仅可以减轻对环境的污染,而且有利于通过对自然资源和文化资源的开发利用达到对环境的保护和净化目的,更有利于提高人们的生活质量,符合可持续发展战略的基本要求。从这个意义上讲,创意产业在各国经济发展中具有越来越重要的地位,成为世界各国重点发展的产业。

(二)发挥政府的宏观调控作用,推动创意产业集群的可持续发展

可持续发展战略早已被确定为中国经济社会发展的基本战略之一,这无疑也应当成为创意产业集群发展的重要指导思想。中国创意产业发展尚处于起步阶段,要促进创意产业集群的快速发展,必须充分发挥政府的调控作用,这是推动创意产业集群可持续发展和竞争优势的重要因素。就目前来说,中国政府在促进创意产业集群形成和发展方面的影响和作用也要远远大于其他发达国家。在中国现已建立的创意产业集群中,由政府牵头主导建立的占据绝大多数,特别是在高新科技园区和新兴产业集聚区,由于政府一系列优惠措施的吸引,不断有新的企业入驻。政府行为和政策在创意产业集群网络形成的初始阶段以及成长阶段起到主导性的作用,政府政策对创新活动的鼓励和支持往往是其重要表现形式。①

(三)重点培育以数字内容为主的新兴产业,增强创意产业集群能级

创意产业是知识密集型产业,主要依赖人的创造性和文化知识。创意产业的兴起是对传统自然资源依赖型经济的一种扬弃。在中国现阶段的创意产业当中,自然资源依赖型的低端产业仍然大量存在,手工作坊式的中小企业仍集聚在很多经济区域内,不仅影响着创意产业集群的整体效益,而且制约社会经济的可持续发展。因此,在高新科技飞速发展的背景下,应广泛应用信息化、数字化技术,丰富创意产业内容,改造传统产业结构,重点发展数字内容产业、创意设计产业等新兴业态,提高创意产品的

---

① 张梅青、盈利:《创意产业集群网络结构演进机制研究》,《中国软科学》2009年增刊(上)。

科技含量；要依托高新科技，不断促进传统创意产业的升级，增加科技型企业在创意产业链中的比重，提高创意产业集群对社会经济可持续发展作出的重要贡献。

（四）注重创意产品的原创性，提升创意产业集群的核心竞争力

创意产业的本质是以人的创造性思维为劳动方式的产业，出发点是满足人们对文化差异性的需求。创意就是一种想象和创造，具有独特性、唯一性和超前性。创意的本身就赋予创意产品的原创性，而没有原创产品和创新能力的企业是难以持续发展的。原创性是创意产业集群发展的动力源泉，也是核心竞争力所在。因此，中国要加大创新型人才的培养和引进，鼓励和扶持企业和个人对原创性作品的创作与开发，加大对原创性产品的保护力度。一要通过设立基金和奖励机制对原创性行为或成果进行表彰和奖励，通过完善出版权、专利权等制度来保护原创性产品。[①] 二要充分挖掘创造产品价值的核心元素，凝聚文化内涵，提炼文化品牌。三要在全社会树立创新意识，倡导原创精神，形成良好创新型社会环境，促使以原创性作为核心的创意产业集群在市场竞争中获得生机和活力，为区域经济的可持续发展提供源源不断的推动力。

---

① 连任：《产业集群视域下的中国文化创意产业发展新探》，硕士学位论文，福建师范大学，2009年，第49页。

结　　语

本书以马克思主义基本理论为逻辑起点，从区域经济学、经济地理学、产业经济学等多个视角分析了创意产业与文化产业等相关概念的关系，以及创意产业集群的运行机制，并在分析中国东西部创意产业区域化发展的基础上，探讨了创意产业集群与区域经济发展的紧密关系，最后得出以下结论：

其一，创意产业正风起云涌，席卷全球，并全面影响着世界各国的社会经济。从本质上讲，创意产业是社会经济发展到一定阶段的产物，是在知识经济背景下形成的一种新型的产业形态，具有经济和社会双重属性，居于服务业的高端地位。它是以文化资源为基础、以创意为核心、以科技为支撑的新兴产业，创意产业本身具有原创性、高增值性、高渗透性、高风险性、精神体验性和可持续发展性等区别于传统产业的显著特征。基于此，世界各国都把发展创意产业作为国家发展战略。

其二，创意产业集群的崛起是在经济全球化和市场竞争日益激烈的背景下产业发展的新趋势，是产业特性与区域特性有效结合而形成的一种新型产业组织形式。创意产业集群的崛起是创意产业走向成熟的标志。它所具有的群体竞争优势和集聚规模效应是其他产业组织形式难以比拟的。创意产业集群具有地域偏好性、结构多样性、企业小型化、环境宽松性、人文根植性等特征，创意产业集群发展遵循资源依托规律、经济先导规律、布局辐射规律和空间迁移规律四大规律，主要有自发集聚型、政府主导型、市场主导型、市场自发与政府主导综合型四种发展模式。在集聚形式上有集核式空间结构、点轴式空间结构、网络式空间结构三种空间形态。

创意产业集群作为一种新的空间产业组织模式和最佳资源配置组织模式，在区域经济活动中呈现出强大的空间产出效应。随着社会分工和文化资源开发的不断深入，创意产业集群对区域空间的紧密性和产业市场的依存度将不断提高。区域经济空间的关联度越大，区域经济增长对空间结构变动的反应就越敏感。

其三，创意产业集群作为区域经济空间的特殊组织形式，将对区域经济增长产生重要的影响。创意产业集群的发展规模和程度已经成为衡量一个地区或城市综合竞争力水平高低的重要标志。一方面，创意产业集群的形成有利于打造区域品牌，提高区域产业的核心竞争力，有利于城市功能转换和经济增长方式的转变。另一方面，创意产业集群的集聚效应可以持续拉动区域经济总量的增长，并创造大量的就业岗位，维护社会稳定。因此，构建创意产业集群是发达国家发展创意产业的基本经验。

其四，中国创意产业集群的区域发展呈现不平衡状态，东强中弱西差的格局目前尚未改变，但中西部发展速度很快，在中国创意产业集群的六大区域板块中占据一半，其中云南省依托五大创意产业集聚区实现创意产业增加值占GDP5%以上的目标，是全国五个创意产业成为支柱性产业的省份之一。可见，依托文化资源和创意要素，通过创意产业集群的规模效应和辐射效应，中西部地区可以实现区域经济的乘数增长，并跨越前工业化阶段而直接进入后工业化时代。

目前，中国创意产业的发展尚处于初级阶段，创意产业体系尚未完全建立起来，创意产业集群发展模式还处于探索过程中。尽管一些地区（主要是大城市）创意产业集群已具有一定规模，但是，无论是在理论层面，还是实践经验方面都与西方发达国家存在很大差距，无法形成完整的十分丰富的研究资料。特别是中国未能建立统一、规范的统计指标体系，各地统计数据偏差很大，有的甚至没有作为独立的产业类别进行统计，导致资料收集十分困难，数据分析缺乏时效性和全面性。同时，笔者理论水平和研究能力有限，加之深入社会调查不够，缺乏一定的实践经验，难以对创意产业集群发展规律以及对区域经济发展关系进行更深入的研究，所得出的结论仅为作者肤浅的一点思考，针对创意产业集群区域性发展所提出的对策与建议也存在诸多瑕疵，需要进一步研究和思考。笔者将在今后一段时期内继续深入研究，结合各地创意产业集群发展实况做进一步的分析和论证，期望能得出一个完善的、更有实际价值的理论成果，当然，笔者更希望这样的研究成果能为地方政府部门或企业界人士提供有益的借鉴。

参考文献

[1] 冯梅：《中国文化创意产业发展问题研究》，中国经济出版社 2009 年版。

[2] 宫承波、闫玉刚：《文化创意产业总论》，中国广播电视出版社 2008 年版。

[3] 何志平：《香港创意经济的发展战略》，载张晓明、胡惠林、章建刚主编《2005 年中国文化产业发展报告》，社会科学文献出版社 2005 年版。

[4] 蒋三庚：《文化创意产业研究》，首都经济贸易大学出版社 2006 年版。

[5] 蒋三庚、张杰、王晓红：《文化创意产业集群研究》，首都经济贸易大学出版社 2010 年版。

[6] 金元浦：《文化创意产业概论》，高等教育出版社 2010 年版。

[7] 景中强：《马克思精神生产理论研究》，中国社会科学出版社 2004 年版。

[8] 厉无畏：《创意产业导论》，学林出版社 2006 年版。

[9] 林拓、李惠斌、薛晓源主编：《世界文化产业发展前沿报告（2003—2004）》，社会科学文献出版社 2004 年版。

[10] 刘牧雨：《北京文化创意发展理论与实践探索》，中国经济出版社 2007 年版。

[11] 吕学斌：《文化创意产业前沿》，中国传媒大学出版社 2007 年版。

[12] 马建会：《产业集群成长机理研究》，中国社会科学出版社 2007 年版。

[13] 牛维麟：《国际文化创意产业园区发展研究报告》，中国人民大学出版社 2007 年版。

[14] 钱志新：《产业集群的理论与实践》，中国财政经济出版社 2005

年版。

[15] 石杰、司志浩：《文化创意产业概论》，海洋出版社 2008 年版。

[16] 孙福良：《中国创意经济比较研究》，学林出版社 2008 年版。

[17] 徐承红：《产业集群与西部区域经济竞争力》，西南财经大学出版社 2006 年版。

[18] 王缉慈：《创新的空间——企业集群与区域发展》，北京大学出版社 2001 年版。

[19] 张京成：《中国创意产业发展报告（2010）》，中国经济出版社 2010 年版。

[20] 张京成：《中国创意产业发展报告（2011）》，中国经济出版社 2011 年版。

[21] 张胜冰、徐向昱、马树华：《世界文化产业概要》，云南大学出版社 2006 年版。

[22] 朱建纲：《文化产业发展战略研究》，湖南教育出版社 2006 年版。

[23] 邹广文、徐庆文：《全球化与中国文化产业发展》，中央编译出版社 2006 年版。

[24] [美] 丹尼尔·贝尔：《后工业社会的来临》，高铦、王宏周、魏章玲译，新华出版社 1997 年版。

[25] [美] 约翰·霍金斯：《创意经济：如何点石成金》，洪庆福、孙薇薇、刘茂玲译，上海三联书店 2006 年版。

[26] [英] 马歇尔：《经济学原理》，廉运杰译，商务印书馆 2007 年版。

[27] [美] 迈克尔·波特：《竞争战略》，陈小悦译，华夏出版社 2005 年版。

[28] [德] 阿尔弗雷德·韦伯：《工业区位论》，李刚剑、陈志人、张英保译，商务印书馆 1997 年版。

[29] [巴] 埃德娜·多斯桑托斯：《2008 创意经济报告》，张晓明、周建钢等译，三辰影库音像出版社 2008 年版。

[30] [美] 理查德·E. 凯夫斯：《创意产业经济学》，孙绯等译，新华出版社 2002 年版。

[31] [英] 亚当·斯密：《国富论》，郭大力、王亚南译，商务印书馆 1997 年版。

[32] 陈海涛等：《创意产业兴起的背景分析及启示》，《中国软科学》

2006 年第 12 期。

[33] 陈柳钦:《波特产业集群竞争优势理论述评》,《北华大学学报》(社会科学版) 2008 年第 1 期。

[34] 陈祝平、黄艳麟:《创意产业集聚区的形成机理》,《国际商务研究》2006 年第 4 期。

[35] 崔国、褚劲风:《澳大利亚第三大城市布里斯班创意产业集聚研究》,《世界地理研究》2010 年第 4 期。

[36] 崔晓蕊:《西三角经济区的区域优势及其发展思路探析》,《魅力中国》2009 年第 7 期。

[37] 褚劲风:《世界创意产业的兴起、特征及发展趋势》,《世界地理研究》2005 年第 4 期。

[38] 丁雪:《文化产业发展的"云南模式"分析——以丽江为例》,《思想战线》2010 年第 36 期。

[39] 冯根尧:《长三角创意产业集聚区经济空间治理问题》,《当代经济》2010 年第 4 期。

[40] 符韶英、徐碧祥:《创意产业集群化初探》,《科技管理研究》2006 年第 5 期。

[41] 樊泳湄:《桥头堡建设中的云南文化产业集群化研究》,《经济问题探索》2010 年第 10 期。

[42] 花建:《创意产业规律的探索与应用》,《电影艺术》2006 年第 3 期。

[43] 黄欢:《北京文化创意产业集群化现状及发展》,《重庆交通大学学报》(社会科学版) 2008 年第 10 期。

[44] 何伟、曾礼、汪晓风:《西三角经济圈与中国经济增长第四极研究》,《探索》2010 年第 4 期。

[45] 黄南珊、熊霞:《创新发展模式——武汉城市圈实验区文化产业发展的前瞻性思考》,《鄂州大学学报》2010 年第 1 期。

[46] 金明姬、张隽:《韩国文化产业发展战略探析》,《学理论》2009 年第 4 期。

[47] 金元浦:《中国文化创意产业发展的三个阶梯与三种模式》,《中国地质大学学报》(社会科学版) 2010 年第 1 期。

[48] 金元浦:《当代世界创意产业的概念与特征》,《电影艺术》2006 年

第 3 期。

[49] 康小明、向勇：《产业集群与文化产业竞争力的提升》，《北京大学学报》（哲学社会科学版）2005 年第 2 期。

[50] 梁芳、赵瑞平：《创意产业发展的实证分析与理论探究》，《经济论坛》2006 年第 15 期。

[51] 梁君：《中国区域间文化产业发展差异研究》，《经济纵横》2012 年第 4 期。

[52] 刘炳明、杨海松：《产业集群与区域经济的相互影响关系研究》，《金融经济》2007 年第 9 期。

[53] 刘展展：《深圳市文化产业空间布局及区位因素研究》，《特区经济》2009 年第 3 期。

[54] 刘炜：《环渤海地区创意产业发展战略研究》，《商业研究》2010 年第 7 期。

[55] 刘轶：《中国文化创意产业研究范式的分野及反思》，《现代传播》2007 年第 1 期。

[56] 李海春：《日本内容产业现状及发展要因》，《现代传播》2007 年第 1 期。

[57] 李世忠：《文化创意产业相关概念辨析》，《兰州学刊》2008 年第 8 期。

[58] 罗冰、温思美：《文化产业与创意产业概念的外延与内涵比较研究》，《甘肃社会科学》2006 年第 5 期。

[59] 马仲良、韩长霞：《马克思精神生产力与物质生产力》，《哲学研究》1998 年第 8 期。

[60] 马显军：《文化创意产业集群化发展的区域经济意义》，《中国贸易导刊》2007 年第 14 期。

[61] 潘谨、李金、陈嫒：《创意产业集群的知识溢出探析》，《科学管理研究》2007 年第 4 期。

[62] 仇保兴：《发展小型企业集群要避免的陷阱——过度竞争所致的"柠檬市场"》，《北京大学学报》1999 年第 3 期。

[63] 荣跃明：《中国发展创意产业的战略思考》，《电影艺术》2006 年第 3 期。

[64] 荣跃明：《超越文化产业：创意产业的本质与特征》，《毛泽东邓小

平理论研究》2004 年第 5 期。

[65] 沈中印：《环鄱阳湖城市群文化创意产业发展研究》，《城市发展研究》2012 年第 1 期。

[66] 宋冬英：《创意产业研究综述》，《重庆工商大学学报》2006 年第 10 期。

[67] 宋文玉：《文化创意产业集群发展研究》，《财政研究》2008 年第 9 期。

[68] 佟贺丰：《英国文化创意产业发展概况及其启示》，《科技与管理》2005 年第 1 期。

[69] 王发明：《创意产业集群化：基于知识的结构性整合分析》，《科技与经济》2009 年第 2 期。

[70] 王琳：《中国创意产业的现状、问题与对策》，《理论探索》2007 年第 5 期。

[71] 王江、刘莹：《北京创意产业集群化发展探讨》，《北京工商大学学报》2008 年第 4 期。

[72] 王洁：《中国创意产业空间分布的现状研究》，《财贸研究》2007 年第 3 期。

[73] 王洁：《发达国家创意产业集聚发展特点的研究》，《现代管理科学》2007 年第 9 期。

[74] 王琪：《世界城市创意产业发展状况的国际比较》，《上海经济研究》2007 年第 2 期。

[75] 王琪：《"创意产业"的本质与特征》，《甘肃理论学刊》2009 年第 2 期。

[76] 王毅：《推进长株潭城市群文化产业发展的思考》，《中国城市经济》2010 年第 7 期。

[77] 王鹏：《香港文化创意产业发展对中国内地的启示》，《价格月刊》2007 年第 4 期。

[78] 汪传雷、谭星、谢阳群：《中国创意产业的问题及对策研究》，《生产力研究》2007 年第 6 期。

[79] 吴昌南：《世界创意产业的发展及启示》，《经济纵横》2006 年第 9 期。

[80] 熊凌：《香港创意产业的发展和经验》，《发展研究》2004 年第

3 期。

[81] 徐义圣、刘艳：《中国发展创意产业的现状和对策》，《陕西青年干部学院学报》2007 年第 1 期。

[82] 杨吉华：《未来十年中国文化产业发展的六大趋势》，《中共中央党校学报》2007 年第 1 期。

[83] 颜荟：《中国文化产业区域差异化发展现状与战略调整》，《科技创业月刊》2008 年第 12 期。

[84] 增光：《创意产业城市集聚论》，《当代财经》2009 年第 4 期。

[85] 曾光、林姗姗：《创意产业发展的空间布局研究：以江西为例》，《井冈山大学学报》（社会科学版）2010 年第 2 期。

[86] 郑文文、高长春：《中韩创意产业发展比较研究》，《东北亚论坛》2007 年第 11 期。

[87] 赵雯倩：《中日文化创意产业整体比较研究》，《产业与科技论坛》2008 年第 7 期。

[88] 张昌兵：《世界创意产业的六大趋势》，《中国集体经济》2010 年第 21 期。

[89] 张海涛等：《创意产业兴起的背景分析及其启示》，《中国软科学》2006 年第 12 期。

[90] 张乐、李亚彪：《文化产业嫁接块状经济"产业集群"星耀浙江大地》，《人民政协报》2011 年 12 月 2 日。

[91] 张隽：《探析韩国文化产业发展战略及启示》，《当代韩国》2009 年夏季号。

[92] 张勤：《美国版权产业及其对外贸易透视》，《海淀走读大学学报》2005 年第 1 期。

[93] 张琦：《推进西部大开发战略的新思路——"西三角"经济圈》，《开发研究》2006 年第 2 期。

[94] 张寅：《韩国文化创意产业发展模式》，《中国投资》2006 年第 6 期。

[95] 张文洁：《英国创意产业的发展及启示》，《云南社会科学》2005 年第 2 期。

[96] 朱旭光：《长三角文化产业集群模式的三维分析》，《经济论坛》2009 年第 4 期。

[97] 褚劲风：《上海创意产业集聚空间组织研究》，博士学位论文，华东师范大学，2008年。

[98] 惠宁：《产业集群的区域经济效应研究》，硕士学位论文，西北大学，2007年。

[99] 贾丰奇：《台湾地区文化创意产业商业模式研究》，硕士学位论文，上海师范大学，2008年。

[100] 蒋雯：《中国创意产业的产业集群研究》，硕士学位论文，福建师范大学，2008年。

[101] 焦志明：《中国文化产业集群形成机理研究》，硕士学位论文，山西财经大学，2008年。

[102] 金蝉智：《韩国文化产业的发展及其对中国的启示》，硕士学位论文，对外经济贸易大学，2006年。

[103] 连任：《产业集群视域下的中国文化创意产业发展新探》，硕士学位论文，福建师范大学，2009年。

[104] 刘晓静：《云南省文化产业发展战略研究》，硕士学位论文，昆明理工大学，2010年。

[105] 刘永红：《武汉城市圈产业集群发展对策研究》，硕士学位论文，华中科技大学，2007年。

[106] 刘强：《中国文化产业发展水平的区域比较》，硕士学位论文，东北财经大学，2010年。

[107] 卜晓燕：《利用产业集群促进区域经济发展研究》，硕士学位论文，对外经济贸易大学，2007年。

[108] 谭博：《中国文化产业发展对策研究》，硕士学位论文，大连海事大学，2008年。

[109] 王丽君：《创意产业集群的形成因素研究》，硕士学位论文，北京交通大学，2007年。

[110] 王宇辉：《区域经济板块问题研究——基于中国区域经济发展的理论与实践》，博士学位论文，兰州大学，2008年。

[111] 肖雁飞：《创意产业区发展的经济空间动力机制和创新模式研究》，博士学位论文，华东师范大学，2007年。

[112] 徐娜：《创意产业集群的核心竞争力研究》，硕士学位论文，湘潭大学，2008年。

[113] 杨海梅：《城市创意产业及其集群化分析》，硕士学位论文，西北大学，2008年。

[114] 郑洪涛：《基于区域视角的文化创意产业发展》，博士学位论文，河南大学，2008年。

[115] 周国梁：《美国文化产业集群发展研究》，博士学位论文，吉林大学，2010年。

[116] 申海元：《西安文化产业及产业集群研究》，硕士学位论文，陕西师范大学，2009年。

[117] 赵丹：《创意产业集聚区发展模式研究》，硕士学位论文，辽宁师范大学，2009年。

[118] 温景涛：《韩国文化产业发展研究》，硕士学位论文，吉林大学，2005年。

[119] 郑雄伟：《全球文化产业发展报告》，中国经济网（http://www.ce.cn/culture/gd/201202/06/t20120206_23048110_7.shtml），2012年2月6日。

[120] 台湾"行政院文化建设委员会"：《2011年台湾文化创意产业发展年报》，http://wenku.baidu.com/link?url=uTJ-of3fUlqxCJGQIS5XpC9VYpzIb8KlpMms_mYts，2012年9月14日。

[121] Caves, *Creative Industries*: Contracts Between Art And Commerce, Harvard University Press, 2004.

[122] John Howkins, *Creative Economy*: how people make money from idea, Landon: Penguin books, 2002.

[123] Caves, Richard, *Creative industries*: Contracts between Art and Science, Cambridge: Harvard University Press, 2000.

[124] C. Landry, *The Creative City*: A Toolkit for Urban Innovators, London: Comedic, 2000.

[125] Florida, R., *The Rise of Creative Class*, New York: Basic, 2002.

[126] Janet Wasko, *How Hollywood Works*, London: Sage Publications Ltd., 2003.

后　　记

　　本书选题缘于2008年秋，我随同专业人士到北京大山子艺术区考察期间的所见所闻。北京大山子艺术区也被称为"798"厂，原本是1950年由民主德国援建的一个国营电子工厂，进入20世纪90年代，原有的企业因产业结构调整而倒闭，留下大量的废弃厂房。但经过艺术家们的创意改造，变成了一个富有特色的艺术展示和创作空间，现已集聚成国内外著名的文化艺术区，不仅成为北京都市文化的新地标，而且为区域经济发展带来活力。当我进入这些利用旧仓库改建而成的艺术工作室和时尚创意中心时，给我强烈的视觉冲击和思想的震撼是难以用语言来表达的。

　　在之后的一段时间里，总有一种对这种文化经济现象进行深入探讨的冲动。我曾先后到上海的大东方艺术区和张江文化科技区、沈阳的浑南动漫城和"123"创意产业园、云南昆明生态文化产业园和丽江古城文化区参观考察。更有幸的是，还到韩国考察了首尔青川创意产业园区和爱宝乐园。创意产业集群所展现的强大的经济功能深深地吸引着我，并愿意为之付出努力去研究。经过三年多的资料收集和艰难创作，现今终于完稿了。当然，这部著作还很不成熟，仅以我有限的学术视野和研究能力，尚不足以把创意产业的集群现象以及所形成的强大的经济功能研究透彻。本书权当抛砖引玉，期盼更多有识之士在这一领域开展研究，能为中国创意产业发展推波助澜。

　　至此付梓印刷之际，我要由衷地感谢在本书写作过程中曾经给予我很大帮助的各位老师、同事、朋友和亲人们。更感谢我的恩师金喜在教授，在本书选题、写作过程中，都给予莫大的支持和鼓励，这种支持和鼓励是我坚定地完成书稿写作的动力。感谢师兄王大超教授给予我写作方法的指点，同时为本书写序，以资鼓励。我还要感谢关静和侯睿琪为论文绘制表格和示意图。让我由衷地感谢在资料收集、课题调研、书稿写作过程中所有关心、支持和帮助我的人!

　　本书吸取和引用了国内外众多专家学者的研究成果,并尽可能在书中做了说明和注释,疏漏之处敬请指正。

华正伟

2015 年 3 月